21世纪全国高等院校**财经管理**系列实用规划教材

国|际|经|济|与|贸|易|系|列

国际商务单证实务

Documents & Credit for International Business

郑秀梅/主编

北京大学出版社
PEKING UNIVERSITY PRESS

内容简介

本书以国际商务单证工作过程为主线,将国际商务单证中的"开证""审证""制单""审单"四大环节联系起来,结合大量真实工作案例,系统地阐述了外贸业务中主要商务单证的种类、内容、缮制方法和常见的信用证相关条款,注重理论与实践相结合,力求原理清晰,实务突出。

本书采用全新体例编写。每个项目都有项目介绍、学习目标、知识链接、项目小结等内容,每个教学内容都依据学习目标设计了一个典型的工作项目,并布置了相应工作任务。此外,每个项目之后还附有复习思考题及项目实训等多种题型供读者练习。通过对本书的学习,读者可以掌握国际商务单证的基本理论和操作技能,具备独立制单和审单的能力。

本书既可作为应用型本科院校、高等专科院校国际贸易、国际经济、国际商务专业的教材和指导书,也可作为外贸从业人员的业务参考用书及培训用书。

图书在版编目(CIP)数据

国际商务单证实务/郑秀梅主编. —北京:北京大学出版社,2015.9
(21世纪全国高等院校财经管理系列实用规划教材)
ISBN 978-7-301-24298-8

Ⅰ. ①国… Ⅱ. ①郑… Ⅲ. ①国际贸易—票据—高等学校—教材 Ⅳ. ①F740.44

中国版本图书馆 CIP 数据核字(2015)第 220493 号

书　　　名	国际商务单证实务
著作责任者	郑秀梅　主编
责 任 编 辑	翟　源
标 准 书 号	ISBN 978-7-301-24298-8
出 版 发 行	北京大学出版社
地　　　址	北京市海淀区成府路205号　100871
网　　　址	http://www.pup.cn　新浪微博:@北京大学出版社
电 子 信 箱	pup_6@163.com
电　　　话	邮购部 62752015　发行部 62750672　编辑部 62750667
印 刷 者	三河市博文印刷有限公司
经 销 者	新华书店
	787毫米×1092毫米　16开本　19印张　449千字
	2015年9月第1版　2019年8月第3次印刷
定　　　价	42.00元

未经许可,不得以任何方式复制或抄袭本书之部分或全部内容。
版权所有,侵权必究
举报电话:010-62752024　电子信箱:fd@pup.pku.edu.cn
图书如有印装质量问题,请与出版部联系,电话:010-62756370

前　言

"国际商务单证"是国际贸易专业的核心专业课程，也是"国际贸易实务""国际结算"等相关专业课程的延伸和实际操作。本书针对地方本科院校应用型人才的培养目标，结合编者多年的外贸企业工作和高校教学经验，吸收了同类优秀教材的精华，在保持教材体系完整和内容丰富的基础上，兼顾和适应了外贸制单工作近几年的技能要求和发展趋势。本书是在"国际商务单证"课程课堂教学模式改革的基础上完成的，在内容处理上，注重理论与实践相结合，力求原理清晰，实务突出。

与已有的教材相比，本书主要具有以下三个特色。

第一，教学内容新颖，注重操作技能培养。本书内容涉及国际商务单证中的"开证""审证""制单""审单"四大环节，共12个教学内容。每个教学内容都依据学习目标设计了一个典型的工作项目，布置了相应工作任务。每个工作项目都有明确的项目介绍、学习目标、知识链接、项目小结、复习思考题和项目实训等内容，通过生动具体的案例、详尽的理论知识介绍，最后还提供了相应的能力训练项目。

第二，引用大量真实工作案例，注重实用性。本书阐述了外贸业务中主要商务单证的种类、内容、缮制方法和常见的信用证相关条款，着重介绍了这些单证的缮制规范，注重其实用性。本书还收集了真实的信用证实例和大量国际商务单证式样，并在附录中汇集了常用国际商务单证术语、世界主要港口一览表，是适合外销员、单证员和跟单员的工具书。

第三，体现前瞻性和时效性。本书体现了国际贸易发展的新趋势，同时结合了国际惯例、国际规则的新要求，加入了IN-COTERMS2010及ISBP最新修订内容，力求紧跟外贸行业发展的趋势，体现其前瞻性和时效性。

本书以国际商务单证工作过程为主线，采用任务驱动、项目教学的项目教材编写模式。本书内容共分12个项目，主要包括认识国际商务单证，信用证的开立、审核与修改，缮制发票和包装单据，缮制运输单据，缮制商检单据，缮制保险单据，缮制原产地证书，缮制报关单据，缮制其他单据，缮制汇票，单据审核，综合制单训练等内容。本书注重以学生为主体、以培养操作技能为核心目标，紧紧围绕工作任务的需要来选取理论知识。

本书内容可按照36～72学时安排，推荐学时分配：项目1（2～4学时），项目2（4～8学时），项目3（4～8学时），项目4（2～4学时），项目5（2～4学时），项目6（2～4学时），项目7（4～8学时），项目8（2～4学时），项目9（4～8学时），项目10（2～4学时），项目11（4～8学时），项目12（4～8学时）。教师可根据不同的使用专业灵活安排学时，课堂重点讲解每个项目主要知识模块，项目中的知识链接、复习思考题和项目实训等模块可安排学生课后阅读和练习。

本书既可作为应用型本科院校、高等专科院校国际贸易、国际经济、国际商务专业的教材和指导书，也可作为外贸从业人员的业务参考用书及培训用书。

本书由丽水学院郑秀梅担任主编，拟定大纲并负责编写项目1、项目3、项目4、项目5、项目6、项目7、项目9、项目10和项目12；张慧负责编写项目2、项目8和项目11；全书由郑秀梅负责统稿。本书在编写过程中听取了外贸企业及有关部门的意见和建议，同时收录了大量真实工作案例，案例收集过程中得到了目前从事外贸、金融行业的丽水学院2011届、2013届毕业学生的鼎力帮助，在此表示衷心的感谢。

本书在编写过程中，参考和引用了国内外大量文献资料，在此谨向原书作者表示衷心感谢。由于编者水平有限，本书难免存在不足和疏漏之处，敬请各位读者批评指正。

本书是丽水学院2013年校级特色教材建设项目的建设成果。

编　者
2015年5月

目 录

项目 1 认识国际商务单证 1

任务 1.1 了解国际商务单证 1
- 1.1.1 国际商务单证的概念 1
- 1.1.2 国际商务单证的分类 2
- 1.1.3 国际商务单证工作的重要性 2

任务 1.2 熟悉国际商务单证的工作程序 ... 3
- 1.2.1 出口单证的工作程序 3
- 1.2.2 进口单证的工作程序 4

任务 1.3 掌握单证制作的依据和要求 5
- 1.3.1 单证制作的依据 5
- 1.3.2 单证制作的要求 6
- 1.3.3 单据协调的要求 7

任务 1.4 了解国际商务单证的发展趋势 ... 8
- 1.4.1 单据制作和传递的电子化 8
- 1.4.2 单证设计的标准化 9
- 1.4.3 推广使用国际标准或代码 9

项目小结 10
复习思考题 10
项目实训 11

项目 2 信用证的开立、审核与修改 13

任务 2.1 认识信用证 13
- 2.1.1 信用证概述 13
- 2.1.2 信用证的一般业务流程 16
- 2.1.3 信用证的基本内容 17
- 2.1.4 SWIFT 信用证 18

任务 2.2 开立信用证 24
- 2.2.1 信用证的开立程序 24
- 2.2.2 开证申请书的缮制 25

任务 2.3 审核信用证 28
- 2.3.1 审核信用证的依据 29
- 2.3.2 银行审核的重点 29
- 2.3.3 出口企业审核的重点 30
- 2.3.4 信用证软条款 31

任务 2.4 修改信用证 32
- 2.4.1 修改信用证的业务流程 32
- 2.4.2 修改信用证应注意的事项 33
- 2.4.3 需要改证的情况 33
- 2.4.4 不必改证但须适当处理的情况 34
- 2.4.5 撰写改证函 34

项目小结 35
复习思考题 35
项目实训 37

项目 3 缮制发票和包装单据 42

任务 3.1 缮制商业发票 42
- 3.1.1 商业发票概述 42
- 3.1.2 商业发票的缮制 43
- 3.1.3 商业发票条款示例 49
- 3.1.4 缮制商业发票应注意的问题 ... 50

任务 3.2 缮制海关发票 51
- 3.2.1 海关发票概述 51
- 3.2.2 加拿大海关发票的缮制 52
- 3.2.3 缮制海关发票应注意的问题 ... 54

任务 3.3 缮制其他发票 56
- 3.3.1 形式发票 56
- 3.3.2 领事发票 56
- 3.3.3 厂商发票 56
- 3.3.4 证实发票 57
- 3.3.5 联合发票 57

任务 3.4 缮制包装单据 58
- 3.4.1 包装单据概述 58
- 3.4.2 装箱单的缮制 60
- 3.4.3 包装单据条款示例 65
- 3.4.4 缮制包装单据应注意的问题 ... 66

项目小结 67
复习思考题 68
项目实训 70

项目 4 缮制运输单据 76

任务 4.1 办理出口货物托运 76

4.1.1　托运订舱的一般流程 76
　　4.1.2　集装箱班轮货运单证 77
任务 4.2　缮制订舱委托书 78
　　4.2.1　订舱委托书概述 78
　　4.2.2　订舱委托书的缮制 78
任务 4.3　缮制海运提单 82
　　4.3.1　海运提单概述 82
　　4.3.2　海运提单的缮制 85
　　4.3.3　海运提单条款示例 94
　　4.3.4　缮制海运提单应注意的问题 ... 95
任务 4.4　缮制航空运单 95
　　4.4.1　航空运单概述 95
　　4.4.2　航空运单的缮制 97
项目小结 103
复习思考题 103
项目实训 106

项目 5　缮制商检单据 112

任务 5.1　办理出入境货物报检 112
　　5.1.1　报检的概念 112
　　5.1.2　法定检验的范围与报检依据 113
　　5.1.3　检验的时间与地点 113
　　5.1.4　进出口货物的检验程序 115
任务 5.2　缮制出入境货物报检单 120
　　5.2.1　出境货物报检单的缮制 120
　　5.2.2　入境货物报检单的缮制 122
任务 5.3　缮制检验证书 127
　　5.3.1　检验证书概述 127
　　5.3.2　检验证书的缮制 128
　　5.3.3　检验证书条款示例 134
　　5.3.4　缮制检验证书应注意的问题 134
项目小结 135
复习思考题 135
项目实训 137

项目 6　缮制保险单据 141

任务 6.1　办理货物运输投保 141
　　6.1.1　保险的险别 141
　　6.1.2　货物运输险投保流程 144
任务 6.2　缮制投保单 144
　　6.2.1　投保单概述 144
　　6.2.2　投保单的缮制 144
任务 6.3　缮制保险单 147
　　6.3.1　保险单据概述 147
　　6.3.2　保险单的缮制 148
　　6.3.3　保险单条款示例 155
　　6.3.4　缮制保险单应注意的问题 156
项目小结 156
复习思考题 156
项目实训 159

项目 7　缮制原产地证书 163

任务 7.1　认识原产地证书 163
　　7.1.1　原产地证书概述 163
　　7.1.2　原产地证书的种类 164
　　7.1.3　原产地证书条款示例 168
任务 7.2　缮制一般原产地证书 169
　　7.2.1　一般原产地证书的申领 169
　　7.2.2　一般原产地证书的缮制 170
　　7.2.3　一般原产地证书的更改或重发 172
任务 7.3　缮制普惠制产地证书 174
　　7.3.1　普惠制产地证书的申领 174
　　7.3.2　普惠制产地证书申请书的缮制 174
　　7.3.3　普惠制产地证书的缮制 176
任务 7.4　缮制区域性优惠原产地证书 181
　　7.4.1　《亚太贸易协定》原产地证书的缮制 181
　　7.4.2　中国—东盟自贸区优惠原产地证书的缮制 184
　　7.4.3　ECFA 原产地证书的缮制 187
　　7.4.4　其他自贸区优惠原产地证书的缮制 190
项目小结 197
复习思考题 197
项目实训 199

目　录

项目 8　缮制报关单据 204

　　任务 8.1　办理进出口货物报关 204
　　　　8.1.1　报关单位 204
　　　　8.1.2　报关程序 205
　　　　8.1.3　报关方式 207
　　任务 8.2　缮制代理报关委托书 208
　　　　8.2.1　代理报关委托书的概念 208
　　　　8.2.2　代理报关委托书的缮制 208
　　任务 8.3　缮制进出口货物报关单 211
　　　　8.3.1　进出口货物报关单概述 211
　　　　8.3.2　进出口货物报关单填制的
　　　　　　　一般要求 213
　　　　8.3.3　进出口货物报关单的缮制 214
　　项目小结 225
　　复习思考题 225
　　项目实训 228

项目 9　缮制其他单据 231

　　任务 9.1　缮制装运通知 231
　　　　9.1.1　装运通知概述 231
　　　　9.1.2　装船通知的缮制 232
　　　　9.1.3　装运通知条款示例 236
　　　　9.1.4　缮制装运通知应注意的问题 237
　　任务 9.2　缮制受益人证明 237
　　　　9.2.1　受益人证明概述 237
　　　　9.2.2　受益人证明的缮制 237
　　　　9.2.3　受益人证明条款示例 240
　　　　9.2.4　缮制受益人证明应注意的
　　　　　　　问题 241
　　任务 9.3　缮制船公司证明 241
　　　　9.3.1　船公司证明概述 241
　　　　9.3.2　船公司证明的缮制 243
　　　　9.3.3　船公司证明条款示例 244
　　　　9.3.4　缮制船公司证明应注意的
　　　　　　　问题 245
　　项目小结 245
　　复习思考题 246
　　项目实训 246

项目 10　缮制汇票 249

　　任务 10.1　认识汇票 249
　　　　10.1.1　汇票概述 249
　　　　10.1.2　汇票的使用 251
　　任务 10.2　缮制汇票 253
　　　　10.2.1　汇票的缮制 253
　　　　10.2.2　汇票条款示例 256
　　　　10.2.3　填制汇票应注意的问题 257
　　项目小结 258
　　复习思考题 258
　　项目实训 261

项目 11　单据审核 263

　　任务 11.1　熟悉银行审单的原则 263
　　　　11.1.1　合理谨慎地审单的原则 263
　　　　11.1.2　遵循单据表面相符原则 264
　　　　11.1.3　银行审单单据化原则 265
　　　　11.1.4　银行独立审单原则 265
　　　　11.1.5　合理时间审单原则 265
　　任务 11.2　掌握单据审核的方法 265
　　　　11.2.1　审单顺序 266
　　　　11.2.2　查看信用证的要点 266
　　　　11.2.3　纵向审核法 266
　　　　11.2.4　横向审核法 267
　　　　11.2.5　背书 267
　　任务 11.3　学会单据审核的处理要点 267
　　　　11.3.1　单据审核的要点 267
　　　　11.3.2　单证不符的处理办法 271
　　　　11.3.3　对不符点单据的善后处理 271
　　项目小结 272
　　复习思考题 272
　　项目实训 272

项目 12　综合制单训练 284

附录 286

参考文献 297

项目 1　认识国际商务单证

项目介绍

国际商务单证是进出口商交接货物的凭证，又是双方权益的保证。国际商务单证工作是进出口贸易中的一个重要环节，贯穿于每一笔进出口交易的全过程，单证工作中的任何失误都会给进出口双方带来不同程度的经济损失。国际商务单证制作一方面是出口商履行合同的基本义务；另一方面又是关系到出口商能否安全收汇的重要工作。本项目的任务是学习国际商务单证的基本知识和单证制作的工作程序、基本要求以及今后的发展趋势，为顺利地开展国际商务单证工作打下基础。

学习目标

通过对本项目的学习，了解国际商务单证的概念、分类和单证工作的重要性，熟悉国际商务单证的工作程序，掌握制单的基本依据和要求，了解单证工作的发展趋势等基本知识。

任务 1.1　了解国际商务单证

1.1.1　国际商务单证的概念

国际商务单证简称单证(Documents)，是指在进出口贸易业务过程中所应用的单据和证书。在国际贸易中，商品的买卖往往表现为单据的买卖，即买卖双方凭借单证来处理商品的交付、运输、商检、保险、报关、结汇等。狭义的单证指单据和信用证，广义的则指各种文件和凭证。

国际商务单证作为一种贸易文件，它的流转环节构成了贸易程序。单证工作贯穿于进出口业务的成交、运输、收汇的全过程，工作量大，时间性强，涉及面广，除了企业内部的协调配合外，还要与货物的生产单位、交通运输部门、银行、保险公司、海关、检验检疫机构，以及与有关的行政管理机关等进行协调配合。对于进出口企业来说，在完成了货物的交付后，单证能否正确、完整、及时、简明地缮制完成，是决定能否顺利结汇的关键。

因此，国际商务单证工作是进出口业务中一项非常重要的环节。

1.1.2 国际商务单证的分类

1. 根据进出口贸易单证的性质划分

金融单据：汇票、本票、支票或其他类似用以取得款项的凭证。

商业单据：商业发票、运输单证所有权单证或其他类似单据，以及其他与进出口业务有关的非金融单据。

2. 根据进出口贸易单证的用途划分

资金单据：汇票、本票、支票等。
商业单据：商业发票、形式发票、装箱单、重量单和规格单等。
运输单据：海运提单、不可转让海运单、租船合约提单、多式联运单、空运单等。
保险单据：保险单、预约保单、保险证明等。
公务单据：原产地证明书、检验检疫证书和配额许可证等。
附属单据：寄单证明、寄样证明、装运通知、航程证明等。

3. 根据进出口贸易商品的流向划分

进口单证：进口许可证、信用证、进口报关单、FOB项下的保单等。
出口单证：出口许可证、出口报关单、包装单据、出口货运单据、商业发票、保单、汇票、商检证、产地证等。

4. 根据单证签发的单位划分

出口商自制的单据：汇票、商业发票、装箱单和重量单等。
协作单位签发的单据：运输单据、保险单据、品质证书和有关证明函等。
政府机构、民间机构签发的单据：许可证书、检验检疫证书和原产地证书等。

1.1.3 国际商务单证工作的重要性

1. 国际商务单证是履约合同的证明

在合同签订以后，随之而来的备货、装运、收取货款等各个环节都需要卖方有相应单据的缮制、处理、交接和传达，以满足商业、运输、银行、保险、商检、海关及政府有关部门对出口贸易管理等多方面的要求。在外贸实务中，无论是使用信用证，还是使用托收、汇付等支付方式，按照《联合国国际货物销售合同公约》的规定，出口商不仅有交付货物的义务，同时有移交单据的义务，因此出口商递交有关单据，是其履行合同义务的一个方面。

2. 国际商务单证是结汇的必要工具

随着国际贸易的发展，国际贸易逐渐货物单据化，使货物买卖可通过单据买卖来实现。尤其是按 CIF 成交、以信用证为支付方式的合同，是典型的"单据买卖合同"，即所谓象征性交货，银行及所有当事人处理的是单据而不是实际的货物。因此在国际贸易中，一整套正确、完整的单据是买卖双方及时取得物权凭证的保证。卖方交单，就意味着交付了货物，而买方付款赎单，则代表着买到了货物，双方的结算以单据为依据。单证工作中的任何失误都会造成单证差错，会给双方带来不同程度的经济损失。

3. 国际商务单证是避免和解决争端的依据

国际贸易往往表现为单据贸易，因此，在合同订立的前、中和后期都要对相关单据严格把关，否则就可能因单据的不规范、不确切而引发各种不必要麻烦或在发生有关争议后无法利用合法的手段保护自己的利益，更谈不上对对方的不合理要求给予拒绝。国际商务单证不但是收汇的依据，当发生纠纷时，单证更是处理争议的依据。例如，货物在运输途中受损，货方向保险公司提出索赔，保险单就是赔偿的凭证；如属于承运人的责任，向承运人索赔，提单或其他运输单据就是处理索赔的依据；如在货物品质上发生争执，品质检验证书又是处理纠纷的依据。

4. 国际商务单证是企业经营管理水平的重要标志

进出口业务程序很多，涉及的部门也很多，任何一个环节、一个部门管理上出的差错，都会在单证上反映出来，若各部门能互相协调配合工作，使每笔进出口业务都能顺利进行，则可获取较大经济利益，否则必然使企业收入减少，所以单证制作是否符合信用证或合同的要求，是否及时、准确、完整，都反映了企业内部的经营管理水平，也就成了衡量进出口企业经营管理的重要标志。单证质量好，收汇就快，能加速资金的回笼，利息收入也就高。

任务 1.2 熟悉国际商务单证的工作程序

国际商务单证的工作程序就是进出口双方履约的过程。进出口双方在此过程中须注意加强合作，把各项工作做得细致正确，尽量避免由于某些环节的工作脱节，避免出现单证不一致的情况。以下是出口、进口两个方面单证的流转环节及程序。

1.2.1 出口单证的工作程序

我国目前的出口业务大多数按 CIF 或 CFR 条件成交并采用信用证支付方式付款。履行此类合同时要涉及诸多环节，办理诸多手续，一般程序如下所述(见图 1.1)。

(1) 签订出口合同。
(2) 准备货物。
(3) 落实信用证。
(4) 商品检验。
(5) 安排装运(托运、报关、保险)。
(6) 缮制各种单据。
(7) 发装运通知。
(8) 交单、议付和结汇等。

它们之间是相互联系的，是环环相扣的，严格按合同履行。同时，还须密切注意进口商的履约情况，以保证合同最终能得以圆满完成。

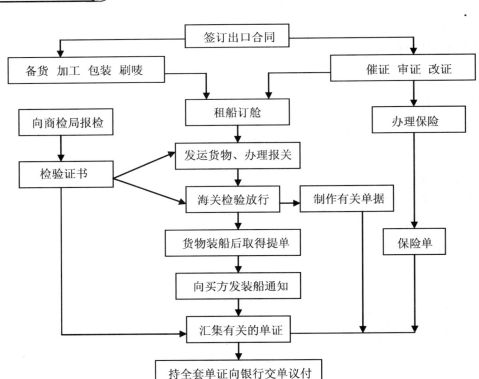

图 1.1　出口单证工作程序

1.2.2　进口单证的工作程序

我国的进口合同一般以 FOB 条件成交，以信用证方式结算货款。履行这类进口合同的一般程序如下所述(见图 1.2)。

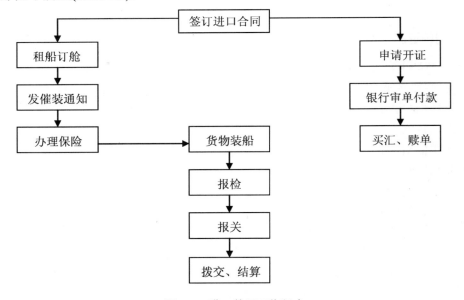

图 1.2　进口单证工作程序

(1) 签订进口合同。
(2) 填写开证申请书及开证。
(3) 安排托运和投保。
(4) 付款赎单。
(5) 进口报关。
(6) 检验和索赔等。

进口商应与各有关部门密切配合,共同完成。

任务 1.3 掌握单证制作的依据和要求

1.3.1 单证制作的依据

1. 买卖合同

非信用证支付方式下,买卖合同是制单和审单的首要依据,从商品名称、数量、规格和价格条件到运输方式、支付方式等均应符合买卖合同的规定;而在信用证支付方式下,虽然单据的缮制应该以信用证条款为准,但有些项目如商品的品名、规格、单价和佣金等,如果信用证没有明确规定,也需参照合同条款缮制单据。

2. 信用证

在信用证支付方式下,信用证因取代买卖合同而成为缮制单证的主要依据,凡是信用证项下的单据,必须严格按照信用证的条款缮制。这是因为银行付款的原则是"只凭信用证而不过问合同",各种单据必须完全符合信用证的规定,银行才承担付款责任。如果信用证条款与买卖合同相互矛盾,就要修改信用证,使得"证同一致";否则,应以信用证为准,才能达到安全收汇的目的。

3. 仓库的出库单/供货厂家的码单

有关商品的实际出运数量,一般以仓库的出库单载明的具体数量、重量、规格和尺码等为准,或以供货厂家提供的磅码单为准。有些商品的包装不是规格划一,例如,棉花一般采用机压包,每包的重量很难做到完全一样,包装单的缮制应该以供货厂家提供的磅码单为准;再如,服装、鞋帽一般采用混色混码装,在实际业务中,很难做到所有的货物都能严格按照搭配要求装箱,最后往往有些是混箱。因此,包装单的缮制应该以供货厂家提供的磅码单为准。

4. 不同行业、部门或国家的特殊要求

由于有些行业、国家会有其特定的要求,如出口纺织品时经常会遇到国外进口商要求我们提供无偶氮证明(AZO Free Certificate,是与人类健康有关的一种特殊单据);出口到信仰伊斯兰教国家的禽类产品,进口商有时会要求由出口地伊斯兰教协会出具有关证明;AMS 舱单由美国开始,现已扩展到加拿大、澳大利亚和欧洲等许多国家和地区;农药产品出口到美国和欧盟等国时,进口商通常会要求出口方提供所出口农药产品的物质安全数据表(Material Safety Data Sheet,MSDS)等。对此,出口企业应按规定的格式和要求将相关单据填写完整并予以提交。

5. 有关法律、惯例和规定

所有国际贸易中单据的制作都应依据相应的法律、惯例和规则，如《中华人民共和国合同法》《中华人民共和国票据法》《中华人民共和国对外贸易法》《中华人民共和国海商法》《中华人民共和国保险法》，我国政府参加的《联合国国际货物销售合同公约》，在国际贸易领域影响巨大的《UCP600》《URC522》《URR525》《INCOTERMS 2010》等，也是正确缮制国际商务单证的依据。

1.3.2 单证制作的要求

制单是单证工作的重点环节，"正确、完整、及时、简明和整洁"是对制单工作的基本要求。

1. 正确(Correctness)

正确是缮制单证工作的前提，单证不正确就不能安全结汇。这里所说的正确，至少包括两方面的内容：一方面要求各种单据必须做到"三相符"(单据与信用证相符、单据与单据相符、单据与合同相符)；另一方面则要求各种单据必须符合有关国际惯例和进口国的有关法令和规定。例如，一般信用证中都没有汇票必须由出票人签字的规定，但一张没有出票人签字的汇票肯定是不合格的，许多国家《票据法》都规定，汇票不签字，票据不成立，所以符合法规的单据才是正确的单据。

从银行的角度来说，依据《跟单信用证统一惯例》(《UCP600》)，他们主要审核受益人提交的单据是否构成"相符交单"即受益人提交的单据应该与信用证条款、《UCP600》的相关适用条款，以及《国际标准银行实务》(ISBP)一致的交单。

从进出口企业的角度来说，除以上"三相符"外，还要做到"单货相符"，这样单证才能真实地代表出运的货物，确保履约正常，安全收汇。

2. 完整(Completeness)

单证的完整性是构成单证合法性的重要条件之一，是单证成为有价证券的基础。单证的完整一般包括以下两个方面的内容。

一方面，要求每种单证的内容必须完整，任何单证都有其特定的作用，这种作用是通过单据本身的格式、项目、文字、签章等来体现的。所以要求制单时对其中内容描述、应列项目、文字拼写、语句表达以及签章或背书等都要完整。否则就不能构成有效文件，也就不能为银行接受。

另一方面，要求单证必须按规定成套、份数齐全。成套是指一笔交易中卖方应按信用证或合同规定制作或获取的所有种类的单证。份数齐全指每一种单证按要求制作正本××份，副本××份，如，CIF项下卖方应提交的单证有：商业发票、海运提单、保险单(或装箱单、原产地证书、商检证书、装运通知电传副本)等。

3. 及时(Promptness)

进出口单证工作的时间性很强，各种单证都要有一个适当的出单日期。由于发货装运和制单结汇是紧密相连的，它是多环节的综合性工作，如制单工作不及时，将会影响到运输、商检、海关监管、港口作业等多部门的工作，轻则打乱了工作秩序，重则造成巨大的经济损失。及时一般包括以下两个方面的内容。

一方面，各种单据的出单日期须合理可行，即出单日期不能超过信用证规定的有效期限或按商业习惯的合理日期，如保险单的出单日不得迟于提单的签发日，提单的签发日不得晚于装运期限，装运通知必须在货物装运后立即发出等，这些日期如果出了差错，就会造成单与单或单与证的不符，影响单据的正确性。

另一方面，全部单据制作完毕，要及时交单议付，信用证条件下尤其应注意交单议付日期不得超过规定的信用证有效期，按照《UCP600》相关规定，如信用证没有规定交单议付期，则银行将拒收迟于运输单据出单日期21天后提交的单据，并不得迟于信用证到期日。过期提单将遭拒付或造成利息损失。

4. 简明(Conciseness)

简明即单证内容要力求简明扼要，防止复杂烦琐。这样不仅可以减少工作量和提高工作效率，而且也有利于提高单证质量，减少差错。例如，商品名称，除非信用证有特别规定，只要商业发票使用商品的具体名称即可，其他所有单据均可使用统称。

《UCP600》规定：开证行应劝阻申请人试图将基础合同、形式发票等文件作为信用证组成部分的做法。因此，为了防止混淆和误解，银行应劝阻在信用证或其任何修改书中加注过多的细节内容的行为，单据中不应出现与单据本身无关的内容。

5. 整洁(Clearness)

所谓整洁是指单证表面的清洁、美观、大方，即单证内容的清楚易认、简洁明了。如果说正确和完整是单证的内在质量，那么整洁则是单证的外观质量。单证的外观质量在一定程度上反映了单证员的业务水平。

单证的整洁要求单证的格式设计和缮制要力求标准化和规范化，单据的内容排列行次整齐、字迹清晰、重点项目突出、醒目。应尽量减少甚至不该出现差错涂改的现象。即使有涂改，都要有一个限度(一般最多不超过三处)，不允许在一份单据上作多次涂改。更改处一定要加盖校对章或简签。若涂改过多，应重新缮制单证。

1.3.3 单据协调的要求

在出口业务中，出口方的单证工作更多、更集中，从签订合同后至交易完成，单证工作包括"审证、制单、审单、交单、归档"五个环节。

1. 审证

在收到信用证后，即应着手审证。通知行审核信用证开证行的资信情况以及信用证的密押情况等，出口企业主要审核信用证条款是否与合同相符，如有不符或不能接受的条款须及时提出，并要求对方修改。

2. 制单

按照上述单据制作的要求，"正确、完整、及时、简明和整洁"的缮制完成全套的单证。

国际商务单证实务

3. 审单

审单就是单证员在缮制或取得全套单证后汇集各项单据，以发票为中心，严格、仔细地与信用证(或合同)逐项核对，做到"单证一致""单同一致"(非信用证支付时)、"单单一致"，单据与有关惯例条款一致，防止错、缺单出门，发现有错误应及时修改，若缺单应及时追索或补做，不符合制单要求的应重新制作，把好单证质量关。

4. 交单

预审无误后，严格按信用证或合同规定的期限及时交单，防止逾期交单，影响收汇。交单应做到单据齐备、内容正确、提交及时。

5. 归档

交单后还可能有退单、议付、索赔、争议、仲裁等发生，所以应保持一份完整的副本归档，保存一段时间，以备查阅。

所以，单据工作不仅要求单证制作完备，作为从事单据工作的人员，还应当对各种单据的作用、性质、具体内容、填制注意事项、各有关法律或国际惯例对各种单据的要求等都有所了解，以保证及时而安全地收到货款，提高经济效益和履行合同的质量水平，为以后业务的拓展打下坚实的基础。

另外，制单员、业务员还要密切合作，互通信息，以免出现由于理解、作业不一致而造成的各种差错。要建立健全复核制度，制单员制作的单据要由他人复核，出单以后也应经常同银行联系，发现错误，及时更正。

"单同相符、单货相符、单证相符、单单相符"这16字是企业单据工作的协调准则。

任务1.4　了解国际商务单证的发展趋势

国际商务中使用的单证种类多，流转时间长，容易发生差错，极易造成延迟收款甚至收不到款的情况。传统的单据及其制作方式，已经成为影响国际贸易发展的障碍。目前，由于互联网的迅猛发展，电子数据交换(EDI)作为电子商务的一项应用技术，在国际贸易中得到广泛的采用，从而使国际贸易单证的缮制、处理、交接和传递出现了一系列新的变化。

1.4.1　单据制作和传递的电子化

传统的外贸单证都是手工制作，一笔业务通常要有数十种单据，各种单据的内容繁杂、缮制要求高且流转环节多，任何一个差错都可能造成重复工作和经济损失，而随着打印机、电子计算机及网络技术的发展和应用，目前外贸单证的制作都实现了电子化，即采用电脑制单，主要包括普通电脑制单和EDI制单等。

现代化通信手段的发展给单证传递提供了便利。例如，美国一些银行采用一种称为ATP(Accelerated Trade Payment，加速贸易付款)的付款方法，银行与公司之间设有电信联机，使用相互约定的密押，通过电信手段把单证内容传递到对方，对方可从屏幕上看到传来的单证内容，也可以打印出文字式的单证。

信用证在运作过程中,其形式也随着贸易的电子化产生了变化:由传统的纸质信用证到网上信用证再到电子信用证。真正意义上的电子信用证可以理解为利用电子手段开展的信用证业务,它是集电子开证、电子通知、电子交单、电子审单、电子支付全过程的电子化运作,是信用证运作全过程、各环节的电子化。电子信用证因其方便、快捷、准确等优点,正逐步成为国际贸易结算的新工具。

1.4.2 单证设计的标准化

国际商务单证中每种单据尽管用途不一,但就其内容而言,大约有80%是相同。这些相同的内容,在每缮制一种单据时,需要对其重复地进行填制和核对,不仅费时费力,而且容易出错。

按照《联合国贸易单据设计样式》拟制的一种套合一致的标准单证格式,可减少各种单证相同内容的重复缮制、重复审核,从而达到内容精确、时间节省的实效。"套合一致"是统一各种单据的大小,并将各种单据上的相同项目放在同一位置上,制单时,只需用打字机将各项内容全部打在一张总单据——母子单据(Master Document)上,然后根据各种单据的需要,将事先设计的有方空格的遮盖板把不需要的部分遮住,再用复制机复制出各种所需要的单据。这样,在总单据上打字只要打一次,校对和改错也各一次,大约只需半小时即可把全部单据制成,大大节省了人力和时间,避免了差错。

1.4.3 推广使用国际标准或代码

为了实现单证的简化和规范化,国际商会和联合国等有关国际贸易的国际组织就出口单证的国际化和标准化做了大量的工作。联合国设计推荐使用下列国际标准化代号和代码:

(1) 运输标志(唛头)代码,由收货人简称、目的地、合同号(参考号)和件号四个部分组成。

(2) 国家和地区代码,由两个英文字母组成,如中国 CN,美国 US,英国 GE,日本 JP。

(3) 货币代码,由三个英文字母组成,前两个字母代表国名,后一个字母代表货币,如人民币 CNY,美元 USD,港币 HKD,欧元 EUR。

(4) 地名代码,由五个英文字母组成,前两个字母代表国名,后三个字母代表地名,如上海 CNSHG,伦敦 GBLON,纽约 USNYC。

(5) 用数字表示的日期代码,如2015年10月3日为2015-10-03。

使用国际标准代号和代码有利于规范化和计算机处理,也是单证改革的一个方面。国际商会为单证的标准化、规范化作了大量的努力,从最基本的国际贸易术语到合同,再到保险、运输、银行、无证托收、单证制作直到审单结算,至今已经制定了一系列的规章和惯例。以信用证为例,国际商会在其第416号出版物中明确规定了信开信用证的格式、长度尺寸,以及开证申请书的格式等内容。就制单工作而言,他们也正在设计各种标准化的单据,使之表格化。同时,减少单证份数、精简单证内容的工作也正在逐步推广,如精简提单正本份数,取消领事签证发票,用商业发票代替海关发票等。

项 目 小 结

国际商务单证简称单证，是指在进出口贸易业务过程中所应用的单据与证书，国际商务单证从不同的角度可以有不同的分类。了解国际商务单证工作的重要性，并掌握进出口单证流转程序，明白单证质量的好坏直接关系到外贸企业的经济效益。单据工作贯穿国际贸易整个过程，主要包括审证、制单、审单、交单和归档等五大方面。单证工作制作的依据，包括买卖合同、信用证、仓库的出库单/供货厂家的码单，以及有关的国际惯例。在制单过程中应做到正确、完整、及时、简明、整洁。国际商务单证随着贸易的不断发展，其自身也在不断地发展和完善。单据制作和传递的电子化、单证设计的标准化和推广使用国际标准或代码，已经成为国际商务单证今后的发展趋势。本项目介绍了国际商务单证的概念和分类，阐述了单证工作的重要性，着重介绍了国际商务单证的工作程序和制单的依据及基本要求。

复习思考题

一、单项选择题

1. 根据进出口贸易单证的性质，可将单据分为(　　)。
   A. 基本单据和附属单据　　　　B. 金融单据和商业单据
   C. 进口单据和出口单据　　　　D. 纸质单据和电子单据
2. 根据《UCP600》对信用证项下的单据分类，不包括在内的单据是(　　)。
   A. 金融单据　　　　　　　　　B. 保险单据
   C. 运输单据　　　　　　　　　D. 商业发票
3. 根据制单的"完整"原则，下列表述不正确的是(　　)。
   A. 单据种类的完整　　　　　　B. 单据所填内容的完整
   C. 每种单据份数的完整　　　　D. 所有单证都必须签署
4. 在托收项下，单据的缮制通常以(　　)为依据。如有特殊要求，应参照相应的文件或资料。
   A. 信用证　　　　B. 发票　　　　C. 合同　　　　D. 提单
5. 下列选项中，(　　)不是 EDI 必须包括的内容。
   A. 纸单据和电子单据同时传递
   B. 按统一的标准编制资料
   C. 电子方式的传递信息
   D. 计算机应用程序之间的连接

二、多项选择题

1. 《托收统一规则(URC522)》将托收的单证分为金融单据和商业单据，下列属于商业单据的是(　　)。
   A. 发票　　　　　　　　　　　B. 提单
   C. 汇票　　　　　　　　　　　D. 保险单

2. 制作国际贸易单证的基本要求是(　　)。
   A. 正确　　　　　　　　　　　　B. 完整
   C. 及时　　　　　　　　　　　　D. 简明和整洁
3. 国际贸易单证工作的基本环节包括(　　)。
   A. 制单　　　　　　　　　　　　B. 审单
   C. 交单　　　　　　　　　　　　D. 归档
4. 国际贸易单证工作可能涉及的部门包括(　　)。
   A. 银行　　　　　　　　　　　　B. 海关
   C. 交通运输部门和保险公司　　　D. 检验检疫机构和有关的行政管理机关
5. 在国际贸易中使用 EDI 的现实意义是(　　)。
   A. 降低经营成本及费用　　　　　B. 速度快，时效性强
   C. 准确率高，出错率低　　　　　D. 节省时间，提高企业管理水平

三、判断题

1. 国际商务单据的制作，不仅要符合国际商业习惯和实际需要，也还要符合国际贸易中的有关法律、惯例和规则，并与之相适应。　　　　　　　　　　　　(　　)
2. 《UCP600》规定，标明"正本"(Original)字样的单据为正本单据，须经出单人签署方为有效。标明"副本"(Copy)或不标明"正本"字样的单据为副本单据，无须签署。(　　)
3. 采用汇付支付方式，单证的交付是指出口商在货物出运之后，将进口商所需要的各种单据提交出口地银行，委托出口地银行向进口商收货付款。　　　　　　(　　)
4. 在 FOB 术语、信用证支付方式的进口业务中，开证申请工作一般是在租船订舱工作之后。　　　　　　　　　　　　　　　　　　　　　　　　　　　　(　　)
5. 各种单证的签发日期应当符合逻辑性和国际惯例，通常提单日期是确定各种单证日期的关键。　　　　　　　　　　　　　　　　　　　　　　　　　　　(　　)

四、简答题

1. 国际商务单证的种类有哪些？
2. 国际商务单证在进出口业务中的作用有哪些？
3. 简述国际商务单证的操作流程。
4. 简述国际商务单证工作的基本要求和制作依据。

项 目 实 训

实训 1-1：讨论下列单据签发日期的先后顺序。
商业发票、装箱单、报关单、报检单、产地证、投保单、汇票、海运提单。

实训 1-2：请登录以下网站了解与本课程有关的职业资格证书考试情况。
(1) 全国国际商务单证员培训认证考试中心(国际商务单证员)
    http://www.icd.net.cn/
(2) 全国外贸跟单员培训认证考试中心(外贸跟单员)
    http://www.gdy.net.cn/

(3) 全国外贸业务员培训认证考试中心(外贸业务员)

　　　http://www.chinawmks.com/

(4) 中国国际货运代理协会货代考试中心(国际货代员)

　　　http://218.58.77.115:8089/

(5) 国际商务师从业资格考试(外销员)

　　　http://www.cpta.com.cn/

(6) 报检员资格考试网(报检员)

　　　http://www.baojianyuan.net.cn/

项目 2　信用证的开立、审核与修改

项目介绍

信用证是国际贸易中使用最普遍的一种支付方式。以信用证作为支付方式的业务中，信用证是单证工作的核心。从备货、商检、托运、保险、报关、装运出口到制单、审单、交单结汇等工作都必须以信用证为依据。进口商应该在合同规定的时间内，向进口地银行申请开立信用证，而出口商则应根据合同条款对国外开来的信用证进行审核和修改，认清信用证的各项条款和单证条件自己是否能够满足，如若不能，则必须提出修改信用证。本项目的任务是学习信用证常见条款的知识和内容，并掌握信用证的开立、审核与修改的方法。

学习目标

通过本项目的学习，了解信用证的特点、当事人及业务流程，能够根据合同正确缮制开证申请书，熟悉 SWIFT 信用证的电文格式，能够根据合同审核信用证中的问题条款，并针对问题条款提出修改意见，同时要熟悉《UCP600》的相关条款内容。

任务 2.1　认识信用证

2.1.1　信用证概述

1. 信用证的概念

根据国际商会《跟单信用证统一惯例(UCP600)》的解释，信用证(Letter of Credit，L/C)是指一项不可撤销的安排，无论其名称或描述如何，该项安排构成开证行对相符交单予以承付的确定承诺。简言之，信用证是一种银行开立的有条件承诺付款的书面文件。

从上述定义中可以发现，《UCP600》与《UCP500》的一个显著区别在于：自此以后银行开出的信用证全部为不可撤销的，信用证不再有可撤销和不可撤销之分。

2. 信用证的特点

信用证是银行信用的支付方式，它具有以下三个特点。

1) 开证行负有第一性付款责任

信用证是由开证行以自己的信用做出付款的保证。在信用证付款条件下，银行处于第一付款人的地位。《UCP600》规定，信用证是一项约定，按此约定，规定的单据在符合信用证条件的情况下，开证银行向受益人或其指定人予以承付。信用证开出后，便构成开证行的确定承诺。可见，开证银行是第一付款人，开证银行对受益人的责任是一种独立的责任。

2) 信用证是一种独立自主的文件

信用证的开立是以买卖合同为依据，但信用证一经开出，就成为独立于买卖合同以外的另一种契约，不再受买卖合同的约束。《UCP600》第4条规定："就其性质而言，信用证与可能作为其开立基础的销售合同或其他合同是相互独立的交易，即使信用证含有对此类合同的任何援引，银行也与该合同无关，且不受其约束。"由此，银行关于承付、议付或履行信用证项下其他义务的承诺，不受申请人基于与开证行或受益人之间的关系而产生的任何请求或抗辩之影响。因此，信用证是独立于有关合同以外的契约，是一种自足的法律文件。

3) 信用证是一种单据交易

在信用证方式下，实行的是凭单付款的原则。《UCP600》第5条规定："银行处理的是单据，而不是单据可能涉及的货物、服务或履约行为。"因此，信用证业务是一种纯粹的单据业务。在信用证业务中，只要受益人提交的单据符合信用证规定，开证行就应承担付款责任；反之，单据与信用证规定不符，银行有权拒绝付款。按指定行事的指定银行、保兑行(如果有的话)及开证行须审核交单，并且仅基于单据本身确定其是否在表面上构成相符交单。需要指出，按 UCP 规定，银行虽有义务"合理小心地审核一切单据"，但这种审核只是用以确定单据表面上是否符合信用证条款，开证银行只根据表面上符合信用证条款的单据付款，因此，在信用证条件下，实行"严格符合的原则"。"严格符合的原则"不仅要求做到单证一致，即受益人提交的单据表面上与信用证规定的条款一致，还要求做到单单一致，即受益人提交的各种单据之间表面上也要一致。

知识链接

《跟单信用证统一惯例》

信用证在20世纪初就已成为国际贸易中经常使用的支付方式，但由于各国法律的不同，各国银行操作的习惯不一，各方当事人对信用证条款理解的不一致，很容易导致当事人间因为利益冲突而产生争端。为了避免这种状况的发生，国际商会曾在1929年制定了《商业跟单信用证统一规则》(Uniform Regulations for Commercial Documentary Credits)，并在此基础上，于1933年颁布了《商业跟单信用证统一惯例》(Uniform Customs and Practice for Commercial Documentary Credits)，对跟单信用证的定义、有关术语、操作要求以及当事人的权利和义务等作了统一的解释和规定。以后随着国际贸易的发展，新的运输和通信方式的运用，以及该惯例使用过程中暴露的问题，国际商会对它作了多次修改。自1962年修改的版本起，该惯例更名为《跟单信用证统一惯例》(Uniform Customs and Practice for Documentary Credits)。

这些版本中，影响很大的是1993年5月通过并于1994年1月1日实施的《UCP500》。它分7个部分，即总则和定义、信用证的形式与通知、义务和责任、单据、其他规定、可转让信用证及款项让渡，共计49个条款。由于《UCP500》对信用证下当事人的权利和义务，对信用证的操作要求以及信用证下的运输单据、保险单据、商业发票和其他单据内容作了专门的规定,因此其在十多年的应用实践中规范信用证业务的操作起到了极其重要的作用。不过,由于《UCP500》某些条款过于原则以及某些措辞过于笼统,以致对于修改它的呼声越来越高。为了对《UCP500》下的单证操作做出更好的说明和解释,2002年国际商会在其秋季年会上通过了作为国际商会第645号出版物的《关于审核跟单信用证项下单据的国际标准银行实务》(简称《ISBP645》)。同时,国际商会银行委员会专门组成了《UCP600》起草组,并且由来自全球26个国家的银行、运输、保险和法律界的41位专家组成了顾问小组。起草组广泛征询了专家意见,回顾了600多条银行委员会的观点、DOCDEX(国际商会的"跟单票据争议专家解决规则")决议和相关的法院裁决,收集和分析了5 000多条来自全球40个国际商会国家委员会的意见。经过各方3年多的努力,在2006年10月25日的国际商会巴黎会议上全票通过了《UCP600》。

《UCP600》于2007年7月正式开始生效,它的全称为《跟单信用证统一惯例,2007年修订本,国际商会第600号出版物》(Uniform Customs and Practice for Documentary Credits, 2007 Revision, International Chamber of Commerce Publication No.600)。它共有39个条款,并且在条文开始部分专门设置了'定义'(definitions)和"解释"(interpretations)条款,以便更好地对某些容易混淆的术语进行明确。在《UCP600》中,《UCP500》所规定的银行审单并发出拒受还是接受通知的时限从"不超过7个银行工作日的合理的时间内"修改为"5个银行工作日内"。另外,《UCP600》允许指定银行对承兑信用证和延期付款信用证贴现或融资,接受带有"除外条款"的保险单,删除了运输单据条款中关于"没有注明载运船只仅以帆为动力"的过时规定,摒弃了《UCP500》中多处使用的"合理的"、"表面的"之类模糊表述,等等。需要注意的是,某些在ISBP645下的条款在《UCP600》中得到充分体现。毫无疑问,《UCP600》对信用证业务产生了巨大影响。因此,正确理解《UCP600》的各项规定对于信用证下的各方当事人至关重要。

应该认识到,《UCP600》是一种国际惯例,因此,只有信用证表明适用《UCP600》,它才能够对当事人具有法律上的强制约束力。

3. 信用证的当事人

信用证的基本当事人有三个,即开证申请人、开证行和受益人。如果信用证是由开证行为其本身的业务需要主动开立的,这类信用证的基本当事人中就不存在开证申请人,而只有开证行和受益人。此外,还有其他关系人,即通知行、议付行、偿付行和保兑行等。

1) 开证申请人(Applicant, Opener, Accountee)

开证申请人指向银行提出申请开立信用证的人,一般为进口商,就是买卖合同的买方。开证申请人为信用证交易的发起人。

2) 开证行(Opening Bank, Issuing Bank, Establishing Bank)

开证行指应开证申请人的请求或为自身行事,开立信用证的银行,一般是进口地的银行。开证人与开证行的权利和义务以开证申请书为依据。信用证一经开出,按信用证规定的条款,开证行负有承担付款的责任。

3) 受益人(Beneficiary)

受益人指信用证上所指定的有权使用信用证的人,一般为出口商,即买卖合同的卖方。受益人通常也是信用证的收件人,他有按信用证规定签发汇票向所指定的付款银行索取价款的权利,但也在法律上以汇票出票人的地位对其后的持票人负有担保该汇票必获承兑和付款的责任。

4) 通知行(Advising Bank, Notifying Bank, Advised through)

通知行指按开证银行的请求,通知信用证的银行。通知行往往是出口地银行,而且一般是开证行的代理行。根据《UCP600》的规定,通知行通知信用证或修改的行为,即表明其认为信用证或者修改的表面真实性得到满足,且其通知准确地反映了所收到的信用证或修改的条款。

5) 议付行(Negotiation Bank)

议付行指根据开证行的授权买入或贴现受益人开立和提交的符合信用证规定的票据的银行。议付行审单无误,即可垫付汇票和/或单据的款项,在扣减垫付利息后将净款付给受益人。在信用证业务中,议付行通常又是以受益人的指定人和汇票的善意持票人的身份出现的,因此它有对作为出票人的信用证受益人的付款的追索权。

6) 付款行(Paying Bank,Drawee Bank)

付款行是开证行授权进行信用证项下付款或承兑并支付受益人出具的汇票的银行。开证行一般兼为付款行,但付款行也可以是接受开证行委托的代为付款的另一家银行。付款行代开证行验收单据,一旦验单付款后,付款行无权向受益人追索。

7) 偿付行(Reimbursing Bank)

偿付行指信用证指定的代开证行向议付行、承兑行或付款行清偿垫款的银行。偿付行的出现通常是由于开证银行的资金调度或集中在该银行。若信用证中规定有关银行向指定银行索偿,则开证行应该及时向该偿付银行提供照付该索偿的适当指示或授权,并且不应该以索偿行向偿付行提供单证相符的证明为先决条件。由于偿付行并不审查单据,所以偿付行的偿付具有追索权。

8) 保兑行(Confirming Bank)

保兑行是指应开证行请求或授权对信用证加具保兑的银行,它具有与开证行相同的责任和地位。保兑银行在信用证上加具保兑后,即对受益人独立负责,承担必须付款或议付的责任。在已经付款或议付之后,均不能因开证行倒闭或无理拒付向受益人追索。在实际业务中,保兑行通常由通知行兼任,但也可由其他银行加具保兑。

 知识链接

信用证下的契约安排

在跟单信用证业务中存在着三方的契约安排:①买卖双方(即申请人和受益人)之间的销售合同;②开证申请人与开证行间的开证申请书;③开证行与受益人之间的信用证(见图2.1)。在信用证业务中,这三方面契约中的每一项都是独立的。

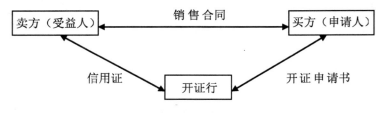

图2.1 信用证下的契约关系

2.1.2 信用证的一般业务流程

信用证的业务流程因类型不同有一定的区别,但流程中的基本环节一般都包括申请开证、开证、通知、交单、付款和赎单等,这些环节可以先通过国际贸易中常用的即期议付信用证通常的业务流程来获得一定的了解(见图 2.2)。

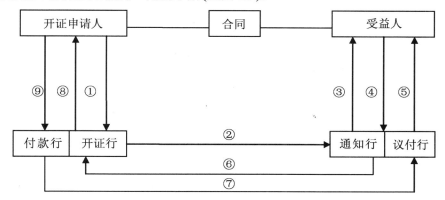

图 2.2　信用证的一般业务流程

说明：
① 开证申请人按合同规定向银行提出开证申请，并交纳若干押金和开证手续费。
② 开证行接受开证申请，开出信用证寄交通知行。
③ 通知行接到信用证经审查并证实无误后转交受益人。
④ 受益人经审查信用证无误后，即可按规定的条件装运。出口人装运后，缮制信用证要求的各种单据并开具汇票，在信用证有效期内向议付行交单。
⑤ 议付行经审核信用证与单据相符后，按汇票金额，扣除若干利息和手续费，将垫款付给受益人。
⑥ 议付行将单据等寄交开证行或其指定的付款行要求付款。
⑦ 开证行在审单无误后，向议付行付款。
⑧ 开证行在办理转账或汇款给议付行的同时通知开证申请人付款赎单。
⑨ 开证申请人付款并取得装运单据，凭以向承运人提货。

2.1.3　信用证的基本内容

信用证的内容必须完整、明确和简洁。目前信用证大多采用电开本，各国银行使用的格式不尽相同，文字语句也有很大差别，但基本内容大致相同，主要包括以下几个方面内容。

1. 对信用证本身的说明

信用证的类型：说明可否转让，是否经另一家银行保兑，兑付方式等。
信用证号码和开证日期、到期日和到期地点等。

2. 信用证的当事人

必须记载的当事人：开证申请人、开证行、受益人、通知行。
可能记载的当事人：保兑行、指定议付行、付款行、偿付行等。

3. 信用证的金额和汇票条款

信用证的金额：包括币种和总金额。币种通常包括货币的缩写和大写，总额分别用大写文字与阿拉伯数字书写。信用证金额是开证行付款责任的最高限额，有的信用证还规定有一定的加减百分率。

汇款条款：包括汇票的种类、金额、出票人、付款人及出票日期等。无须汇票的信用证则无此内容。

4. 货物条款

包括货物的名称、规格、数量、包装、单价及合同号等。

5. 运输条款和保险条款

运输条款：包括运输方式、装运港和目的港、最迟装运日期、可否分批装运或转运及如何分批装运或转运的规定。

保险条款：包括以 CIF 或 CIP 贸易术语达成的交易项下的保险要求，所需投保的金额和范围等。

6. 单据条款

说明要求提交的单据种类、份数、内容要求等。基本单据包括：商业发票、运输单据和保险单。其他单据包括：检验证书、产地证、装箱单或重量单等。

7. 特殊条款

常见的有对交单期的说明；对银行费用的说明；对议付行寄单方式、议付背书和索赔方法的指示；要求通知行加保兑；限制某船或不准在某港口停靠；信用证生效条件；等等。

8. 开证行的责任文句

通常说明根据《跟单信用证统一惯例(UCP600)》开立以及开证行保证付款的承诺。

9. 开证行签字或密押等

如果是电开信用证，必须用密押或者是 SWIFT 技术进行核验。如果通知行无法核验，就应该要求开证行用其他办法确保信用证的表面真实性。

2.1.4 SWIFT 信用证

"SWIFT"是环球银行金融电讯协会(Society for Worldwide Inter-bank Financial Telecommunication)的简称，是一个国际银行同业间非营利性的合作组织。该组织于 1973 年在比利时成立，总部设在比利时的布鲁塞尔，并在荷兰阿姆斯特丹和美国纽约设立与总部相互连接的大型计算机操作中心，在各会员银行所在的国家和地区设有与操作中心相连的处理站。会员银行通过专用计算机设备与处理站和操作中心的计算机、数传通信设备连通，构成全球性通信网，开展电讯国际银行业务。目前全球大多数国家大多数银行已使用 SWIFT 系统。

凡是通过 SWIFT 系统开立或通知的信用证称为 SWIFT 信用证，也称"环银电协信用证"。通过 SWIFT 开立信用证的电文格式有 MT700 和 MT701，修改信用证的格式代码为 MT707。其中 MT 是 MESSAGE TYPE 的缩写，所有与信用证有关的往来电文都是以 7 开头的报文格式。鉴于目前使用的信用证大多是通过 SWIFT 系统开立的，因此，有必要对 SWIFT 信用证进行了解。

1. SWIFT 的特点

1) 采用会员制度

使用 SWIFT 系统的银行必须加入环球银行金融电讯协会,成为会员后方可使用 SWIFT 系统。

2) 格式标准化

对于 SWIFT 电文,SWIFT 有统一的要求和格式。使用 SWIFT 信用证,必须遵守 SWIFT 使用手册的规定,使用 SWIFT 手册规定的代号(Tag)。

3) 安全性高

与信开信用证比较,SWIFT 是全证加密的,而信开信用证只对重要的内容(如金额)处加密押。与电传比较,SWIFT 的密押比电传的密押可靠性强、保密性高。

4) 解释统一

采用 SWIFT 信用证,信用证必须按国际商会制定的《UCP600》的规定处理。因此,在 SWIFT 信用证中可以省去银行的承诺条款,但并不能免去银行所应承担的义务。

5) 费用较低

与电传、电报比较,同样多的内容,SWIFT 的费用只有 TELEX(电传)的 18%左右,只有 CABLE(电报)的 2.5%左右。

6) 系统服务范围广

SWIFT 系统服务范围很广,凡会员银行所处理的有关国际银行业务的电讯均可使用 SWIFT 系统。主要业务包括外汇买卖、证券交易、开立信用证、办理信用证项下的汇票业务等。

7) 处理业务快捷

SWIFT 系统电讯的线路速度为普通电传的 48～192 倍,在正常情况下,每笔交易从发出电讯到收到对方确认只需 1~2 分钟。会员间还可以利用 SWIFT 系统的存储功能,随时从该系统索取所需要的电讯记录。

8) 自动功能

SWIFT 系统具有自动收发储存信息、自动加押和核押、自动将文件分类等自动功能,可每周 7 天 24 小时连续不停地运转。

2. SWIFT 电文表示方式

1) 项目表示方式

SWIFT 项目的固定格式为编号、条款属性和条款内容。例如,"31D DATE AND PLACE OF EXPIRY:131120 CHINA"。"31D"是编号,条款属性是"信用证有效期和到期地点",条款内容是"131120 CHINA",意思就是该证将于 2013 年 11 月 20 日在中国到期。

2) 日期表示方式

SWIFT 电文的日期表示为:YYMMDD(年月日)。例如,2013 年 10 月 9 日,表示为:131009。

3) 数字表示方式

在 SWIFT 电文中,千位以上数字不使用分格号,小数点用逗号","来表示。例如,6 123,456.45 表示为 6123456,45;4/5 表示为 0,8;5%表示为 5 PERCENT 或 05/05。

4) 货币表示方式

在 SWIFT 电文中，货币使用国际上统一的货币代码，每种货币都是用三个字母表示。例如，澳大利亚元 AUD；加拿大元 CAD；人民币元 CNY；港元 HKD；日元 JPY；英镑 GBP；美元 USD。

3. SWIFT 信用证报文格式及电文内容

1) SWIFT 信用证报文格式

目前开立 SWIFT 信用证的格式代号为 MT700 和 MT701，表 2-1 和表 2-2 是这两种格式中的代号和栏位名称对照表。

表 2-1　MT700　Issue of a Documentary Credit

跟单信用证的开立

代号(Tag)	栏位名称(Field Name)
27	合计次序(Sequence of Total)
40A	跟单信用证类别(Form of Documentary Credit)
20	信用证编号(Documentary Credit Number)
23	预先通知编号(Reference to Pre-Advice)
31C	开证时间(Date of Issue)
31D	有效期和到期地点(Date and Place of Expiry)
50	申请人(Applicant)
51a	开证申请人的银行(Applicant Bank)
59	受益人(Beneficiary)
32B	币别代号、金额(Currency Code, Amount)
39A	信用证金额加减百分率(Percentage Credit Amount)
39B	最高信用证金额(Maximum Credit Amount)
39C	可附加金额(Additional Amount Covered)
41a	向……银行押汇，押汇方式为……(Available…by…)
42C	汇票期限(Drafts at…)
42a	付款人(Drawee)
42M	混合付款指示(Mixed Payment Details)
42P	延期付款指示(Deferred Payment Details)
43P	分运(Partial Shipments)
43T	转运(Transshipment)
44A	由……装船/发送/接管(Loading on Board/Dispatch/Taking in Charge at/from…)
44B	装运至……(For Transportation to…)
44C	最后装船日(Latest Date of Shipment)
44D	装运期(Shipment Period)
45A	货物描述与交易条件(Description of Goods and/or Services)
46A	应具备单据(Documents Required)
47A	附加条件(Additional Conditions)
71B	费用(Charges)
48	提示期间(Period for Presentation)
49	保兑指示(Confirmation Instructions)
53a	清算银行(Reimbursement Bank)

续表

代号(Tag)	栏位名称(Field Name)
78	对付款/承兑/议付银行之指示(Instructions to the Paying/Accepting/Negotiation Bank)
57a	收讯银行以外的通知银行("Advise Through"Bank)
72	银行间备注(Sender to Receiver Information)

表2-2　MT701　Issue of a Documentary Credit
跟单信用证的开立

代号(Tag)	栏位名称(Field Name)
27	合计次序(Sequence of Total)
20	信用证编号(Documentary Credit Number)
45B	货物描述与交易条件(Description of Goods and/or Services)
46B	应具备单据(Documents Required)
47B	附加条件(Additional Conditions)

如对已经开出的SWIFT信用证进行修改，则需采用MT707标准格式传递信息。表2-3是SWIFT MT707格式中的代号和栏位名称对照表。

表2-3　MT707　Amendment to a Documentary Credit
跟单信用证的修改

代号(Tag)	栏位名称(Field Name)
20	送讯银行的编号(Sender's Reference)
21	收讯银行的编号(Receiver's Reference)
23	开证行的编号(Issuing Bank's Reference)
52a	开证行(Issuing Bank)
31c	开证日期(Date of Issue)
30	修改日期(Date of Amendment)
26E	修改序号(Number of Amendment)
59	受益人(修改以前的)[Beneficiary (before this amendment)]
31E	新的到期日(New Date of Expiry)
32B	信用证金额的增加(Increase of Documentary Credit Amount)
33B	信用证金额的减少(Decrease of Documentary Credit Amount)
34B	修改后新的信用证金额(New Documentary Credit Amount After)
39A	信用证金额加减百分率(Percentage Credit Amount Tolerance)
39B	最高信用证金额(Maximum Credit Amount)
39C	可附加金额(Additional Amount Covered)
44A	由……装船/发送/接管(Loading on Board/Dispatch/Taking in Charge at/from…)
44B	装运至……(For Transportation to…)
44C	最后装船日(Latest Date of Shipment)
44D	装运期(Shipment Period)
79	叙述(Narrative)
72	银行间备注(Sender to Receiver Information)

国际商务单证实务

SWIFT 信用证实例：

Form of Doc. Credit	*40 A：IRREVOCABLE
Doc. Credit Number	*20：HI-2013056
Date of Issue	31C：130325
Expiry	*31D：Date 130531 Place CHINA
Applicant	*50：GAMES IMP. AND EXP. COMPANY
	31 BLUEBIRD STREET
	BANGKOK THAILAND
Applicant bank	51：KRUNG THAI BANK PUBLIC CO., LTD.
	BANGKOK
Beneficiary	*59：ZHEJIANG FOREIGN TRADE CO., LTD
	168 TIANMUSHAN ROAD,
	HANGZHOU, CHINA
Amount	*32B：Currency USD Amount 4150000
Available with /by	*41D：ANY BANK
	BY NEGOTIATION
Draft at …	42C：AT SIGHT
	FOR FULL INVOICE VALUE
Drawee	42D：KRUNG THAI BANK PCL
	SUANMALI IBC
	BANGKOK
Partial Shipments	43P：PROHIBITED
Transshipment	43T：PERMIT
Port of loading	44E：SHANGHAI
Port of discharge	44F：BANGKOK
Latest Date of Ship.	44C：130516
Descript. of Goods	45A：
	100 PCT COTTON CHILDREN'S COATS
	CIF BANGKOK
	ITEM NO. 141T, 3000PCS, USD6.00/PC
	ITEM NO. 161B, 2000PCS, USD4.25/PC
	ITEM NO. 323T, 3000PCS, USD5.00/PC
Documents required	46A：
	+MANUALLY SIGNED COMMERCIAL INVOICE IN QUADRUPLICATE CERTIFYING THAT ALL DETAILS ARE AS PER PROFORMA INVOICE NO GM130316 DATED 2013-03-16
	AND ALSO SHOW THE FREIGHT CHARGE, PREMIUM, FOB VALUE AND COUNTRY OF ORIGIN SEPARATELY

	+FULL SET CLEAN ON BOARD OCEAN BILLS OF LADING MADE OUT TO OUR ORDER MARKED FREIGHT PREPAID NOTIFY APPLICANT AND SHOWING THE NAME AND ADDRESS OF THE SHIPPING AGENT AT DESTINATION
	+SIGNED PACKING LIST IN QUADRUPLICATE STATING THAT ONE PC IN ONE PP BAG AND 20PCS IN AN EXPORT CARTON.
	+SIGNED CERTIFICATE OF ORIGIN IN DUPLICATE SHOWING THE NAME OF THE MANUFACTURER
	+QUALITY CERTIFICATE IN DUPLICATE
	+INSURANCE POLICY IN DUPLICATE FOR 110 PCT OF THE INVOICE VALUE COVERING ALL RISKS AS PER CIC OF PICC DATED 01/01/2010 WAREHOUSE TO WAREHOUSE CLAUSE INCLUDED IN THE SAME CURRENCY OF THE DRAFTS CLAIM PAYABLE IN THAILAND
	+BENEFICIARY'S CERTIFICATE STATING THAT ONE SET OF N/N SHIPPING DOCUMENTS HAS BEEN SENT TO THE APPLICANT DIRECTLY IMMEDIATELY AFTER SHIPMENT EFFECTED
Additional Cond. 47A：	+ALL DOCUMENTS MUST SHOW THE CREDIT NUMBER AND DATE AND NAME OF THE ISSUING BANK
	+A DISCREPANCY HANDLING FEE OF USD100.00 SHOULD BE DEDUCTED AND INDICATED ON THE BILL SCHEDULE FOR EACH PRESENTATION OF DISCREPANT DOCUMENTS UNDER THIS CREDIT
	+THIS DOCUMENTARY CREDIT IS SUBJECT TO UNIFORM CUSTOMS AND PRACTICE FOR DOCUMENTARY CREDIT ICC PUBLICATION NO 600
Presentation Period 48：	WITHIN 15 DAYS AFTER THE DATE OF B/L BUT WITHIN THE VALIDITY OF THIS CREDIT
Confirmation *49：	WITHOUT
Advising through 57：	THIS CREDIT IS ADVISED THROUGH BANK OF CHINA HANGZHOU BRANCH
Details of Charges 71B：	ALL BANKING CHARGES OUTSIDE THAILAND ARE FOR THE ACCOUNT OF BENEFICIARY
Instruction 78：	ON RECEIPT OF DOCUMENTS CONFIRMING TO THE TERMS OF THIS DOCUMENTARY CREDIT, WE UNDERTAKE TO REIMBURSE YOU IN THE CURRENCY OF THE CREDIT IN

	ACCORDANCE WITH YOUR INSTRUCTIONS, WHICH SHOULD INCLUDE YOUR UID NUMBER AND THE ABA CODE OF THE RECEIVING BANK
Send. to rec. info. 72:	DOCUMENTS TO BE DISPATCHED BY COURIER SERVICE IN ONE LOT TO BANK OF CHINA BANGKOK BRANCH TRADE SERVICES, 26 BOLIDEN ROAD, BANGKOK, THAILAND

任务2.2 开立信用证

在以信用证方式支付的进口贸易中，进口商必须按合同规定向开证行提出申请，要求开立信用证，开证行根据进口商的要求开立信用证，这是履行进口合同的第一步。因此，进口商必须填写信用证开证申请书，以书面的形式向开证行提出申请。

2.2.1 信用证的开立程序

进口商应该在合同规定的开证时间内，向本地的出口商可接受的银行申请开立信用证（见图2.3）。如果合同规定开证日期，则进口商应在规定期限内开立信用证；如果合同只规定了装运期的起止日，则应保证受益人在装运期开始前收到信用证；如果合同只规定最迟装运日期，则应在合理时间内开证，以使受益人有足够时间准备货物并予出运，通常在交货期前一个月至一个半月左右完成开证。

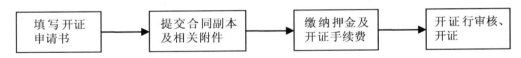

图2.3 信用证的开立程序

1. 填写开证申请书

进口合同签订后，进口商应该按照合同规定填写开证申请书，向银行申请开立信用证。开证申请书中所列内容应与买卖合同条款一致，不得将与信用证无关的内容和合同中过细的条款填入开证申请书中，也不能将模糊的或有争议的内容填入申请书。

2. 提交合同副本及相关附件

进口商向银行申请开立信用证时，还需要向银行提交合同副本及相关的附件，如进口许可证、进口配额证、某些相关部门的审批文件等。

3. 缴付押金及开证手续费

按照国际贸易的习惯做法，除非开证行对开证申请人有授信额度，进口商向银行申请开立信用证时，应向银行缴付一定比例的保证金，其金额一般为信用证金额的百分之几到百分之几十，一般根据进口商的资信情况而定。在我国的进口业务中，开证行根据不同企业和交易的情况，要求开证申请人缴付一定比例的人民币保证金，然后银行才能开证。

4. 开证行审核、开证

开证行在收到进口商提交的开证申请书后,会立即对其内容以及进口商的资信状况进行审核,审核无误并确保收到买方缴纳的押金及开证费用后,即以买卖合同为基础向信用证受益人开出信用证。

2.2.2 开证申请书的缮制

开证申请书(Documentary Credit Application)是银行开立信用证的依据,是申请人与开证行之间明确彼此权利义务的契约。开证申请书通常一式三份(银行两份,客户一分),申请书包括两个部分:第一部分是请求银行开出信用证的内容;第二部分是进口商对开证行的承诺书,以明确双方的责任。凡经营国际结算业务的银行都有自己的信用证开立申请书,内容不尽相同,现以中国银行的开证申请书为例(见样单2-1),介绍信用证开证申请书的主要内容及填制规范。

1. To(致)

填写开证行的名称,银行一般都在申请书上印就有银行名称,无须填写。有些银行的开证申请书除了印有开证行名称、地址外,银行的Swift Code、Telex No等也要同时显示。

2. Date(申请开证日期)

一般在申请书右上角,填写实际申请日期。

3. Applicant(申请人)

填写申请人的全称及详细地址,有的要求注明联系电话、传真号码等。

4. Credit number(信用证号码)

信用证号码由银行填写。

5. Date and expiry(信用证的有效期和到期地点)

有效期一般较最迟装运期晚10～15天,到期地点一般在受益人所在国。

6. Advising bank(通知行)

由开证行填写。

7. Beneficiary(受益人)

填写受益人的全称及详细地址。

8. Partial shipment(分批装运)

根据合同的实际规定在允许和禁止分批前的方框内打"×"表示选中。

9. Transshipment(转运)

根据合同的实际规定在允许和禁止转运前的方框内打"×"表示选中。

10. Amount(信用证金额)

分别用小写的数字和大写的文字两种形式表示,并且表明币制。如果允许有一定比率的上下浮动，则要在信用证中明确表示出来。

11. Loading on board/dispatch/taking in charge at/from, not later than, for transport to(装运地/港、最迟装运日期、目的地/港的名称)

按实际填写，如允许有转运地(港)，也应清楚标明。

12. Trade terms(贸易术语)

在所提供的六种常用的贸易术语前选择适用的一种，在方框内打"×"表示选中。如果没有适用的贸易术语，则可在"or other terms"后填写实际的贸易术语。

13. Credit available with/by(兑付方式)

在所提供的信用证的使用范围是"Any bank"(任何一家银行)还是"Advising bank"(通知行)中选择所适用的一种并在方框内打"×"表示选中；在"by sight payment"(即期)、"by acceptance"(承兑)、"by negotiation"(议付)和"by deferred payment"(延期)四种有效兑付方式中选择一种，并在方框内打"×"表示选中，要与合同规定的相一致。

14. Documents required(单据条款)

各银行提供的申请书中已印就的单据条款通常有十几条，从上到下一般为发票、运输单据(提单、空运单、铁路运输单据等)、保险单、装箱单、品质证书、装运通知和受益人证明等，适用哪种单据就在前面的括号内打"×"表示选中。如果要求提交超过上述所列范围的单据，则可在Other documents, if any(其他单据)后填写具体的单据名称、份数、出单人及其措辞。选中某单据后对该单据的具体要求(如是否要签字、正副本的份数、单据中应标明的内容等)也应如实填写。

15. Description of goods(商品描述)

合同规定的货物描述有商品名称、规格、包装、单价条款和唛头等。所有内容都必须与合同内容相一致，尤其是价格条款、数量条款。

16. Additional instructions(附加指示)

该栏目通常体现为以下一些印就的条款，如需要，可在条款前括号内打"×"表示选中。

(1) All banking charges outside the issuing bank are for beneficiary's account. 所有开证行以外的银行费用由受益人承担。

(2) Documents must be presented within ××days after the shipment date but within the validity of this credit. 单据必须在提单日后××天送达银行并且不超过信用证有效期。

(3) Third party as shipper is not acceptable. Short form/unclean/charter party B/L is not acceptable. 第三方作为托运人不能接受，略式/不清洁/租船提单不能接受。

(4) Both quantity and amount ×× pct more or less are allowed. 数量与金额允许××%增减。

(5) Prepaid freight drawn in excess of L/C amount is acceptable against presentation of original charges voucher issued by shipping Co./Air Line/or its agent. 银行接受凭船公司/航空公司或其代理人签发的正本运费收据索要超过信用证金额的预付运费。

(6) All documents to be forwarded in one cover unless otherwise stated above. 除非有相反规定，所有单据应一次提交。

(7) All documents must indicate contract number and L/C number. 所有单据加列合同和信用证号码。

(8) Document issued prior to the date of issuance of credit not acceptable. 不接受早于开证日出具的单据。

(9) Other terms, if any. 对合同涉及但未印就的条款还可以做补充填写。

17. Account No., name of bank, Tel No., Fax No. and E-mail(账号、开户行、联系电话、传真和邮箱地址等内容)

按照实际情况由申请人进行填写。

18. Name, signature of authorized person(授权人名称、签字等内容)

申请人的法人代表签字、盖章。

样单 2-1：开证申请书

IRREVOCABLE DOCUMENTARY CREDIT APPLICATION

To: BANK OF CHINA, ZHEJIANG BRANCH	Date: MAY 05,2013	
Applicant **ZHEJIANG FOREIGN TRADE CO., LTD.** **168 TIANMUSHAN ROAD, HANGZHOU, CHINA**	Irrevocable Documentary Credit No. **13AF004987** Date and place of expiry **JULY 25, 2013 IN U.K.**	
Advising Bank **BANK OF CHINA LONDON BRANCH**	Beneficiary (Full name and address) **AMAYI TRADE COMPANY** **NO. 458 GIANT STREET LONDON, U.K.**	
Partial shipments ☐allowed ☒not allowed	Transhipment ☒allowed ☐not allowed	Amount **USD16,400.00 (SAY U.S.DOLLARS SIXTEEN THOUSAND FOUR HUNDRED ONLY)**
Loading on board/dispatch/taking in charge at/from **LONDON** not later than **JULY 10, 2013** For transportation to: **SHANGHAI** ☐FOB ☐CFR ☒CIF ☐or other terms	Credit available with **ANY BANK** By ☐sight payment ☐acceptance ☒negotiation ☐deferred payment at against the documents detailed herein ☒and beneficiary's draft(s) for <u>100</u> % of invoice value At <u>SIGHT</u> drawn on us.	

Documents required： (marked with ×)

1. (×) Signed commercial invoice in <u>3</u> copies indicating L/C No. and Contract No.
2. (×) Full set of clean on board Bills of Lading made out to order and blank endorsed, marked "freight [ ] to collect / [×] prepaid [ ] showing freight amount" notifying <u>**APPLICANT**</u> .
3. ( ) Airway bills/cargo receipt/copy of railway bills issued by _____ showing "freight [ ] to collect/[ ] prepaid [ ] indicating freight amount" and consigned to_____.
4. (×) Insurance Policy/Certificate in <u>2</u> copies for <u>110</u> % of the invoice value showing claims payable in <u>china</u> in currency of the draft, blank endorsed, covering All Risks, War Risks and _____.

5. (×) Packing List/Weight Memo in __3__ copies indicating quantity, gross and weights of each package.
6. ( ) Certificate of Quantity/Weight in _____ copies issued by _____.
7. ( ) Certificate of Quality in _____ copies issued by [ ] manufacturer/[ ] public recognized surveyor_____.
8. (×) Certificate of Origin in __2__ copies.
9. (×) Beneficiary's certified copy of fax / telex dispatched to the applicant within __3__ days after shipment advising L/C No., name of vessel, date of shipment, name, quantity, weight and value of goods.
( ) Other documents, if any
Description of goods:
ENERGY SAVING ELECTRONIC LAMP ART
20W FLC 25   4000PC USD4.10/PC
CIF SHANGHAI
Additional instructions：
1. (×) All banking charges outside the opening bank are for beneficiary's account.
2. (×) Documents must be presented within __15__ days after date of issuance of the transport documents but within the validity of this credit.
3. (×) Third party as shipper is not acceptable, Short Form/Blank back B/L is not acceptable.
4. ( ) Both quantity and credit amount _____ % more or less are allowed.
5. ( ) Prepaid freight drawn in excess of L/C amount is acceptable against presentation of original charges voucher issued by shipping Co./Air Line/or its agent.
6. (×) All documents must be sent to issuing bank by courier/speed post in one lot.
7. ( ) Other terms, if any：

Account No.___345452000000_____
With_BANK OF CHINA, ZHEJIANG BRANCH_____(name of bank)
Transacted by:_____
Tel No.,___81760990
Fax No.___81760991
E-mail___zjft@163.com

Applicant： name, signature of authorized person (With seal)

任务2.3　审核信用证

　　信用证是依据合同开立的，信用证内容应该与合同条款一致。但在实际工作中，由于工作的疏忽、电文传递的错误或者进口商故意加列对其有利的附加条款等因素，往往会出现信用证条款和合同条款不符的情况。所以，出口商在接到对方开来的信用证时，一定要严格审核，以便在发现信用证存在问题时及时通知对方改证。在实际业务中，审核信用证是银行与出口企业的共同责任。由于银行和出口企业的分工不同，因而在审核内容上各有侧重。

2.3.1 审核信用证的依据

1. 买卖双方签订的合同

首先,审核信用证应该依据买卖双方所签订的合同,信用证中的条款应该与合同中条款相一致。

2. 《跟单信用证统一惯例(UCP600)》

其次,要依据国际商会《跟单信用证统一惯例(UCP600)》来审核信用证条款。

3. 实际业务的习惯做法

最后,鉴于国际贸易的复杂性,各个国家的贸易做法又不尽相同,也应结合实际业务中的习惯做法,来审核信用证条款。

2.3.2 银行审核的重点

通知行是指应开证行的要求通知信用证的银行,其权利和义务是验明信用证的真实性,及时澄清疑点,将信用证及时通知给有关受益人,并有权利收取相关费用。因此,通知行审证的侧重点与受益人是不同的,通知行的审核与买卖双方签订的合同无关,通知行审核的重点包括以下几个方面。

1. 从政策上审核

外贸企业必须贯彻对外政策,信用证业务自然也不例外。例如,凡国家规定不准与之进行经济往来的国家和地区的银行开立的信用证,不能接受;载有歧视性或错误的政治性条款的信用证,应视具体情况予以退回,或要求改正,或向开证人指出,提醒其今后注意。

2. 对开证行的经营作风和资信情况进行审查

审核信用证的金额是否与开证行的资信状况相称,若是保兑信用证,对保兑行的资信情况也要审查。

3. 审核索汇路线是否合理

如果索汇路线和索汇方法过于烦琐,就会影响收汇时间甚至不能安全收汇。因此,对索汇路线是否合理需进行审查。

4. 审核信用证的印鉴、密押是否相符

信开信用证都需审核两个授权人的签字,如果发现签字不清,或在其印鉴册及增补的印鉴上找不到该人签字时,就要在其来证上注明"印鉴不符,待证实后办理出运"的字样;与此同时,发函或发电查询开证行,待得到证实后再通知受益人。如果仍得不到证实,则说明该证是假证。对于电开信用证通知行需核对密押是否正确,如果发现密押不符,那么通知行应在该证上明确注明"密押不符,请勿出运"或类似字样,提醒受益人注意,待收到国外银行的复电证实后,以书面的形式通知受益人(不能口头通知)。如果得不到证实,则说明该证为假证,受益人不能使用。SWIFT开立的信用证则无须核对密押。

2.3.3 出口企业审核的重点

1. 审核信用证本身说明

①开证日期；②信用证证号；③信用证有效期和到期地点；④信用证金额。

2. 审核信用证当事人

①开证申请人：签订贸易合同时，买方全称及详细地址(包括电话、传真、电传及邮编)一般都必须打明。审证时对照合同审即可。②受益人。

3. 审核汇票条款

①付款期限；②付款人：付款人必须是开证行或开证行指定的另一家付款行，《UCP600》不允许以开证申请人为汇票的付款人。

4. 审核货物条款

①品名是否正确。②规格。③单价。④数量：一是信用证中所采用的计量单位是否与合同一致；二是数量前是否有溢短装条款，幅度是否与合同一致；三是数量前有"About"，"Approximate""Circa"表示可允许多装或少装 10%。四是信用证没有规定溢短装条款，数量也允许多装或少装 5%，但前提条件有三：其一，未规定数量不得增减；其二，支取金额不超过信用证金额；其三，货物不是按包装单位或个数计数的，而是按长度、体积、容量和重量等计数。⑤包装。⑥唛头。⑦信用证中援引的合同号码及签订的合同日期是否与合同相符。

5. 审核装运条款

起运港和目的港必须与合同一致。如来证有不同规定，要作修改，否则会增加出口人的费用和风险。如来证指定运输方式、运输工具或运输路线，应及时与外运公司联系，看是否可办得到，是否会增加我方费用，若不合算应改证。如来证要求我船方出具船龄证明，须及早联系外运公司，如办不到应改证。

注意来证的分批装运和转船条款。若来证规定"In Several Shipments"，原则上分三条船出运。若来证规定"In Several Lots"，分三批同船或不同船装运都可以。若来证规定"In Two Lots"，只要将证内规定数量分两批出清即可。若来证规定"Shipment In Two Equal Lots"，则应将来证规定数量分两等批装运，同装一条船或不同船都可以。若来证规定在分两等批装下面还有"By Separate Steamer"字句，就必须分装在不同的船上。若来证规定每月(批)装运数量，如有一个月(批)未按期出运或部分出运，其未装余数和以后各期均告失效，不可再出运。若来证允许分批装运，其分批出运的数量及金额应按比例分。

若来证不准转船，要向外运了解所去目的港有无直达船，如无应先改证。但如果能取得直达提单，可以不必改证。如来证规定在某一个港口转船，联系外运公司核实能否按来证办理，能办到则在订舱时把这一条款打在托运单上声明，如外运办不到需修改信用证。

6. 审核保险条款

按照国际贸易惯例，一般来说投保金额应按商业发票毛值(未扣除佣金前的金额)加成10%作为投保金额。但有的来证要求20%或更高加成。若来证要求投保的险别超出合同规定，比如要求保险责任范围扩展到内陆或加保各种附加险等，应先与保险公司联系是否接受，如接受，超保部分可以照投，但条件是信用证中须明文规定"额外保费均由开证申请人负担，并允许在本信用证项下支取"，而且经核算，本信用证总金额除了支付本批货款之外还有足够金额支付该笔超保费的，方可同意。

如合同价格条件为CFR，本应由买方投保，但来证要求我方办理投保时，只要来证金额中包括了保险费并明文允许在本证金额中支付保险费的，我方可以代办保险。

如来证规定要提供投保声明书(Copy of Shipper's Insurance Declaration)办理结汇者，这应理解为国外保险公司对我保险通知的确认书，它需要保险通知书发出后，经过一段时间才能从国外寄回，把它作为结汇单据之一，这将影响我方及时结汇，对我方不利，此种条款不宜接受。

7. 审核检验条款

①检验的机构；②检验的时间。

8. 审核费用条款

由于现在是买方市场，目前通常的做法是进口国发生的费用由开证申请人负担，出口国发生的费用由受益人负担。

2.3.4 信用证软条款

信用证中的"软条款"(Soft Clause)，在我国有时也称为"陷阱条款"(Pitfall Clause)，是指在不可撤销的信用证加列一种条款，使出口商不能如期发货，据此条款开证申请人(买方)或开证行具有单方面随时解除付款责任的主动权，即买方完全控制整笔交易，受益人处于受制于人的地位，是否付款完全取决于买方的意愿。带有此种条款的信用证实质上是变相的可撤销信用证，极易造成单证不符而遭开证行拒付。例如：

1. 限制信用证生效的条款

"本证生效须由开证行以修改书形式另行通知""本证是否生效依进口商是否能得进口许可证""待货样经申请人确认后生效"等，此类条款使进口商完全控制信用证的使用，出口商则处于被动地位。

2. 限制出口商装运的条款

"货物只能待收到申请人指定船名的装运通知后装运，该装运通知将由开证行随后以信用证修改书的方式发出"，此条款使卖方装船完全由买方控制。

3. 限制出口商提交单据的条款

"受益人所交单据中应包括由开证申请人或其代理人签署的检验证书一份""受益人所交单据中应包括由开证申请人手签的说明运输船名、船龄或航线等确认函一封"；或要求使用"CMR"运输单据等。由于我国没有参加《国际公路货物运输合同公约》，所以我国的承运人无法开出"CMR"运输单据。

4. 限制出口商交单的条款

"船样寄开证申请人确认后受益人才可交单""货物运抵目的地经外汇管理局核准后才

可交单"等，使出口商无法在信用证规定的有效期和交单期内交单议付。

5. 开证行有条件付款责任的条款

"开证行在货到目的港后通过进口商品检验合格后才付款""在货物清关或由主管当局批准进口后才支付货款"等，使出口商失去了银行付款的保证。

6. 1/3 正本提单径寄开证申请人

买方可能持此单先行将货提走，使出口商货款两空；或规定提交记名提单，承运人可凭收货人合法身份证明交货，不必提交正本提单，同样使出口商货款两空。

7. 自相矛盾的条款

既规定允许提交联运提单，又规定禁止转船；如"采用CFR成交，要求提交保险单应作为议付货款的单据之一"等。

8. 含空运单的条款

空运单往往是记名抬头，提货人凭身份证明就可提货，无须交单，货权难以控制。

任务 2.4　修改信用证

在国际商务单证工作中，修改信用证是常见的工作。在审证中，如发现不符合贸易合同规定的，对出口商不利或无法办到的条款时，应详细列举出来，及时向开证申请人提出修改。改证工作是审证工作的落脚点，只有审证及改证工作做好了，受益人才能装货出口，为顺利制单收汇铺平道路。

2.4.1　修改信用证的业务流程

开证申请人和受益人都有权要求对信用证进行修改，不同的是受益人需要洽请申请人向开证行提出修改信用证要求。一般而言，修改信用证的业务流程由开证申请人向开证行提出，开证行凭修改申请书办理。具体流程包括以下几个方面(见图2.4)：①出口商审证后发现不符点，要求进口商修改信用证；②进口商接受，则通知开证行据其指示修改原信用证；③开证行通过通知行向卖方发出信用证修改通知书；④卖方如未在合适的期限内表示异议，则暗示接受。

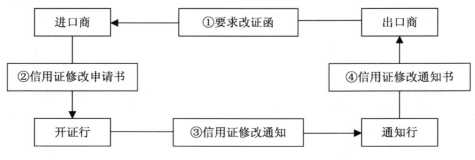

图 2.4　修改信用证的业务流程

受益人在收到信用证修改通知书后，应明确表示是接受还是拒绝。如果没有发出此类通知，则以受益人提交的单据作为判断依据；如果单据符合修改书内容，被视为接受修改；如果单据符合原证，则视为不接受修改。

2.4.2 修改信用证应注意的事项

1. 一次性提出修改意见

受益人向开证申请人提出修改信用证要求时，必须用书面形式(如电报、电传、传真或函)一次性通知对方，同时要写上合同号及信用证号，使对方收到我方通知时易于找到该证，并且应规定对方书面修改复电至我方的期限。切勿用电话口头通知对方修改，因为口说无凭。

2. 收到修改通知书后发货

在收到对方通过开证行及通知行转来的信用证修改书后，我方须及时审核其内容，看是否已按我方要求修改，如已改妥则可正式安排装货出口。

3. 交单时修改通知书要合并信用证一起提交

修改书到后，经审核可接受后，必须附在原信用证上，因为它是原证不可分割的一部分。不可分开存放，以免制单时忘记已修改过的内容，造成单与证不符。

4. 由原开证行修改并经原通知行传递

信用证修改书必须是来证的原开证行进行修改并经原通知行传递，并须盖有原通知行的章，方有效。买方直接邮来的修改书或电话口头通知修改无效。

5. 对来证不符情况灵活处理

在实际业务中，对来证不符合规定的各种情况，还需做出具体分析，不一定坚持要求对方办理改证手续。只要来证内容不违反政策原则，或经过适当努力可以做到的，并能保证出口方安全收汇，可酌情处理，不做修改。

2.4.3 需要改证的情况

(1) 来证列有不符合我国当前的方针政策及外贸法规的必须修改。

(2) 若来证中的受益人及开证人名称地址有严重错漏，不符合合同规定的，要进行修改。

(3) 若来证所列商品名称、规格型号、单价或作价办法、包装、唛头等内容与合同明显不符的，要改证。

(4) 来证金额不足或使用币种与合同规定不符的，也必须改证。

(5) 来证所用贸易术语与合同不符的，要改证。

(6) 若合同使用的贸易术语为 CFR，但来证要求受益人保险的，要对方修改。

(7) 来证规定的装运港、目的港与合同不符的，要改证。

(8) 来证的装船期距离有效期太短或我方收到来证后估计所余时间不足够作备货订舱和调运货物用时，要对方改证。

(9) 来证有效到期地点不是在受益人所在国的，必须改证。否则对受益人非常不利。

(10) 来证所列的保险条款、商检方法等与合同不符的，要改证。

(11) 若非合同规定，来证规定由买方派其代表来我方工厂检验我出口货物并签发检验证书的，不可接受，要改证。

(12) 若来证所列的特别条款属于"软条款"即"陷阱"条款，对我方不利或办不到的，要修改。

(13) 若来证规定全套结汇单据须经买方国家驻我国的使/领馆签章认证时，要看实际情况，若我受益人所在地确有对方使/领馆的，且时间充足的，可照办。否则要求对方删除或修改为由中国贸促会签章。

2.4.4 不必改证但须适当处理的情况

(1) 商品名称中个别英文字母打错或调错位置。可以不必改证，制单时将错就错照来证的打，但须在其后面括号中打上对的。当然，若除此之外还有其他内容需要修改时，这点也可顺便叫对方作修改。

(2) 若发现来证上的买方英文名称及地址与合同有出入或来证中有的胶印条款字迹不清时，可先找通知行澄清。

(3) 若来证有"本证暂未生效""本证须在开证申请人获得进口许可证后方始生效"之类条款者，不必改证，可把来证放入"待生效"卷宗内，待对方通知生效后再使用。

(4) 某些阿拉伯国家来证要船公司证明"装运上述货物的船不是以色列国籍，不挂以色列国旗，不属抵制以色列委员会的黑名单中的船只，不装任何以色列货物，本船在本航程中不停泊任何以色列港口"条款时，不必改证，且对方也不会改的。我方只有在托运时必须把此条款打在托运单的"特约事项"栏上，让外运公司按此要求配船并由船公司出具有关证明，附在结汇单据中交单结汇即可。

2.4.5 撰写改证函

出口商在审核信用证后发现信用证条款与原合同条款有不符的地方，应立即向进口商提出修改意见，一般以书面的形式提出。出口商撰写的改证函如下：

Dear sir,

We are very glad to have received your L/C No. 123456 dated 20140508. On perusal we found some discrepancies unacceptable to us. Please amend the credit as follows:

1. The L/C expiry place should be in China, not in Korea.
2. The goods are insured for 110% of invoice value, not 120%.
3. Partial shipment and transshipment should be allowed, not prohibited.
4. The draft should be paid at sight instead of at 30 days after sight.

Please let us have your L/C amendment soon so that we may effect shipment within the contracted delivery time.

Thank you.

Your faithfully,
ZHEJIANG FOREIGN TRADE CO., LTD.
LI LI

项目小结

在以信用证作为支付方式的出口业务中,信用证是单证工作的核心。信用证开立后是否符合合同条款要求、是否符合跟单信用证统一惯例、是否符合业务中的习惯做法,均要求对信用证进行审核。经过仔细审核后,对不能接受的信用证条款进行删除或修改。修改信用证应做到一次性向开证人提出,避免出现多次修改信用证的情况,对于修改内容要么全部接受,要么全部拒绝,部分接受修改中的内容是无效的。本项目介绍了信用证的含义、特点、当事人和业务流程等内容,着重介绍了信用证的主要内容、信用证审核与修改的方法,为下一步缮制各种单证做好准备。

复习思考题

一、单项选择题

1. 根据《UCP600》的规定,若信用证没有注明(　　)字样,则认为该信用证为不保兑信用证。
   A. Confirmed   B. Revocable
   C. Revolving   D. Transferable

2. 在假远期信用证业务中,实际是(　　)套用了贴现行的资金。
   A. 卖方   B. 开证行
   C. 议付行   D. 买方

3. 信用证是由开证行应开证申请人的要求而开出的,信用证主要体现了(　　)。
   A. 开证申请人与开证行之间的契约关系
   B. 开证行与信用证受益人之间的契约关系
   C. 开证申请人与受益人之间的契约关系
   D. 既体现了开证申请人与开证行之间的契约关系,又体现了开证行与信用证受益人之间的契约关系

4. 根据《UCP600》的规定,如使用"于或约于"之类词语限定装运日期,银行将视为在所述日期前后各(　　)内装运,起讫日包括在内。
   A. 3 天   B. 5 天
   C. 7 天   D. 10 天

5. "Transshipment permitted, part shipments allowed, but part shipment of each item not allowed"的中文意思是(　　)。
   A. 转运允许,分运允许,但每个品种的货物不得分运
   B. 转运不允许,分运允许,但每个品种的货物不得分运
   C. 转运允许,分运允许,但每个品种的货物必须分运
   D. 转运允许,分运不允许,但每个品种的货物不得分运

6. 信用证规定有效期为 2015 年 1 月 30 日,没有规定装运期,则可以理解为(　　)。
   A. 最迟装运期为 2015 年 1 月 30 日   B. 最迟装运期为 2015 年 1 月 31 日

C. 最迟装运期为 2015 年 2 月 21 日　　D. 最迟装运期为 2015 年 1 月 1 日

7. 下列英语词组中，表示"议付行"的是(　　)。
   A. Confirming Bank　　　　　　　B. Opening Bank
   C. Negotiation Bank　　　　　　　D. Advising Bank

8. 审核信用证的依据是(　　)。
   A. 《UCP600》和合同　　　　　　B. 保险单
   C. 商业发票　　　　　　　　　　D. 提单

9. 卖方对信用证的条款进行逐项审核后，对不能接受的内容应及时向买方提出修改，如有多项修改内容应(　　)提出。
   A. 分批　　　B. 一次　　　C. 两次　　　D. 三次

10. 出口商审核信用证时，如有不符点，需要求进口商改证，进口商开证银行递交改证申请书，开证行将改证后的信用证修改书委托(　　)转交出口商。
    A. 议付行　　　B. 付款行　　　C. 通知行　　　D. 进口商

二、多项选择题

1. 信用证中，表示开证人的常见词或词组的是(　　)。
   A. Principal　　　　　　　　B. Opener
   C. Applicant　　　　　　　　D. Accountee

2. 信用证中，表示受益人的常见词或词组的是(　　)。
   A. Beneficiary　　　　　　　B. in favour of
   C. Opener　　　　　　　　　D. in your favour

3. 信用证与合同的关系，下列表述正确的是(　　)。
   A. 信用证以合同为基础开立　　　B. 信用证与合同相互独立
   C. 信用证是纯粹的单据买卖　　　D. 合同是审核信用证的依据之一

4. 对 SWIFT，下列表述正确的是(　　)。
   A. 使用 SWIFT 系统的银行必须加入该协会，方可使用 SWIFT 系统
   B. 使用 SWIFT 信用证，必须遵守 SWIFT 使用手册的规定，使用 SWIFT 手册信用证规定代号
   C. SWIFT 信用证必须按国际商会制定的《UCP600》的规定处理
   D. SWIFT 必须具有自动收发储存信息、自动加押和核押等功能

5. 如果信用证的修改通知书包括多项内容，则买方(　　)。
   A. 要么全部接受　　　　　　B. 部分接受
   C. 要么全部拒绝　　　　　　D. 部分拒绝

三、判断题

1. 信用证是一种银行开立的无条件承诺付款的书面文件。　　　　　　　　　(　　)
2. 信用证的性质是银行信用，因此，信用证项下使用的汇票必定是银行汇票。(　　)
3. 信用证业务中，银行既处理单据，也处理与单据有关的货物、服务或履约行为。
   　　　　　　　　　　　　　　　　　　　　　　　　　　　　　　　　(　　)
4. 2015 年 5 月 4 日在 SWIFT 电文中表示 050514。　　　　　　　　　　　(　　)

5. SWIFT 信用证中，数字"245 678.45"表示为"245678，45"。　　　　　　　（　）

6. 信用证中的数量和金额可以冠以"大约"(about)或类似文字，但是在缮制单证时，发票中的数量和金额不能冠以"大约"(about)或类似的文字。　　　　　　（　）

7. 信用证没有规定有效期或装运期，则该信用证为无效信用证。　　　　　（　）

8. 信用证修改通知的内容，受益人可根据实际情况，接受其中的一部分，拒绝其中的另一部分。　　　　　　　　　　　　　　　　　　　　　　　　　　　（　）

9. 信用证修改通知书必须由原通知行转递或通知。　　　　　　　　　　　（　）

10. 信用证规定的装运期是 6 月 30 日，有效期是 7 月 15 日，交单期是提单日期后 21 天。若实际装船日是 6 月 25 日，受益人可以于 7 月 16 日交单。　　　　　（　）

四、简答题

1. 什么是信用证？为什么说信用证是一种比较安全的支付方式？
2. 信用证有所涉及的当事人有哪些？每个当事人的任务和功能是什么？
3. 什么是 SWIFT 信用证？它有什么特点？
4. 审核信用证有何意义？应该从哪几个方面对信用证进行审核？
5. 信用证的修改需要注意哪些问题？

项 目 实 训

实训 2-1： 根据下列资料填写开证申请书。

进口商：浙江省对外贸易有限公司

　　　　ZHEJIANG FOREIGN TRADE CO., LTD.

　　　　168 TIANMUSHAN ROAD, HANGZHOU, CHINA

法人代表：金玺

电话：0571-83452345

账号：71-55-88128613

出口商：日本土他株式会社

　　　　TOWATA CORPORATION

　　　　3-5-9 HOMMACHI, YOKOHAMA

　　　　JAPAN

进口产品：润肤水

　　　　EMOLLIENT WATER

规格：250mL/Bottle，净重 300 克(g)/Bottle

贸易术语：CIF SHANGHAI 每瓶 2.35 美元

总数量：35 600 瓶(Bottles)

总金额：83 660.00 美元

装运港：横滨(YOKOHAMA)

卸货港：上海(SHANGHAI)

运输要求：不允许分批，不允许转运，一个 20 尺集装箱装运

最迟装运日：2015年3月15日
支付方式：即期议付信用证，汇票金额为发票金额的百分之百
开证日期：2015年2月5日
开证银行：中国银行杭州分行
开证方式：SWIFT
信用证有效期：2015年3月30日
到期地点：日本横滨
单证要求：发票一式三份显示合同号码和信用证号码
　　　　　装箱单一式三份
　　　　　清洁已装船提单一套，做成"凭指示"，空白背书，通知开证申请人
　　　　　保险单一式两份，空白背书，承保中国人民保险公司的一切险，加一成，赔付地点为中国，赔付币制与汇票币制一致
　　　　　有关当局签署的产地证一份
　　　　　官方机构签署的质量检验证一份
其他要求：交单期是提单日期后15天内但又必须在信用证有效期内
　　　　　第三方单证不接受，简式提单不接受
　　　　　中国以外的银行费用由受益人承担
合同号码：ZJ140110

IRREVOCABLE DOCUMENTARY CREDIT APPLICATION

To: BANK OF CHINA, HANGZHOU BRANCH	Date:
( )Issue by airmail ( )With brief advice by tele-transmission ( )Issue by SWIFT	Credit No. Date and place of expiry
Applicant	Beneficiary
Advising bank	Amount(figure and words)
Partial shipment ( )allowed ( )not allowed	Transshipment ( )allowed ( )not allowed	Credit available with by ( )sight payment ( )acceptance ( )negotiation ( )deferred payment at ___ days after against the documents detailed herein and ( )beneficiary's drafts for ____ % of invoice value at drawn on
Port of Loading: not later than Port of discharge:		
( )FOB　　( )CFR　　( )CIF ( )Other terms		

Documents required: (marked with ×)
1. ( ) Signed commercial invoice in ___ copies indicating L/C No. and contract No._____
2. ( ) Full set of clean on board Bill of Lading made out to order and blank endorsed marked freight ( )
   prepaid / ( ) collect notify _____
   ( ) Air Waybill / cargo receipt / copy of railway bill issued by _____ showing freight
   prepaid ( )/ ( ) collect indicating freight amount and consigned to _____.
3. ( ) Insurance Policy / Certificate in DUPLICATE for 110 % of invoice value showing claims payable
   in CHINA in the currency of the drafts, blank endorsed, covering All risks.
4. ( ) Packing List in ____ copies.
5. ( ) Certificate of Quantity / weight in ____ copies issued by _____.
6. ( ) Certificate of Quality in ____copies issued by ( ) manufacturer / ( ) public recognized surveyor
   /( )
7. ( ) Certificate of Origin in ____ copies issued by _____
8. ( ) Beneficiary's certified copy of fax / telex dispatched to the applicant within _____ hours after
the shipment advising L/C No., name of vessel, date of shipment, name, quantity, weight and value of goods.

Other documents, if any

Description of goods:

Additional instructions:
1. ( ) All banking charges outside China are for the account of beneficiary
2. ( ) Documents must be presented within _____ days after the date of issuance of the transport documents
   but within the validity of this credit.
3. ( ) Third party documents is not acceptable, short form / blank back B/L is not acceptable.
4. ( ) Both quantity and amount _____ % more or less are allowed.
5. ( ) All documents must be forwarded in _____.
Other terms, if any

STAMP OF APPLICANT

实训 2-2：请根据下列合同条款及审证要求审核国外来证，指出信用证中存在的问题，并说明如何修改。

SALES CONFIRMATION

S/C NO：954361
DATE：June 15, 2013
THE BUYER：The Eastern Trading Company, Osaka, Japan
THE SELLER：Shanghai Donghai Garments Imp.& Exp. Corp., Shanghai, China

NAME OF COMMODITY AND SPECIFICATION:

    Pure Cotton Men's Shirts

    Art. No.9-71323

    Size Assortment S/3 M/6 and L/3 per dozen

QUANTITY: 5000 dozens 3% more or less at seller's option

PACKING: Each piece in a polybag, half a dozen to a paper box, 10 dozens to a carton

UNITE PRICE: US$120.00 per doz. CIFC 5% Kobe/Osaka

SHIPMENT: During aug./Sept. 2013. in two equal shipments. Transshipment is prohibited, partial shipments are allowed.

INSURANCE: To be covered by the seller for 110% of invoice value against all risks as per the China Insurance clause dated Jan. 1st, 1981.

PAYMENT: By irrevocable letter of credit payable at sight, to reach the seller not later than July 20, 2013 and remain valid for negotiation in china until 15 days after the date of shipment.

IRREVOCABLE DOCUMENTARY LETTER OF CREDIT

FUJI BANK, LTD.

1-CHOME, CHIYODA-KU

C.P.O.BOX148, TOKYO, JAPAN

                                                                                         L/C No. 219307

                                                                                         July 15th, 2013

Advising Bank:

Bank of China, Shanghai

Beneficiary: Amount: not exceeding

Shanghai Donghai Carments Imp.&Exp. Corp.   US$600000.00

Shanghai China

Dear Sir,

    At the request of the EASTERN TRADING COMPANY, Osaka, Japan. We here issue in your favour this irrevocable documentary credit No. 219307 which is available by acceptance of your draft at 30 days after sight for full invoice value drawn on FuJi Bank Ltd. New York Branch, New York, N.Y.U.S.A. bearing this clause: "Drawn under documentary Credit No.219307 of Fuji Bank Ltd." accompanied by the following documents:

    (1) Signed commercial invoice in four copies.

    (2) Full set clean on board bills of lading made out to order and blank endorsed marked "freight collect" and notify applicant.

    (3) Insurance policy for full invoice value of 150% covering all risks as per ICC dated Jan.1st, 1981.

    (4) Certificate of origin issued by the China Exit and Entry Inspection and Quarantine Bureau.

    (5) Inspection certificate issued by applicant.

信用证的开立、审核与修改

Covering: 5000 dozens pure cotton men's shirts

   Art. No.9-71323

   Size Assortment: S/3、M/6、L/3 per dozen

   At US&120 CIFC5% Kobe/Osaka, packed in cartons of 10 dozens each.

Shipment from Chinese Port to Yokohama at buyer's option not later than Sept.30,2003.

Transshipment is prohibited, partial shipments are allowed.

The credit is valid in shanghai, China.

Special conditions: Documents must be presented within 15 days after date of issuance of the bills of lading, but in any event within this credit validity.

We hereby undertake to honor all drafts drawn in accordance wit the terms of this credit.

It is subject to the Uniform customs and Practice for Documentary Credit (2007 revision), International Chamber of Commerce Publication No.600.

实训 2-3：请根据实训 2-2 中发现的不符点，书写一封改证函，向进口商提出修改信用证相关条款。

项目 3 缮制发票和包装单据

项目介绍

商业发票是进出口业务中最基本的单据,是全套货物单据中的核心单据,其他单据都是以它为中心参照制作的。由于进出口货物数量大,花色品种繁多,不能完全详列在商业发票上,而必须以包装单据来补充说明。因此,包装单据是商业发票的附属单据,是对货物的包装、数量、重量及体积的详细说明,以便让进口商详细了解整批货物的包装情况。本项目的任务是学习商业发票和包装单据的相关内容,并掌握制作商业发票和包装单据的方法。

学习目标

通过本项目的学习,熟悉商业发票的概念和作用,了解海关发票、形式发票、领事发票和厂商发票等其他发票的作用及特点,掌握商业发票、加拿大海关发票的内容及制作方法,能够根据信用证条款独立制作商业发票和海关发票,熟悉包装单据的种类、作用和主要内容,能够根据不同商品的特点并结合信用证包装条款的要求制作包装单据。

任务 3.1 缮制商业发票

3.1.1 商业发票概述

1. 商业发票的概念

商业发票(Commercial Invoice)简称发票,它是卖方向买方开立的价目清单和装运货物的总说明,也是所有单据的核心。商业发票是出口贸易结算单据中最重要的单据之一,其他所有单据都应该以它为中心来缮制。商业发票是卖方对装运货物的全面情况(包括品质、数量、价格,有时还有包装)详细列述的一种货款价目清单。它常常是卖方陈述、申明、证明和提示某些事宜的书面文件。在制单工作程序中,一般应首先制作商业发票,然后再制作其他单据。

2. 商业发票的作用

1) 发票是整套出口单据的核心，也是制作其他单据的依据

发票是出口商自行制作的单据，是装运的总说明，它可以帮助我们了解整笔交易的概况。制作完发票后，其他单据应参照信用证和发票进行制作。

2) 便于进口商按照合同条款核对装运货物是否符合规定

发票记载了一笔交易的主要项目，包括装运货物的名称、规格、数量、单价、总值、重量等内容，它能帮助进口商了解出口商的履约情况，核查出口商是否按照合同规定的要求装运所需货物。因此，发票是出口商向进口商发送货物的凭证，它体现了合同的履约精神。

3) 作为出口商和进口商收付货款和记账的依据

发票是销售货物的凭证，进出口双方均需按照发票记载的内容，逐笔登记入账。对出口商而言，通过发票可了解销售收入，核算盈亏，按不同的支付方式记好外汇账，及时对外催收外汇。对进口商而言，也应根据发票逐笔记账，及时履行付款义务。

4) 作为出口商和进口商在当地办理报关以及纳税的计算依据

货物出运前，出口商需向海关递交包括商业发票在内的一系列单据，凭以报关。而发票中有关货物的说明和记载的金额是海关确定税金、验关放行的凭据。在货物到达目的港后，进口商也需向当地海关提供发货人的发票通关，海关以此核定税金，使进口商能够清关提货。因此，发票制作必须准确、清楚。

5) 在不用汇票的情况下，发票替代汇票作为付款的依据

在国际贸易的 L/C 业务结算中，有时不要求使用跟单汇票，仅用发票就可代替汇票进行结算。

除以上几点外，商业发票还可在保险索赔时作为货物价值的证明，或作为统计的凭证等。

3.1.2 商业发票的缮制

商业发票由出口企业自行拟制，并没有统一的格式，但所需填制的内容大体相同，具体取决于合同和信用证的要求(见样单 3-1)。

1. 发货人的名称与地址(Exporter's Name and Address)

它一般在发票的正上方表示。一般来说，发货人的名称与地址是相对固定的，有时还有传真和电话号码等，因此，许多出口企业在印刷空白发票时就印刷上这一内容。在信用证业务中，发货人应是信用证受益人。

2. 单据名称(Name of Document)

在国际贸易货款结算中，一般使用商业发票(Commercial Invoice)，但不要求一定要标出"Commercial"的字样，即单据名称可简单地标出发票(Invoice)。信用证结算方式项下的发票名称应与信用证规定的一致。

3. 收货人(抬头人)的名称与地址(Buyer's Name and Address)

抬头人即收货人，简称发票抬头。抬头人应填买方名称，应与信用证中所规定的严格

一致。公司名称和地点必须详细填写。采用信用证方式，除少数信用证另有规定外一般应填写开证申请人的名称、地址；托收方式应填写合同的买方名称、地址。

4. 发票号码(Invoice No.)

一般由出口公司自行编制。发票号码不能漏填，因为发票是一套单据的中心单据，其他单据均需向其看齐，其他单据也需显示发票号。有些地区为使结汇不致混乱，也使用银行编制的统一编号。

5. 发票日期(Invoice Date)

发票日期通常是指发票签发时的日期。根据《跟单信用证统一惯例(UCP600)》的相关规定，除非信用证另有规定，银行将接受出单日期早于信用证开立日期的单据，但该单据须在信用证规定的时限内提交。因此，发票日期可早于开证日期，但不得迟于信用证的议付有效期。

一般而言，商业发票的日期是所有议付单据中最早的，应早于提单日期和汇票日期。

6. 合同号码(Contract No.)

发票是卖方履约的证明，因此，内容完整的发票必须包括合同号码。

7. 信用证号码(L/C No.)

按照信用证填写。应按信用证的记载，在商业发票上表示出来。

8. 运输工具及航线(Means of Transport and Route)

应明确注明运输工具和起运地、目的地名称，如需转运，应明确注明转运地点。此栏填写应明确、具体，切忌笼统。

9. 唛头及件数(Marks and Nos.)

应严格按照信用证与合同的规定进行刷唛和制单。例如：信用证规定唛头是："ABC CO./TU5834/HAMBURG/NO.1-UP"则应在发票上打：

ABC CO.
TU5834
HAMBURG
NO.1-UP

最后的"UP"通常用货物的总包装件数来代替。如货物共有 370 个纸箱，则可填成"1—370"。如无唛头，则填 N/M(No Mark)。

10. 货物描述(Description of Goods)

一般填写货物的件数和货物描述两大部分内容，其中货物描述部分必须与信用证中的描述完全一致，对于货物的品名，不能随意添加或省略有关的字或句；无论是以数字表示的货物规格，还是以文字表示的货物规格，都必须逐字、逐句核对，不能有任何出入；否则，会造成单据与信用证不符，影响收汇。

《ISBP》规定，发票中货物描述要与信用证中货物描述要一致，但并不要求如同镜子反射那样一致，信用证中的货物描述细节可以在发票的若干地方反映出来，只要合并在一起时与信用证规定一致即可视为与信用证中货物描述一致。

如用托收和电汇等结算方式，那么应与合同规定的货物描述相符。

11. 数量(Quantity)

填写实际装运的数量及单位，并与其他单据相一致。此处的数量和单位是指商品计价的数量和单位，而不是运输包装的数量和单位。凡信用证数量前有"约""大概""大约"或类似的词语，交货时允许数量有10%的增减幅度。

12. 单价与金额(Unit Price and Amount)

(1) 此栏应完整表示单价的四个组成部分，尤其是贸易术语不可遗漏。

(2) 发票的单价须与信用证上的单价保持一致。

(3) 如信用证中有佣金和折扣的，应按信用证规定填制，"佣金""折扣"两词不能混用，有折扣的应在此扣除。

例如， CIFC3 USD100.00
　　　　　— C3 　USD3.00
　　　　　CIF 　USD97.00

(4) 有些国家的来证要求在商业发票上分别表示运费、保险费和FOB价值，应照办，并且使三者之和等于CIF价值。

例如， CIF　　　　　USD1000.00
　　　　F(FRIGHT)　　USD100.00
　　　　I(PREMIUM)　 USD3.00
　　　　FOB　　　　　USD897.00

13. 自由处理区

自由处理区位于发票格式的下方，用于表达其他栏目不能表达的内容。由于各国法规或习惯不同，有的信用证要求在发票上加注"证明所列内容真实无误"或"来货系……生产"等，应照办，不得遗漏。

例如，要求在发票上注明生产厂家名称、许可证号。其他文件的参考号或对发票内容正确性、真实性及货物原产地声明等。来证有此要求，必须照办。但缮打的文字一般需根据需要予以适当编写，不可完全照抄原文。

信用证原文规定："BENEFICIARY MUST MAKE THE STATEMENT ON INVOICE TO CERTIFY EACH PIECE/EACH PACKING UNIT OF GOODS HAS AN UNDETACHABLE LABEL WHICH SHOWS "MADE IN CHINA" WORDS."

此时，发票上的证明文句一般即应写为："WE HEREBY CERTIFY THAT EACH PIECE/EACH PACKING UNIT OF GOODS HAS AN UNDETACHABLE LABEL WHICH SHOWS "MADE IN CHINA" WORDS."而不能全部照抄信用证原文。

14. 出票人签名或盖章

商业发票只能由信用证中规定的受益人出具。

除非信用证另有规定，如果以影印、电脑处理或复写方法制作的发票，作为正本的，应在发票上注明"正本"(ORIGINAL)字样，并由出单人签字。

《ISBP》规定，除非信用证要求，商业发票无须签字或标注日期，但有时来证规定发票需要手签的，则不能盖胶皮签字章，必须手签。对于有关墨西哥、阿根廷的出口，即使信用证没有规定，也必须手签。

样单 3-1：商业发票

浙江省对外贸易有限公司
ZHEJIANG FOREIGN TRADE CO., LTD.
168 TIANMUSHAN ROAD, HANGZHOU, CHINA
TEL: 0571-83452345　　FAX: 0571-83452346

COMMERCIAL INVOICE

To:	GAMES IMP. AND EXP. COMPANY 31 BLUEBIRD STREET BANGKOK THAILAND	Invoice No.:	ZJ2013356
		Invoice Date:	28 APR., 2013
		S/C No.:	ZJ130316
		S/C Date:	16 MAR., 2013

From:	SHANGHAI, CHINA	To:	BANGKOK, THAILAND	BY	VESSEL
Letter of Credit No.:	HI-2013056				
Issuing bank:	KRUNG THAI BANK PUBLIC CO., LTD., BANGKOK				

Marks & Numbers	Number and kind of package Description of goods	Quantity	Unit Price	Amount
GAMES ZJ130316 BANGKOK NOS. 1-400	100 PCT COTTON CHILDREN'S COATS ITEM NO. 141T ITEM NO. 161B ITEM NO. 323T	3000PCS 2000PCS 3000PCS	CIF BANGKOK USD6.00/PC USD4.25/PC USD5.00/PC	USD18000.00 USD8500.00 USD15000.00
TOTAL:		8000PCS		USD41500.00

SAY TOTAL:　U.S. DOLLARS FORTY ONE THOUSAND FIVE HUNDRED ONLY.
TOTAL PACKED IN 400CARTONS.
GROSS WEIGHT: 10,000.00KGS.

WE HEREBY CERTIFY THAT ALL DETAILS ARE AS PER PROFORMA INVOICE NO. GM20130316 DATED 2013-03-16

FREIGHT CHARGE: USD875.00
PREMIUM: USD180.00
FOB VALUE: USD40445.00
COUNTRY OF ORIGIN: CHINA

浙江省对外贸易有限公司
ZHEJIANG FOREIGN TRADE CO., LTD.

样单 3-2：商业发票

浙江宏远国际贸易有限公司
ZHEJIANG HONGYUAN INTERNATIONAL TRADE CO., LTD.
NO.191 ZHONGDON STREET LISHUI CITY ZHEJIANG CHINA.

发 票
INVOICE

第　　　　号
NO　929AK11005

日期
DATE　JAN.02,2013

信用证第　　　号
L/C NO.＿＿＿＿＿＿

致
TO：＿＿＿JOHNSON TRADING COMPANY LTD., DAMASCUS, SYRIA＿＿＿

唛头号码 Marks & Numbers	数量与品名 Quantities and Descriptions	单价 Unit price	金额 Amount
N/M	CLUTCH MOTOR FOR INDUSTRIAL SEWING MACHINE 400W, 220V, 50HZ　　　850 SETS 　TOTAL CFR LATTAKIA: * WE HEREBY CERTIFY THAT THIS INVOICE IS AUTHENTIC, IS THE ONLY ONE ISSUED FOR GOODS DESCRIBED THEREIN AND MENTIONS EXACT VALUE WITHOUT DEDUCTION OF ANY PAYMENT AND THAT THE GOODS ORIGIN IS CHINESE. * WE DECLARE UNDER OUR OWN RESPONSIBILITY THAT WE ARE NOT REPRESENTED IN SYRIA, THAT SYRIA IS NOT INCLUDED IN THE TERITORY OF ANY OTHER AGENT WHO WOULD BENEFIT FROM COMMISSION ON OUR PRODUCTS EXPORTED TO SYRIA. * WE HEREBY CERTIFY THAT THE GOODS ARE NOT OF ISRAELI ORIGIN, THAT THEY DO NOT CONTAIN ANY ISRAELI MATERIALS AND ARE NOT EXPORTED FROM ISRAEL.	CFR USD25.00	LATTAKIA USD21250.00 USD21250.00

浙江宏远国际贸易有限公司
ZHEJIANG HONGYUAN INTERNATIONAL TRADE CO., LTD.

样单3-3：商业发票

浙 江 润 发 缝 纫 机 有 限 公 司
ZHEJIANG RUNFA SEWING MACHINE CO., LTD.
中国浙江省缙云县壶镇
HUZHEN ZHEJIANG PROVINCE CHINA

发 票
COMMERCIAL INVOICE

To: MOMDI EMEIRJEHADI　　　　　　　　　Inv No.: 45119760
　　TEHRAN IRAN　　　　　　　　　　　　　DATE: JUNE 17, 2013
　　　　　　　　　　　　　　　　　　　　　　Contract No: ZJJY 2013098

From SHANGHAI, CHINA To BANDAR ABBAS PERSIAN GULF

Marks & Numbers	QNTY. & DESCRIPTIONS	UNIT PRICE	AMOUNT
			FOB SHANGHAI
N/M	GN1-1M MEDIUM-SPEED OVERIOCK SEWING MACHINE		
	200SETS	USD20.00	USD4,000.00
	GN1-6M MEDIUM-SPEED OVERLOCK SEWING MACHINE		
	650SETS	USD21.50	USD13,975.00
	FN2-7D BABY OVERLOCK SEWING MACHINES		
	50SETS	USD13.20	USD660.00
	TOTAL: 900SETS		USD18,635.00

AS PER P/I NO. ZJJY 2013098 DD 06,04,2013
IRANIAN CUSTOMS TARIFF NO.8452/29, 8451/50
F.O.B VALUE　　　　USD18,635.00
WE STATE THAT GOODS HAVE BEEN SHIPPED IN STRICT COMPLIANCE WITH CONDITIONS STIPULATED IN PROFORMA INVOICE NO. ZJJY 2013098 DD. 06,04,2013.
　BANK MELLI IRAN BAZAR BRANCH AND OUR L/C NO. IR0907681095547.
　GOODS INSURED IN IRAN BY ASIA INSURANCE CO. TELEX NO.214531 POLICY NO. V 22102136961.

浙江润发缝纫机有限公司
ZHEJIANG RUNFA SEWING MACHINE CO., LTD.

周冰

3.1.3 商业发票条款示例

1. 商业发票条款解析

信用证中对商业发票条款的表达方法很多,首先以较复杂的条款为例,解析发票条款通常的几个组成部分。

<u>Manually signed</u>　<u>commercial invoice</u>　<u>in duplicate</u>　<u>issued by</u>　beneficiary　<u>made out</u>
　　①　　　　　　　　②　　　　　　　　③　　　　　　④　　　　　　　　　　　⑤
to order <u>showing</u> freight charges, insurance premium and FOB value separately and <u>certifying</u>
　　　　　⑥　　　　　　　　　　　　　　　　　　　　　　　　　　　　　　　　　　　⑦
the goods are of Chinese origin.

说明:①对发票签署的规定;②对发票类型的规定;③对发票份数的要求;④对发票签发人的要求;⑤对发票抬头人的规定;⑥对发票需加注内容的规定;⑦对发票声明文句要求。

需要注意的是,信用证的发票条款不完全像解析中列举的条款那样完整,往往有很多省略,如省略⑤对抬头人的规定,则视为以开证申请人为发票抬头人。

2. 信用证商业发票条款示例

例 1. Signed commercial invoice 3-fold.

该条款要求签署的商业发票一式三份。

例 2. 5% discount should be deducted from total amount of the commercial invoice.

该条款要求商业发票的总金额扣除 5%折扣。

例 3. Manually signed commercial invoice in triplicate(3)indicating applicant's L/C No. 230421.

该条款手签的商业发票一式三份,并在商业发票上显示开证人的信用证号码。

例 4. Beneficiary's original signed commercial invoices at least in triplicate issued in the name of the buyer indicating the merchandise, country of origin and any other relevant information.

该条款要求以买方的名义抬头,注明商品名称、原产国及其有关资料,并经签署的受益人的商业发票正本至少一式三份。

例 5. Signed commercial invoice in triplicate showing separately FOB value, freight charge, insurance premium, CIF value and country of origin.

该条款要求签署的商业发票一式三份,分别显示 FOB 总值、运费、保险费、CIF 总值和原产地国别。

例 6. Signed invoices in quintuplicate, certifying merchandise to be of CHINESE origin.

该条款要求签署的发票一式五份,证明产品的原产地在中国。

例 7. In the commercial invoice full and precise charges are required to be shown clearly for Australian Customs purposes including cost of granite, Ocean freight, inland transport, stuffing packing charges, financial charges, Value of outside packages, dock and port charges, transhipment charges then giving the C and F invoice total.

该条款要求出具的发票上应列出一系列费用包括成本、海洋运费、内陆运费、包装费、银行费、外包装费、码头和港口费、转运费以后,再给出 CFR 价的总额。

例 8. Commercial invoice must indicate the following:

A. That each item is labeled "made in China".

B. That one set of non-negotiable shipping documents has been airmailed in advance to buyer.

该条款要求出具的商业发票除了一般的发票内容处，还要求在发票上证明以下内容：

A．每件商品标明"中国制造"。

B．一套副本装运单据已预先航邮给买方。

延伸阅读

信用证常见的单据份数的表示方式

In Duplicate	In 2-fold	In 2 copies	一式两份
In Triplicate	In 3-fold	In 3 copies	一式三份
In Quadruplicate	In 4-fold	In 4 copies	一式四份
In Quintuplicate	In 5-fold	In 5 copies	一式五份
In Sextuplicate	In 6-fold	In 6 copies	一式六份
In Septuplicate	In 7-fold	In 7 copies	一式七份
In Octuplicate	In 8-fold	In 8 copies	一式八份
In Nonuplicate	In 9-fold	In 9 copies	一式九份
In Decuplicate	In 10-fold	In 10 copies	一式十份

3.1.4 缮制商业发票应注意的问题

1. 签署

根据《跟单信用证统一惯例》规定，商业发票无须签署，但如果信用证要求提交签署的发票"Signed Commercial Invoice …"或手签的发票"Manually Signed …"，则发票必须签署，且后者还必须由发票授权签字人手签。

2. 金额扣佣

信用证规定发票金额要扣除相应佣金的。

3. 机构认证

有时信用证要求商业发票或其他单据要由某些权威机构(如中国贸促会)进行认证，这种情况下受益人在制单后必须及时向有关部门进行认证以免延误交单期。

4. 加列证明文句

有的国家(或地区)来证，经常要求在商业发票上加注一些证明词句，我方一般可以照办。例如：

(1) 关于产地标志的证明。"兹证明每件货物都已标明产地、国别名称。(We certify that each piece of the goods carried the name of the country of origin in a non-detachable way.）"

(2) 关于生产国家的证明。"兹证明此批货物在中国制造，并经×××进出口公司监制。(We certify that the goods are of Chinese manufactured by××Import&Export Corp.）"

(3) 证明货物符合合同。"兹证明本批货物符合第×××号合同(确认书)(We hereby certify

that the goods are in accordance with Contract / or Confirmation No. ×××)."

或者,"兹证明根据上述信用证装运的货物,符合第×××号合同的每个详细细节。(We hereby certify that goods shipped under above mentioned credit conform in every respect to the details Laid down in Contract No. ×××.)"

(4) 关于证实发票的真实可靠性。"兹证明本发票真实无误,是本批货物唯一的发票,货值中并未减除任何折扣,货物的原产地在中国。(We hereby certify that this invoice is authentic, that it is only invoice issued by us for the goods described herein, and that it shows their exact value without deduction of any discount and that their origin is Of China.)"

 知识链接

不同国家对发票的特殊规定

1. 智利:发票内要注明运费、保险费和FOB价值。
2. 墨西哥:发票要手签。
3. 澳大利亚:发票内应加发展中国家声明,可享优惠关税待遇。声明文句如下:"Developing country declaration that the final process of manufacture of the foods for which special rates are claimed has been performed in china and that not less than one half of the factory or works cost of the goods is represented by the value of the labor or materials or of labor and materials of China and Australia."
4. 伊拉克:要求领事签证,由中国国际贸易促进委员会(以下简称"贸促会")代替即可。
5. 黎巴嫩:发票应加证实其真实性的词句。如:"We hereby certify that this invoice is authentic, that it is the only one issued by us for the goods herein, that the value and price of the goods are correct without any deduction of payment in advance and its origin is exclusively China."
6. 科威特:发票内要注明制造厂商名称和船名,并注明毛、净重并以千克表示。
7. 巴林:发票内应加注货物原产地证明,并且手签。
8. 斯里兰卡:发票要手签,并且要注明BTN No.
9. 秘鲁:如信用证要求领事签证,可由贸促会代替,发票货名应以西班牙文表示。同时要列明FOB价值、运费和保险费等。
10. 巴拿马:可由贸促会签证并须证明:"此地无巴拿马领事。"
11. 委内瑞拉:发票应加注西班牙文货名,由我贸促会签证。
12. 阿拉伯地区:一般都要求发票注明货物原产地,并由贸促会签证,或者由贸会出具产地证书。
13. 伊朗:发票内应注明关税号。
14. 尼泊尔、印度:发票手签。
15. 土耳其:产地证不能联合在发票内。

任务 3.2 缮制海关发票

3.2.1 海关发票概述

1. 海关发票的概念

海关发票(Customs Invoice)是按照某些国家海关的规定,在进出口货物时,必须提供一种固定格式的发票，此发票由出口人填制，进口人据此办理货物的进口报关手续。

进口国海关根据海关发票查核进口商品的价值和产地，来确定该商品是否可以进口、是否可以享受优惠税率；查核货物在出口国市场的销售价格，以确定出口国是否以低价倾销而征收反倾销税，并据以计算进口商应纳的进口税款。因此，对进口商来说，海关发票是一种很重要的单据。

2. 海关发票的作用

(1) 作为进出口国海关统计进出口额的依据。

(2) 便于进出口国核定货物的原产地，并据此征收差别关税。

(3) 便于进口国海关核查进口商品的价格，据此估价完税，并以此作为是否征收反倾销税的依据。

3.2.2 加拿大海关发票的缮制

加拿大海关发票是指销往加拿大的出口货物(食品除外)所使用的海关发票。其栏目用英、法两种文字对照，内容繁多，且要求每个栏目都要填写，不得留空，若不适用或无该项内容，则必须在该栏目内填写"N/A"(NOT APPLICABLE)(见样单 3-4)。

1. 卖方、发货人(Vendor)

填写出口商的名称和地址，包括城市和国家名称。信用证方式下此栏填写受益人名址。

2. 直接运往加拿大的日期(Date of Direct Shipment to Canada)

填写签发提单的日期和提单号码。

3. 其他参考号(Other References)

填写合同号、订单号、发票号等。

4. 收货人(Consignee)

填写加拿大收货人的名称和地址。

5. 买方名称和地址(Purchaser's Name and Address)

填买卖合同上买方的名称和地址，如果该栏内容与第四栏内容相同，可填写"The Same as Consignee"。

6. 转船的国家(Country of Transhipment)

填写转船的地点和名称。例如，在香港转船，可填写："From shanghai to vancouver with transhipment at HongKong by vessel"，或者"W/T HongKong"。如果不转船，则填写"N/A"。

7. 货物的原产国(Country of Origin of Goods)

原产国是中国则填写"China"。如果装运货物中含有不是原产国的原料、零部件或材料，则填写"N/A"。

8. 运输：直接运往加拿大的方式和起讫地点(Transportation: Give the mode and Place of Direct Shipment to Canada)

此栏填写运输方式和起讫地点。例如，"From Shanghai To Montreal by Vessel."

9. 销售方式和支付条件(Conditions of Sales and Terms of Payment)

填写贸易术语和支付方式。例如,"FOB Shanghai, L/C No. HMN971810"

10. 结算货币(Currency of Settlement)

填成交时确定的支付货币的货币名称,可采用缩写。

11. 件数(No. of Pkgs.)

填写该批商品的总包装件数,例如,800 cartons。

12. 商品详细描述(Specification of Commodities, Kind of Packages, Marks and Numbers, General Description and Characteristics, i.e. Grade, Quality)

本栏应按商业发票同项目描述填写,并将包装情况及唛头填写在此栏(包括种类、唛头、品名和特性,即等级、品质)。

13. 数量(Quantity)

填写成交的数量,与发票保持一致。

14. 单价(Unit Price)

填写计价货币、计量单位、单位价格金额和贸易术语。

15. 总值(Total)

与发票保持一致。

16. 总重量(Total Weight)

填写整批货物的总净重和总毛重。要求与提单、装箱单的相同栏目保持一致。

17. 发票总值(Invoice Total)

填写整批货物的金额与第15栏内容相同。

18. 如果从第1栏到第17栏所填内容都已填写在所附的商业发票中,查对本栏(If any Fields 1 to 17 are included in attached Commercial Invoice, check this box)

在本栏最下一行的横线上填本批货物的商业发票号码。

19. 出口商的名称和地址(Exporter's Name and Address)

此栏可将第1栏内容重写一遍,或填"The Same as Vendor"。

20. 原产国负责人的名称和地址(Originator, Name and Address)

此栏填写出口公司的名称和地址,并由负责人签字。

21. 主管当局先行条例(Departmental Ruling)

指加拿大海关对本批货物进口的有关规定。此栏一般填"N/A"。

22. 如果第23栏至第25栏不适用,核查本栏目(If fields 23 To 25 are not applicable, check this box)

如果第 23～25 栏填上了内容(不一定全部填满)，则空白这一栏的，否则应方格中打上"×"。

23. 如果已包括在第 17 栏，请指出下列项目的费用数额(If included in field 17, indicate amount)

(1) Transportation change, expenses and insurance from the place of direct shipment to Canada(从起运地至加拿大的运费和保险费)：填写运费和保险费之和。

(2) Cost for construction, erection and assembly incurred after importation into Canada(进口到加拿大后因建造、安装和组建而产生的费用)：根据实际情况填写。如没有产生此项费用，在横线上填"N/A"。

(3) Export Packing(出口包装费)：按实际情况填写或填"N/A"。

24. 如果不包括在第 17 栏，请指出下列项目的费用数额(If not included in field 17, indicate Amount)

(1) Transportation charges, expenses and insurance from the place of direct Shipment to Canada(从起运地至加拿大的运费和保险费)：如果第 17 栏中没有包括运费和保险费时，在此栏填上，否则在横线上方填"N/A"。

(2) Amounts for commissions other than buying commissions(购买佣金以外的佣金)：按实际情况填写或填"N/A"。

(3) Export Packing(出口包装费)：按实际情况填写或填"N/A"。

25. 核对(Check)

(1) Royalty payments or subsequent proceeds are paid or payable by the purchaser(买方已支付的专利费或售后支付的款项)：此栏一般为空白或填"N/A"。

(2) The purchaser has supplied goods or services for use in the production of these goods(买方为这些货物的生产提供的货物或服务)：出口业务不涉及此项内容，此栏可填"N/A"。

3.2.3 缮制海关发票应注意的问题

(1) 因为海关发票的格式是由进口国海关制定的，各国格式不同，出口商在使用时，不能搞错格式，应使用相应国家海关的格式。

(2) 由于海关发票中相关金额是进口国海关征税的重要依据，为避免被征收反倾销税，必须做到以本币表示的国内生产价格小于出口价格。

(3) 海关发票上与其他单据的相同项目必须相互一致。如运费与提单一致，品名和金额与发票一致。

(4) 有的海关发票必须有一证明人签字，也应用手签，证明人与单据签名者不能为同一人，也不能是其他货运单据上的签字人。若中间有更改，不能用盖校正章的方法，应用钢笔在更改处小签。

(5) 证明句子部分必须是以个人名义叙述，不能盖公司印章。

样单3-4：加拿大海关发票

Revenue Canada Revenue Canada Customs and Excise Douanes et Accise	**CANADA CUSTOMS INVOICE**	Page of de
1.Vendor(Name and Address)Vendeur(Nom et adresse) ZHEJIANG FOREIGN TRADE CO., LTD. 168 TIANMUSHAN ROAD, HANGZHOU, CHINA	2.Date of Direct Shipment to Canada APRIL 25, 2014 CPS128 3.Other References (Include Purchaser's Order No.) POHM-2014156	
4.Consignee(Name and Address) NATIONAL 615 COTE LIESSE ST LAURENT	5.Purchaser's Name and Address (If other than Consignee) SAME AS CONSIGNEE	
::	6.Country of Transhipment	
::	7.Country of Origin of Goods CHINA	IF SHIPMENT INCLUDES GOODS OF DIFFERENT ORIGINS ENTER ORIGINS AGAINST ITEMS IN12
8.Transportation: Give Mode and Place of Direct Shipment to Canada SHIPMENT FROM SHANGHAI TO MONTREAL, QUEBC, CANADA BY SEA	9.Conditions of Sale and Terms of Payment(i.e. Sale, Consignment, Shipment, lesed goods,etc) FOB SHANGHAI L/C NO.NL140218	
::	10.Currency of Settlement USD	

11.No. of Pkgs NATIONAL MONTREAL 1/500	12.Specification of Commodities(Kind of Packages, Marks and Numbers, General Description of Characteristics, i.e. Grade, Quality) 600 CTNS OF LEATHER COMPUTER CASES	13.Quantity (State Unit) 1800PCS	Selling Price	
			14.Unit Price USD24.00/PC	15.Total USD43200.00
18.If any of fields 1 to 17 are included on an attached commercial invoice, check this box Commercial Invoice No.ZJHL-047		16.Total Weight	17.Invoice Total USD43200.00	
		Net 9,000KGS	Gross 9,900KGS	
19.Exporter's Name and Address (If other than Vendor) SAME AS VENDOR	4 20.Originator(Name and Address) HENAN LIGHT INDUSTRIAL PRODUCTS IMP. AND EXP. CORP. NO.115 WENHUA ROAD, ZHENGZHOU, CHINA			
21.Departmental Ruling (if applicable) N/A	4 22.If fields 23 to 25 are not applicable, check this box X			
23.If included in field 17 indicate amount: (i)Transportation charges, expenses and insurance from the place of direct shipment to Canada $ (ii)Costs for construction, erection and assembly incurred after importation into Canada $ (iii)Export packing $	colspan 2 24.If not included in field 17 indicate amount: (i)Transportation charges, expenses nd insurance to the place of direct shipment to Canada $ (ii)Amounts for commissions other than buying commissions $ (iii)Export packing $		colspan 2 25.Check(If applicable): (i)Royalty payments or subsequent proceeds are paid or payable by the purchaser (ii)The purchaser has supplied goods or services for use in the production of these goods.	

任务 3.3　缮制其他发票

国际贸易结算中大多使用的是商业发票,除此之外还有以下几种发票。

3.3.1　形式发票

在实际业务中,进口商有时会要求出口商提供一份有关出售货物的名称、规格、单价等内容的非正式的参考性发票,凭此向本国外管局或贸易管理当局等申请进口或批准给予支付外汇等,这种发票叫作形式发票(Proforma Invoice)。

形式发票虽然也叫发票,但不是一种正式的发票,不能用于托收或议付,其所列的单价等内容,是出口商对某种商品的基本情况的一种估计,对双方无最终约束力。所以说形式发票只是一张估价单或意向书,正式成交后,还需另外重新制作正式的商业发票作为议付凭证。

形式发票(见样单 3-5)与商业发票在内容和格式上非常相似,且两者关系紧密。信用证在货物内容后常出现"按某年某月某日之形式发票"的条款,此时,出口商应按照形式发票来制单据,在商业发票上打上"AS PER PROFORMA INVOICE NO…DATED…"即可;但若形式发票作为信用证的附件,制单时出口商则要完全按形式发票的内容打上,银行也会按形式发票要求审单。

3.3.2　领事发票

领事发票(Consular Invoice)又称签证发票,是按某些国家法令规定,出口商对其国家输入货物时必须取得进口国在出口国或其邻近地区的领事签证、作为装运交易的一部分或货物进口报关的前提条件之一的特殊发票。

有些国家法令规定,进口货物必须要领取进口国在出口国领事签证的发票,作为有关货物征收进口关税的前提条件之一。

领事发票是一份官方签署的单据,有些国家制定了固定格式的领事发票,这种格式可以从出口国当地的进口国领事馆获得。在实际业务中,常常是某些国家来证规定由其领事在出口商的商业发票上认证,从而证实商品的实际产地。同时,领事发票的签发或认证,需缴纳一定的签证认证费用,作为领事馆的部分费用来源的。因此,出口商在对外报价时,不能遗漏这笔费用。在信用证支付方式下,应对领事发票签证或认证条款认真审核。

目前,领事发票已很少用,主要是拉美(阿根廷等)、中东国家使用。

3.3.3　厂商发票

厂商发票(Manufacturer's Invoice)是由制造厂商提供给出口商的销售货物的证明。它以本国货币计算价格,用来证明出口货物的出厂价格。来证要求提供厂商发票,主要是为了供进口国海关估价、核税,并检查出口国出口商品是否低价倾销,是否应征收反倾销税。

厂商发票的基本制作要求主要包括以下几方面。

(1) 在单据上部要印有醒目粗体字"厂商发票"(Manufacturer's Invoice)字样。

(2) 抬头打出口商。

(3) 出票日期应早于商业发票日期。

(4) 货物名称、规格、数量、件数必须与商业发票一致。

(5) 货币应打出口国币制，价格的填制可按发票货价适当打个折扣，例如，按 FOB 价打九折或八五折。

(6) 货物出厂时，一般无出口装运标记，厂商发票不必缮打唛头；如来证有明确规定，则厂商发票也应打上唛头。

(7) 厂方作为出单人，由厂方负责人签字盖章。

3.3.4 证实发票

证实发票(Certified Invoice)指加注有证实发票内容真实无误等文句的商业发票。有的国外进口商在来证中要求受益人在商业发票上加注证明文句，以说明发票所列内容的真实性、正确性。例如：在发票上注明"We hereby certify that the contents of invoice herein are true and correct"(兹证明此发票内容真实无误)。

3.3.5 联合发票

联合发票(Combined Invoice)即将其他单据的内容混合出具在商业发票上，这些单据可以是装箱单、产地证和保险单等。联合发票的使用仅限于我国港、澳地区，现在已经很少使用。

样单 3-5：形式发票

浙江省对外贸易有限公司
ZHEJIANG FOREIGN TRADE CO., LTD.
168 TIANMUSHAN ROAD, HANGZHOU, CHINA
TEL: 0571-83452345   FAX: 0571-83452346

PROFORMA INVOICE

TO:	GAMES IMP. AND EXP. COMPANY 31 BLUEBIRD STREET BANGKOK THAILAND	INVOICE NO.:	ZJ130316
		INVOICE DATE:	16 MAR., 2013
TERM OF PAYMENT:	BY IRREVOCABLE LETTER OF CREDIT TO BE OPENED BY FULL AMOUNT OF S/C, PAYMENT AT SIGHT DOCUMENT TO PRESENTED WITHIN 15 DAYS AFTER DATE OF B/L AT BENEFICIARY'S ACCOUNT.		
PORT TO LOADING:	SHANGHAI, CHINA		
PORT OF DESTINATION:	BANGKOK, THAILAND		
TIME OF DELIVERY:	BEFORE MAY 16,2013		

INSURANCE:	TO BE COVERED BY THE SELLER FOR 110% OF TOTAL INVOICE VALUE COVERING ALL RISKS AS PER CIC OF PICC DATED 01/01/2010 WAREHOUSE TO WAREHOUSE CLAUSE INCLUDED IN THE SAME CURRENCY OF THE DRAFTS CLAIM PAYABLE IN THAILAND
VALIDITY:	

MARKS AND NUMBERS	NUMBER AND KIND OF PACKAGE DESCRIPTION OF GOODS	QUANTITY	UNIT PRICE	AMOUNT
	100PCT COTTON CHILDREN'S COATS			CIF BANGKOK
GAMES	ITEM NO. 141T	3000PCS	USD6.00/PC	USD18000.00
ZJ130316	ITEM NO. 161B	2000PCS	USD4.25/PC	USD8500.00
BANGKOK	ITEM NO. 323T	3000PCS	USD5.00/PC	USD15000.00
NOS.1-400				
	TOTAL AMOUNT:		8000PCS	USD41500.00

SAY TOTAL: U.S. DOLLARS FORTY ONE THOUSAND FIVE HUNDRED ONLY.

BENEFICIARY:	ZHEJIANG FOREIGN TRADE CO., LTD.
	168 TIANMUSHAN ROAD,
	HANGZHOU, CHINA
ADVISING BANK:	BANK OF CHINA HANGZHOU BRANCH
NEGOTIATING BANK:	BANK OF CHINA HANGZHOU BRANCH

浙江省对外贸易有限公司
ZHEJIANG FOREIGN TRADE CO., LTD

任务3.4 缮制包装单据

3.4.1 包装单据概述

出口商品在运输途中，有的不需要包装，如谷物、矿砂、煤炭等，称之为"散装货物"。但绝大多数商品必须加以适当的包装后才能装运出口，以保护该商品在运输途中的安全，如纺织品、轻工产品、机械、仪表等商品都属于"包装货物"。包装单据也是货运单据中的一项重要单据。除散装货物外，大多为不可缺少的文件。进口地海关验货、公证行检验、进口商核对货物时都必须以包装单据为依据。

1. 包装单据的概念

包装单据(Packing Documents)，是指一切记载商品包装情况的各种单据的总称，列明信用证或合同中买卖双方约定的有关包装事宜的细节，便于国外买方在货物到达目的港时供海关检查和核对货物。包装单据是商业发票的重要补充和主要结汇单据之一，主要用来说明出口商品的包装和内装货物的细节状况，便于有关方面对进出口货物的品种、花色、尺寸、规格和数量进行查验、检验和核实。

2. 包装单据的种类

包装单据依据买卖双方交易的商品特性不同、买卖双方关注的信息不同，在实际业务中包装单据可以冠以不同的名称，主要有以下几种。

1) 装箱单(Packing List)

装箱单也称包装单、花色搭配码单(简称码单)，是用以说明货物包装细节的清单。除散装和裸装货物外，一般进出口交易都要求提供装箱单，以便在货物到达目的港(地)后，供海关验货和收货人核对货物。装箱单主要载明货物装箱的详细情况，包括所装货物的名称、规格、数量、花色搭配等，尤其不定量包装的商品要逐件列明每批货物的逐件花色搭配。

2) 重量单(Weight Note)

重量单又称磅码单(Weight Note/Memo)是用以说明货物重量细节的清单。重量单也是发票的补充单据，其作用在于作为买方计价、计数或计算运费的依据，多见于以重量计量、计价的商品，有的还须增列皮重；按公量计量、计价的商品，则须列明仅是及计算公量的有关数据，如棉花。

3) 尺码单(Measurement List)

尺码单是用以说明单位包装的长、宽、高及总尺码细节的清单。其作用便于买方及承运人了解货物的尺码，以便合理安排运输、装卸和仓储，同时它也是计算运费的重要依据。包装件的清单。供买方及承运人了解货物的尺码，以便合理运输、储存及计算运费。

4) 规格单(Specification List)

规格单也称包装明细单，是用以说明包装规格细节的清单，多用于规格、型号较多的货物，其作用在于便于买方了解整批货物的详细情况，方便转售货物。规格单的内容与装箱单相似，但偏重于每件货物的包装规格，一般要求列明包装的方式及内含量。

总之，装箱单、重量单、尺码单和规格单均是作为发票的一种补充单据，其说明的重点各有不同，但内容不能互相矛盾。

3. 包装单据的作用

包装单据是发票的补充，通过对包装件数、规格、唛头等内容的填制，阐明了商品的包装情况，列明了信用证(或合同)中买卖双方约定的有关包装细节，便于买方对商品包装及数量的了解和掌握，也便于进口方在货物到达目的港时，供海关检查和核对货物。具体来讲包装单据的作用表现在以下几点：①是出口商缮制商业发票及其他单据时计量、计价的基础资料；②是进口商清点数量或重量以及销售货物的依据；③是海关查验货物的凭证；④是公证或商检机构查验货物的参考资料；⑤包装单据对大多商品交易来说为不可缺少的文件。进口地海关验货、公证行检验、进口商核对货物时，通常以包装单据为依据，了解

国际商务单证实务

每个包装单位内具体的货物，方便转售货物。

3.4.2 装箱单的缮制

装箱单的制作同商业发票一样，也没有统一的格式要求，内容格式也大体分为首文、正文、结尾三部分，所不同的是装箱单和商业发票反映的内容信息侧重不同。商业发票侧重说明商品的数量、单价及总金额等信息，而装箱单侧重说明商品的包装情况，包括包装件数、毛重、净重、体积等信息(见样单 3-6、3-7 和 3-8)。装箱单的内容及缮制要求主要包括以下几个方面。

1. 出口企业的名称、地址(Issuer)

在以信用证付款方式下，一般填写信用证中受益人的名称和地址；在以托收和电汇付款方式下，一般填写合同中卖方的名称和地址。

如果进出口企业有预先印好固定格式的装箱单，一般在装箱单的顶端印有醒目的进出口企业名称、地址，在这种情况下，进出口企业无须填写装箱单的出单人或签发人。但要注意核对印就好的进出口企业的名称、地址是否与信用证上的受益人的名称、地址完全一致。如果受益人的名称、地址有变更，则装箱单也要随之做出相应更改。

2. 单据名称

单据名称一般用装箱单，也有的用重量单，具体采用什么名称取决于信用证对此类单据的制作要求，必须注意要符合信用证的规定，以免因"单证不符"给出口商自己造成不必要的麻烦。如来证要求提供"Packing List and Weight Note"，并且同意接受联合单据，则在已印就的"Packing List"后加上"and Weight Note"，作为包装单据的名称。

3. 抬头人名称(To)

此栏内容与商业发票同栏内容缮制方法相同。信用证付款方式下，一般填写信用证中开证申请人的名称和地址；托收和电汇付款方式下，一般填写合同中买方的名称和地址。

在某些情况下也可不填，或填写"To whom it may concern"(致有关方)。

4. 号码(Invoice No.)

装箱单的号码通常与商业发票号码相同，这是出口企业为了便于单据的管理。出口商缮制的同一笔业务项下的单据所使用的号码是一样的，在单据管理中，只需要按照此号码整理、归档、索引、查找即可，以显示同一笔业务下单据之间的关联性。例如，出口商制作的商业发票、装箱单、汇票的号码通常是相同的。

5. 日期(Date)

日期是指装箱单的出单日期，通常情况下，装箱单的日期与商业发票的出单日期一致或略迟于商业发票日期，但不能早于发票日期，也不能迟于提单日期及信用证的交单期和有效期。

6. 合同号码(S/C No.)

此栏内容与商业发票同栏内容缮制方法相同。由出口商根据业务实际填写，信用证方式下按信用证规定制作，若信用证未规定时，可以不显示。

7. 信用证号码(L/C No.)

此栏内容与商业发票同栏内容缮制方法相同。由出口商根据业务实际填写，需要注意的是，信用证规定不得显示信用证号码时，则不应在装箱单上显示。

8. 运输线路(From ... to ...)

此栏内容与商业发票同栏内容缮制方法相同。由出口商根据业务实际填写，信用证方式下，按信用证规定的运输线路填写，如有转运，则常注明转运港或转运地。

9. 唛头(Marks and Numbers)

信用证或合同有指定唛头的，必须严格按照规定填写唛头；信用证或合同没有指定唛头时，进出口企业可自行设计唛头，且要与商业发票、提单等单据中的唛头一致。

10. 货物描述(Number of Kind of Packages, Description of Goods)

一般填写货物名称和货物描述两大部分内容，其中货物名称可以用统称，通常对货物的包装情况作详细说明，特别是信用证要求提供 Detailed Packing List 时更应该详细地列出有关包装的细节，如规格、型号、色泽、尺码和内装量等。

11. 数量(Quantity)

一般都要填写每种规格货物实际出运的数量，不要遗漏计量单位；同时要注明合计数。

12. 件数(Package)

以最大外包装单位计，同时要注明合计数。注意该数量为运输包装单位的数量，而不是计价单位的数量。

13. 毛重(Gross Weight)

一般填写每种规格货物的毛重，以千克为单位，保留两位小数，同时要注明毛重的合计数。

14. 净重(Net Weight)

一般填写每种规格货物的净重，以千克为单位，保留两位小数，同时要注明净重的合计数。

15. 体积(Measurement)

一般填写每种规格货物的体积，以立方米为单位，保留三位小数，同时要注明体积的合计数。

16. 小写合计(Total in Figure)

填写毛重、净重和尺码的合计数，用小写阿拉伯数字表示。

17. 大写合计(Say Total in Words)

一般将总件数用文字进行叙述，并且要与小写的总件数一致。

18. 声明文句(Statement)

填写与装箱单有关的附加条款(Additional Clauses Relating With Packing List)。

19. 签署(Signature)

如信用证无特别规定，装箱单无须签署，但是当装箱单中含有证明文句时，则应该签署。装箱单的签署同商业发票签署的缮制方法相同，即在装箱单右下角加盖出口公司的公章及负责人的签字或盖章。

需要注意的是，包装单据一般不显示货物的单价、总金额信息，避免泄露中间商的商业秘密，缮制装箱单等包装单据时应予以注意。

样单3-6：装箱单

浙江省对外贸易有限公司
ZHEJIANG FOREIGN TRADE CO., LTD.
168 TIANMUSHAN ROAD, HANGZHOU, CHINA
TEL: 0571-83452345　　FAX: 0571-83452346

装箱单
PACKING LIST

To:	GAMES IMP. AND EXP. COMPANY 31 BLUEBIRD STREET BANGKOK THAILAND	Invoice No.:	ZJ2013356
		Invoice Date:	28 APR., 2013
		S/C No.:	ZJ130316
		S/C Date:	16 MAR., 2013

From:	SHANGHAI, CHINA	To:	BANGKOK, THAILAND	By	Vessel

Letter of Credit No.: HI-2013056　　Date of Shipment:

Marks & Numbers	Description of goods	Quantity	Package	G.W	N.W	Meas.
GAMES ZJ130316 BANGKOK NOS. 1-400	100 PCT COTTON CHILDREN'S COATS ITEM NO. 141T	3 000PCS	150CTNS	@25KGS/ 3 750KGS	@23KGS/ 3 450KGS	@40*40*43/ 10.32CBMS
	ITEM NO. 161B	2 000PCS	100CTNS	@25KGS/ 2 500KGS	@23KGS/ 2 300KGS	@40*40*43/ 6.88CBMS
	ITEM NO. 323T	3 000PCS	150CTNS	@25KGS/ 3 750KGS	@23KGS/ 3 450KGS	@40*40*43/ 10.32CBMS
TOTAL:		8 000PCS	400CTNS	10 000KGS	9 200KGS	27.52CBMS

SAY TOTAL: FOUR HUNDRED CARTONS ONLY.

WE HEREBY STATE THAT ONE PC IN ONE PP BAG AND 20PCS IN AN EXPORT CARTON.

CREDIT NO. HI-2013056 DATED 25 MAR., 2013 ISSUED BY KRUNG THAI BANK PUBLIC CO., LTD., BANGKOK

浙江省对外贸易有限公司
ZHEJIANG FOREIGN TRADE CO., LTD.

样单3-7：装箱单

浙江宏远国际贸易有限公司
ZHEJIANG HONGYUAN INTERNATIONAL TRADE CO., LTD.
NO.191 ZHONGDON STREET LISHUI CITY ZHEJIANG CHINA.

装箱单(重量单)　　　　　　　　　日期
PACKING LIST(Weight List)　　　DATE　JAN.02,2013

发票号码
Invoice No. 929AK11005

合同号
Contract No. ZJLS0394

信用证号
L/C NO._____

商品名称 Name of Article　　CLUTCH MOTOR FOR INDUSTRIAL SEWING MACHINE

MARKS & NOS.	ART. NO.	PKGS	PACKING	G.W.KGS.	N.W.KGS.	MEAS.
N/M		850CTNS	850SETS	@19KGS /16150KGS	@17.5KGS /14875KGS	@40×35×45CM 53.55CBMS

SAY PACKED IN EIGHT HUNDRED FIFTY (850)CARTONS ONLY.

浙江宏远国际贸易有限公司
ZHEJIANG HONGYUAN INTERNATIONAL
TRADE CO., LTD.

样单 3-8：装箱单

浙 江 润 发 缝 纫 机 有 限 公 司
ZHEJIANG RUNFA SEWING MACHINE CO., LTD.
中国浙江省缙云县壶镇工业区
HUZHEN ZHEJIANG PROVINCE CHINA

装箱单
PACKING LIST

To: MOMDI EMEIRJEHADI
    TEHRAN IRAN

Inv No.: 45119760
DATE: JUNE 17, 2013
Contract No: ZJJY 2013098

From <u>SHANGHAI, CHINA</u> To <u>BANDAR ABBAS PERSIAN GULF</u> L/C NO.:043-0933598

唛头 MARKS & NOS.	商品描述 DESCRIPTIONS	数量 QUANTITY	毛重 G/WEIGHT	净重 N/WEIGHT	体积 MEAS.
N/M	GN1-1M MEDIUM-SPEED OVERLOCK SEWING MACHINE	100CTNS/200SETS	2 500KGS	2300KGS	6.15CBMS
	GN1-6M MEDIUM-SPEED OVERLOCK SEWING MACHINE	325CTNS/650SETS	9 100KGS	8450KGS	19.52CBMS
	FN2-7D BABY OVERLOCK SEWING MACHINES	25CTNS/50SETS	525KGS	500KGS	2.39CBMS
TOTAL:		450CTNS/ 900SETS	121 25KGS	11 250KGS	28.06CBMS

SAY PACKED IN FOUR HUNDRED AND FIFTY (450) CARTONS ONLY.

MADE IN CHINA HAS BEEN PRINTED ON ALL MACHINES AND ON ALL PACKING CARTONS.

浙江润发缝纫机有限公司
ZHEJIANG RUNFA SEWING MACHINE CO., LTD.

周冰

3.4.3 包装单据条款示例

1. 包装单据条款解析

信用证中对包装单据条款表述方法很多，下面以较为复杂的条款为例，解析一下包装单据条款通常的几个组成部分。

<u>Signed</u>　<u>packing list</u> <u>Issued by</u> <u>beneficiary</u> <u>in one original and two copies</u> <u>indicating</u> the
　①　　　　　②　　　　③　　　　　④　　　　　　　⑤

detail of style No., sizes and quantities in each carton and also total net weight and gross weight.

说明：①对包装单据签署的规定；②对包装单据类型规定；③对包装单据签发人规定；④对包装单据份数要求；⑤对包装单据加注内容的要求。

需要说明的是，信用证中的包装单据条款不完全像解析中列举的条款完整，往往有所省略，如对份数的要求，如果省略视为需要向银行提交包装单据一式两份，即一份正本和一份副本。

2. 信用证包装单据条款示例

例 1. Separate packing list in full details required.

该条款要求缮制装箱单时必须详细。

例 2. Combined of packing list is not acceptable.

该条款要求提供装箱单不能是联合格式的装箱单。

例 3. Packing list in 3 copies manually signed by the beneficiary.

该条款要求缮制装箱单时应注意向银行交单议付前一定要亲笔签署装箱单一式三份，不能以盖章代替。

例 4. Packing list in triplicate not showing beneficiary's name.

该条款要求缮制装箱单时应注意不能显示受益人的名称，需要用白纸缮制。

例 5. Detailed weight and measurement list showing the detail of colors, sizes and quantities in each carton and also net weight and gross weight.

该条款要求缮制包装单据时应注意重量单、尺码明细单可合并出具，但应严格按照信用证要求详注每件包装细节，详注每箱货物的颜色、尺寸和数量以及毛重和净重。

例 6. Packing list showing gross and net weight expressed in kilos of each type of goods required.

该条款要求缮制装箱单时应注意严格按照要求出具，标明每种货物的毛重、净重，毛净重以千克为单位。

例 7. Manually signed packing list in triplicate detailing the complete inner packing specifications and contents of each package.

该条款要求缮制装箱单时应注意详注每件货物内包装货物的规格和每件包装单位内的具体货物，并且包装单一定要亲笔签名。

例 8. Packing list in one original and two copies issued by beneficiary indicating quantity, gross and net weight of each package/container.

该条款要求缮制装箱单时应注意标明每件或每容器的毛、净重，向银行提交装箱单一正两副。

知识链接

包装的表示方法

1. 只注明包装方式、造型等

Packed in carton. 箱装。

Packed in bag. 袋装。

2. 加注包装材料

Packed in wooden case. 木箱。

Packed in gunny bag. 麻袋装。

3. 包装内加货物数量或重量

Each carton contains 2 sets. 每箱装 2 套。

One dozen per bag. 每袋一打。

2kgs/case 每箱 2 千克。

4. 注明包装件数及每件内含量

Packed in 100 cartons of 2 pieces each. 装 100 箱，每箱 2 件。

Packed in 160 export cartons each containing 5 piece of 56 inches ×20 yards. 装于 160 个出口包装箱，每箱 5 匹，每匹 56 英寸×20 码。

500m/tons net packed in 2,500 drums of 200kgs net each. 净重 500 吨装 2 500 桶，每桶净装 200 千克。

Each piece in a poly bag, 1,000pcs in 200 cartons and ten in container. 每件装在一个聚乙烯塑料袋内，1000 件装 200 箱，然后装在集装箱内。

5. 带附带说明的包装

25kgs net in poly woven cloth laminated with outer 1-ply kraft paper bag. 每个聚乙烯塑料袋内净装 25 千克，外套单层牛皮纸袋。

One set packed in a box tied up with stripe, two boxes per carton. 一个盒子内装一套，用带子扎起来，2 套装一箱。

Each piece in a poly bag with a hanger, 2,500pcs hanged in one container. 每件带一个衣架装在塑料袋内，2 500 件挂在一个集装箱内。

Each piece/export carton carries a stamp/label indicating the name of country of origin in a non-detachable of non-alterable way. 每件装在一个出口包装箱内，并带有一个印章/标签，上面以不可分开或不能更改的方式注有产地国名称。

6. 信用证规定包装要求

Seaworthy packing. 适于海运的包装。

Packing suitable for long distant transportation. 适于长途运输的包装。

Strong wooden case packing. 坚固木箱装。

3.4.4 缮制包装单据应注意的问题

(1) 有的出口公司会将两种单据的名称印在一起，但当来证仅要求出具其中一种时，应将另外一种单据的名称删去。单据的名称，必须与来证要求相符。如信用证规定为"Weight Memo"，则单据名称不能用"Weight List"。

(2) 两种单据的各项内容，应与发票和其他单据的内容一致。如装箱单上的总件数和重量单上的总重量，应与发票、提单上的总件数或总重量相一致。

(3) 包装单所列的情况,应与货物的包装内容完全相符。例如,货物用纸箱装,每箱200盒,每盒4打。

(4) 如来证要求这两种单据分别开列时,应按来证办理,提供两套单据。

(5) 如来证要求在这两种单据(或其中一种)上注明每件货物的尺码时,应将每件货物的尺码标明。如来证要求标明总尺码时,应照办,此单据上的尺码,应与提单上注明的尺码一致。

(6) 如来证要求提供"中性包装清单"(Neutral Packing List)时,应由第三方填制,不要注明受益人的名称。这是由于进口商在转让单据时,不愿将原始出口商暴露给其买主,因此才要求出口商出具中性单据。如来证要求用"空白纸张"(Plain Paper)填制这两种单据时,在单据内一般不要表现出受益人及开证人名称,也不要加盖任何签章。

 知识链接

一些国家对商品包装的规定

在国际贸易中,由于各国国情不同以及文化差异的存在,对商品的包装材料、结构、图案及文字标志等要求也不同。

1. 禁用标志图案

阿拉伯国家规定进口商品的包装禁用六角星图案,因为六角星与以色列国旗中的图案相似。阿拉伯国家对有六角星图案的东西非常反感和忌讳。

德国对进口商品的包装禁用类似纳粹和军团符号标志。

利比亚对进口商品的包装禁止使用猪的图案和女性人体图案。

2. 使用文种的规定

加拿大政府规定进口商品必须英、法文对照。

销往中国香港的食品标签必须用中文,但食品名称及成分须同时用英文注明。

希腊政府正式公布,凡出口到希腊的产品包装上必须要用希腊文字写明公司名称,代理商名称及产品质量、数量等项目。

销往法国的产品装箱单及商业发票须用法文,包括标志说明,不以法文书写的应附译文。

销往阿拉伯地区的食品、饮料,必须用阿拉伯文说明。

3. 禁用的包装材料

美国规定,为防止植物病虫害的传播,禁止使用稻草做包装材料,如被海关发现,必须当场销毁,并支付由此产生的一切费用。

新西兰农业检疫所规定,进口商品包装严禁使用以下材料:干草、稻草、麦草、谷壳或糠、生苔物、土壤、泥灰、用过的旧麻袋及其他材料。

菲律宾卫生部和海关规定,同进口的货物禁止用麻袋和麻袋制品及稻草、草席等材料包装。

澳大利亚防疫局规定,凡用木箱包装(包括托盘木料)的货物进口,均需提供熏蒸证明。

项 目 小 结

商业发票是卖方向买方开立的价目清单和装运货物的总说明,是所有单据的核心。除商业发票外,还有海关发票、形式发票、领事发票、证实发票、联合发票、厂商发票等发票。本项目着重介绍了商业发票各个栏目的缮制规范、信用证常见发票条款，介绍了缮制商业发票应该注意的问题及灵活处理发票条款的具体办法。包装单据可分为装箱单、重量单、尺码单和规格单等，各种包装单据都各有侧重，但其内容基本相同，缮制方法也类似。本项目以最常见的装箱单为例，着重介绍了装箱单的各个栏目的缮制规范、信用证常见包装单据条款以及缮制包装单据应该注意的问题。

复习思考题

一、单项选择题

1. 根据《UCP600》的规定，商业发票中货物的描述( )。
   A. 可以使用统称，不得与信用证中有关货物的描述有抵触
   B. 可以使用统称，并可与信用证中有关货物的描述有所不同
   C. 必须完全符合信用证中的描述
   D. 必须与合同的描述完全一致

2. 一般情况下，发票金额应与( )一致。
   A. 合同金额　　　　　　　　B. 信用证金额
   C. 保险金额　　　　　　　　D. 汇票金额

3. 在下列贸易术语中，( )是含佣价。
   A. FOBS　　　　　　　　　B. FOBT
   C. FOBC5　　　　　　　　D. FOBD3

4. 某贸易公司向英国客商出口平纹印花纯棉坯布，信用证中规定"数量约为 100 000 码"，根据《UCP600》的规定，卖方可以理解为交货数量有不超过( )的增减幅度。
   A. 3%　　　　　　　　　　B. 5%
   C. 10%　　　　　　　　　D. 15%

5. 海关发票是由( )制定的一种特殊发票格式。
   A. 出口方　　　　　　　　　B. 进口方
   C. 出口国海关　　　　　　　D. 进口国海关

6. 海关发票的抬头人一般是( )。
   A. 开证申请人　　　　　　　B. 受益人
   C. 进口国海关　　　　　　　D. 进口地的收货人

7. 按照有关规定，对不同包装种类的货物混装在一个集装箱内，这时货物的总件数显示数字之和，包装种类用统称( )来标识。
   A. Cartons　　　　　　　　　B. Pieces
   C. Packages　　　　　　　　D. Pallets

8. 下列单证不属于包装单据的是( )。
   A. 重量单　　　　　　　　　B. 尺码单
   C. 装货单　　　　　　　　　D. 装箱单

9. 信用证中规定"PACKING LIST IN FIVE COPIES"，则受益人提交的装箱单的份数为( )。

A. 5 份副本   B. 1 份正本及 4 份副本
C. 无须提交正本   D. 5 份正本及 5 份副本

10. 某公司出口货物，从黄埔港发运，运往汉堡，在香港转船，在装箱单"TRANSPORT DETAILS"一栏填写错误的是(　　)。

A. FROM HUANGPU TO HAMBURG W/T HONGKONG
B. FROM HUANGPU TO HAMBURG VIA HONGKONG
C. FROM HUANGPU TO HAMBURG AND THENCE TO HAMBURG
D. FROM HUANGPU TO HAMBURG WITH TRANSSHIPMENT AT HONGKONG

二、多项选择题

1. 发票的抬头人应是(　　)。
   A. 托收项下的卖方   B. 托收项下的买方
   C. 信用证项下的受益人   D. 信用证项下的开证申请人

2. 商业发票是出口商在准备全套出口单证时首先缮制的单据，因为在出口货物装运前的(　　)环节中要使用它。
   A. 托运订舱   B. 办理投保
   C. 出口报关   D. 商品报检

3. 下面关于海关发票的描述中，正确的是(　　)。
   A. 由出口商填写
   B. 由进口商填写
   C. 出口商向出口地海关报关时提供的单据
   D. 是进口地海关进行估价定税，征收差别关税或反倾销税的依据

4. 印刷在运输包装上的唛头，其作用是在运输过程中使有关人员易于辨认货物，便于核对单证，按习惯做法，唛头由(　　)提供。
   A. 卖方   B. 买方
   C. 船方   D. 货代公司

5. 当合同中规定采用净重计算商品重量时，对于如何计算包装的重量，国际上通常采用以下几种做法(　　)。
   A. 按实际皮重计算   B. 按约定皮重计算
   C. 按平均皮重计算   D. 按习惯皮重计算

三、判断题

1. 除非信用证另有规定，银行将不接受出单日期早于信用证开立日期的单据。(　　)
2. 信用证中注明：Invoices in three copies，受益人向银行交单时，提供了三份副本发票不符合信用证规定。(　　)
3. 形式发票是一种正式发票，能用于托收和议付。(　　)
4. 信用证规定："FROM CHINA PORT TO LONDON"，发票上应严格按照信用证要求填上"FROM CHINA PORT TO LONDON"。(　　)
5. 按照《UCP600》规定，无论信用证有无规定，商业发票必须签章才能生效。(　　)
6. 海关发票是根据某些进口国海关特定的格式，由出口人填制，供进口人凭以向进口

国海关报关时用的一种特别的发票。各国的海关发票可以相互替代。（   ）

7. 装箱单的主要作用是补充商业发票内容的不足，便于买方掌握商品的包装、数量及供进口国海关检查和核对货物。（   ）

8. 某工厂出口货物一批，合同中规定使用纸箱包装，为了更好地保护商品，卖方在交货时没有经过买方的同意就采用了木箱包装，这种替客户着想的做法是对的。（   ）

9. 信用证中规定包装采用"SEAWORTHY PACKING"，《UCP600》受益人在出口时根据货物情况采用了纸箱作为运输包装，在制作装箱单时，包装材料一栏应填制为"SEAWORTHY PACKING"。（   ）

10. 受益人在制作相关单据时，必须将运输包装上的标志都注明在单据上。（   ）

四、简答题

1. 简述商业发票的作用。
2. 缮制商业发票需要注意的问题有哪些？
3. 简述包装单据的种类及作用。
4. 缮制装箱单需要注意的问题有哪些？

项 目 实 训

实训 3-1：作为浙江省对外贸易有限公司的单证员，请根据所给的相关资料，填制商业发票和装箱单。

1. 出票人：ZHEJIANG FOREIGN TRADE CO., LTD.
   168 TIANMUSHAN ROAD,
   HANGZHOU, CHINA
2. 抬头人：YOHAMA CO., LTD.
   89, BUIBAI 3-CHOME,
   OSAKA, JAPAN
3. 发票号：ZJ20140304
4. 发票日期：MAY 08,2014
5. 合同号：2014JP099
6. 信用证号：082-LC-340590
7. 唛头：YOHAMA
   2014JP099
   OSAKA
   NO.1-500
8. 货物描述：2000PCS OF BAMBOO MAT SIZE 150×195CM USD 11.00 PER PC. CIF OSAKA DETAILS AS PER CONTRACT NO.2014JP099 DATED MAR.19,2014
9. 装运港：NINGBO
10. 目的港：OSAKA
11. 包装情况：每4件装一个出口纸箱，共500箱
11. 毛重：@26KGS/13000KGS

12. 净重：@24KGS/12000KGS

13. 尺码：@45*60*40CM/54CBM

11. 有权签字人：金玺

浙江省对外贸易有限公司
ZHEJIANG FOREIGN TRADE CO., LTD.
168 TIANMUSHAN ROAD, HANGZHOU, CHINA
TEL: 0571-83452345   FAX: 0571-83452346

COMMERCIAL INVOICE

To: Invoice No.: _____
                                      Invoice Date: _____
                                      S/C No.: _____
                                      _____

From: _____   To: _____
Letter of Credit No.: _____

Marks & Numbers	Number and kind of package Description of goods	Quantity	Unit Price	Amount

TOTAL:

SAY TOTAL:

浙江省对外贸易有限公司
ZHEJIANG FOREIGN TRADE CO., LTD.
168 TIANMUSHAN ROAD, HANGZHOU, CHINA
TEL: 0571-83452345   FAX: 0571-83452346

PACKING LIST

To: Invoice No.: _____
                                            Invoice Date: _____
                                            S/C No.: _____
                                            S/C Date: _____

From: _____   To: _____   By _____

Letter of Credit No.: _____   Date of Shipment: _____

Marks & Numbers	Description of goods	Quantity	Package	G.W	N.W	Meas.

TOTAL:

SAY TOTAL:

实训 3-2：请根据所给的信用证及相关资料，填制商业发票和装箱单。

1. 信用证条款

SEQUENCE OF TOTAL	27：1/1
FORM OF DOCUMENTARY CREDIT	40A：IRREVOCABLE
DOCUMENTARY CREDIT NUMBER	20： MIAD00843
DATE OF ISSUE	31C:140305
DATE AND PLACE OF EXPIRY	31D: 140530 CHINA
APPLICANT	50: GOLD INTERNATIONAL INC
	87 NEWLAND WAY
	NEWYORK, USA
BENEFICIARY	59: ZHEJIANG FOREIGN TRADE CO., LTD.
	168 TIANMUSHAN ROAD,
	HANGZHOU, CHINA
CURRENCY CODE, AMOUNT	32B: USD40560,00
AVAILABLE WITH … BY	41D: ANY BANK BY NEGOTIATION
DRAFTS AT	42C: AT SIGHT FOR 100 PCT OF INVOICE VALUE
DRAWEE	42D:
LOADING/DISPATCH/TAKING/FROM	44A: NINGBO, CHINA
FOR TRANSPORTATION TO…	44B: NEWYORK, USA
LATEST DATE OF SHIPMENT	44C:140515
DESCRPT OF GOODS/SERVICES	45A: 4800PAIRS CHILDREN'S SHOES, USD8.45/PAIR CFR NEWYORK
DOCUMENTS REQUIRED	46A:

  + SIGNED COMMERCIAL INVOICE IN 3 COPIES
  + PACKING LIST IN 3 COPIES

2. 其他资料

(1)SIZE: EACH CARTON CONTAINING 28/5,29/5,30/5,31/5, 32/5, 33/5

(2)PACKING: IN CARTONS OF 30 PAIRS EACH

(3)MEASUREMENT: 0.356/CTN

(4)GW: 25KGS/CTN   NW: 23KGS/CTN

(5)SHIPPING MARKS: GOLD/JD09039/NEWYORK/NO.1-160

(6)INVOICE NO. ZJ20140523   DATE   APR. 05,2014

ISSUER	商业发票 COMMERCIAL INVOICE		
TO			
	NO.		DATE
TRANSPORT DETAILS	S/C NO.		L/C NO.
	TERMS OF PAYMENT		
Marks and Numbers	Number and kind of package Description of goods	Quantity	Unit Price	Amount

TOTAL:
SAY TOTAL:

ISSUER		装箱单 PACKING LIST				
TO						
		INVOICE NO.		DATE		
Marks and Numbers	Description of goods	Quantity	Package	G.W	N.W	Meas.
	TOTAL:					
SAY TOTAL:						

项目 4 缮制运输单据

项目介绍

以 CIF 价格条件成交的合同，在备货及信用证落实后，出口商应该尽快办理租船订舱，以便及时履行信用证项下的交货和交单的义务。出口企业要选定船公司或者货运代理公司，填写订舱委托书，办理托运手续。不同的运输方式会产生各种运输单据，其中主要有海运提单和航空运单。本项目的任务是学习租船订舱的工作流程，掌握订舱委托书的内容及制作要求，学会制作海运提单和航空运单。

学习目标

通过本项目的学习，熟悉托运订舱的一般流程，了解集装箱班轮货运单据，掌握订舱委托书的填制方法，能够办理订舱业务，掌握海运提单的种类、内容和缮制方法，了解航空运单的内容及缮制规范。

任务 4.1 办理出口货物托运

4.1.1 托运订舱的一般流程

在 CIF 和 CFR 条件下，由卖方负责租船订舱。出口商应按合同和信用证规定的装运时间，办理好租船订舱的手续。货物装运完毕，应及时通知进口商。办理托运订舱的业务流程如图 4.1 所示。

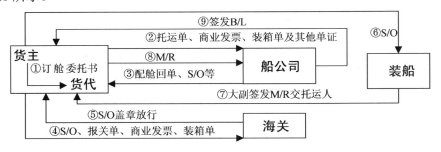

图 4.1 托运订舱的业务流程

① 出口企业即货主在货、证齐备后，填制订舱委托书，随附商业发票、装箱单等其他必要单据，委托货代代为订舱。有时还委托其代理报关及货物储运等事宜。

② 货代接受订舱委托后，缮制集装箱货物托运单，随同商业发票、装箱单及其他必要的单证一同向船公司办理订舱。

③ 船公司根据具体情况，如接受订舱则在托运单的几联单据上编上与提单号码一致的编号，填上船名、航次、并签署，即表示已确认托运人的订舱，同时把配舱回单、装货单等与托运人有关的单据退还给托运人。

④ 托运人持船公司签署的 S/O，填制出口货物报关单、商业发票、装箱单等连同其他有关的出口单证向海关办理货物出口报关手续。

⑤ 海关根据有关规定对出口货物进行查验，如同意出口，则在 S/O 上盖放行章，并将 S/O 退还给托运人。

⑥ 托运人持海关盖章的由船公司签署的 S/O 要求船长装货。

⑦ 装货后，由船上的大副签署大副收据(M/R)，交给托运人。

⑧ 托运人持 M/R 向船公司换取正本已装船提单。

⑨ 船公司凭 M/R 签发正本提单并交给托运人凭以结汇。

4.1.2 集装箱班轮货运单证

货物托运即托运人向承运人订购舱位的过程。托运通常有直接托运和间接托运两种，前者由出口商直接向承运人托运；后者由出口商委托货运代理人向承运人托运。在发达的货运市场中，货运代理人具有丰富的经验，与各承运人保持着良好的关系，因此，出口商托运货物更多的是委托货运代理人来完成。这样，货物托运环节涉及的单证主要有订舱委托书和订舱联单两类，后者由订舱单(也称托运单)、装货单和场站收据等若干联组成，各联的作用不同，但内容基本相同。

1. 集装箱货物装运联单

集装箱货物装运联单，一般为十联，因此又称十联单。

第一联：集装箱货物托运单(货主留底)；

第二联：集装箱货物托运单(船代留底)；

第三联：运费通知(1)；

第四联：运费通知(2)；

第五联：装货单(Shipping Order，S/O)——场站收据副本；

第六联：场站收据副本——大副联(Mate's Receipt，M/R)；

第七联：场站收据(Dock Receipt，D/R)；

第八联：货代留底；

第九联：配舱回单(1)；

第十联：配舱回单(2)。

2. 集装箱货物装运联单的流转程序

(1) 托运人(出口商/货运代理)填制托运单后，留下货主留底联，其余各联提交船公司订舱签单。

(2) 船公司接受订舱后，在十联单上加注船名、航次和 D/R 号码，在第五联上加盖船公司签单章并作装船日期批注(或电告装船日期)，然后将十联单的第五至第十联返还给托运人。

(3) 货运代理可留存第八联，第五、六、七、九、十联交给出口商。

(4) 报关人(出口商/报关行)将第五联、第六联、第七联提交报关。

(5) 海关核实查验完毕后，在第五联上加盖海关放行章，并将第五至第七联退还给报关人。

(6) 出口商留存第七联，将第五联和第六联交给船公司凭以装货。

(7) 船方装妥货物后，在第六联上签字，返还给出口商。

(8) 出口商凭船方签署的第六联向船公司换取正本提单。

任务 4.2　缮制订舱委托书

4.2.1　订舱委托书概述

订舱委托书(或出口货物明细单)是出口企业和货运代理之间委托代理关系的证明文件，也是提单出具的依据之一。出口企业填制该单据时，必须根据合同及信用证的有关规定，并结合实际货物情况向货运代理作详细说明。

订舱委托书没有统一格式，其名称及格式不完全相同，但基本项目相似，主要内容包括货名、件数、包装式样、标志、重量、尺码、目的港、装船期限、结汇期限及能否分批、转船等。凡是托运中涉及的项目，须注意的问题及特别要求均应填写(见样单 4-1、样单 4-2)。

4.2.2　订舱委托书的缮制

1. 发货人(托运人)

填写出口公司(信用证的受益人)。

2. 收货人

填写信用证规定的提单收货人。

3. 通知人

填写信用证规定的提单的通知人。

一般在订舱委托书上会注明托运人、收货人、通知人这 3 栏为提单项目要求。即将来船公司签发的提单上相应栏目的填写也会参照订舱委托书的写法。因此，这 3 栏的填写应该按照信用证提单条款的相应规定填写。

4. 信用证号码

填写相关交易的信用证号码。

5. 开证银行

填写相关交易的信用证开证银行的名称。

6. 合同号码

填写相关交易的合同号码。

7. 成交金额

填写相关交易的合同总金额。

8. 装运口岸

填写信用证规定的装运港。如信用证未规定具体的装运港口，则填写实际装货港名称。

9. 目的港

填写信用证规定的目的港。如信用证未规定具体的目的港口，则填写实际卸货港的名称。

10. 转船运输

根据信用证条款，如允许转运，则填"YES"；不允许转运，则填"NO"。

11. 分批装运

根据信用证条款，如允许分批，则填"YES"；不允许分批，则填"NO"。如果信用证未对转船和分批作具体的规定，则应该按照合同的有关内容填写。

12. 信用证有效期

填写信用证的有效期。

13. 装运期限

填写信用证规定的装运期限。

14. 运费

根据信用证提单条款的规定填写"FREIGHT PREPAID"(运费预付)或"FREIGHT TO COLLECT"(运费到付)。

15. 成交条件

填写成交的贸易术语。如"FOB""CIF""CFR"等。

16. 特别要求

若信用证对提单上显示的信息有特殊要求，如要求加注某些证明文句，可以填入此栏。

17. 标记唛码

填写货物的运输标志，即通常所说的"唛头"。

18. 货名规格

填写货物描述，可以填写货物的总称，但不得与信用证上的货物描述冲突。

19~23. 总件数、总毛重、总净重、总尺码、总金额

填写该批出口货物的总外包装数量、总毛重、总净重、总体积、总金额等。不必按货号分开，只需填写总值即可。注意，总件数是指外包装件数，例如500 Cartons，而不是商品的数量。

24. 备注

信用证中规定的与装运或船公司有关的事项，如租船订舱可填入"备注"栏内。

样单4-1：订舱委托书

出口货物订舱委托书

1)发货人 ZHEJIANG FOREIGN TRADE CO., LTD. 168 TIANMUSHAN ROAD, HANGZHOU, CHINA.	4)信用证号码 HI-2013056	
	5)开证银行 KRUNG THAI BANK PUBLICE CO., LTD.	
	6)合同号码 ZJ130316	7)成交金额 USD41500.00
	8)装运口岸 SHANGHAI	9)目的港 BANGKOK
2)收货人 TO THE ORDER OF KRUNG THAI BANK PUBLICE CO., LTD. BANGKOK	10)转船运输 YES	11)分批装运 NO
	12)信用证效期 20130531	13)装船期限 20130516
	14)运费 FREIGHT PREPAID	15)成交条件 CIF
	16)公司联系人 李莉	17)电话/传真 0571-83452345
3)通知人 GAMES IMP. AND EXP. COMPANY 31 BLUEBIRD STREET BANGKOK THAILAND	18)公司开户行	19)银行账号
	20)特别要求 提单上注明：CREDIT NO. HI-2013056 DATED 25 MAR., 2013 ISSUED BY KRUNG THAI BANK PUBLIC CO., LTD. BANGKOK	

21)标记唛码	22)货号规格	23)包装件数	24)毛重	25)净重	26)数量	27)单价	28)总价
GAMES ZJ130316 BANGKOK NOS.1-400	100PCT COTTON CHILDREN'S COATS						
	ITEM NO.141T	150CTNS	@25KGS/ 3750KGS	@23KGS/ 3450KGS	3000PCS	USD6.00/PC	USD18000.00
	ITEM NO.161B	100CTNS	@25KGS/ 2500KGS	@23KGS/ 2300KGS	2000PCS	USD4.25/PC	USD8500.00
	ITEM NO.323T	150CTNS	@25KGS/ 3750KGS	@23KGS/ 3450KGS	3000PCS	USD5.00/PC	USD15000.00
		29)总件数 400CTNS	30)总毛重 10000KGS	31)总净重 9200KGS	32)总尺码 27.52CBMS	33)总金额 USD41500.00	

34) 备注
请指配2013年5月10日从上海到曼谷的20英尺小柜一个。

样单 4-2：出口货物明细单

出口货物明细单		发票号	ZJ2013356	外运编号	
		L/C 号码	HI-2013056	合同号	ZJ130316
		金额	USD41500.00	收汇方式	L/C
经营单位(装船人)	ZHEJIANG FOREIGN TRADE CO., LTD. 168 TIANMUSHAN ROAD, HANGZHOU, CHINA.	贸易国别(地区)	THAILAND	贸易性质(方式)	G.T.
		销售国别(地区)	THAILAND	运输方式	BY SEA
收货人		出口口岸	SHANGHAI	目的港	BANGKOK
提单或承运人收据	抬头人	TO THE ORDER OF KRUNG THAI BANK PUBLICE CO., LTD. BANGKOK	可否分批 NO	可否转运 YES	装运期 130516	有效期 130531
	通知人	GAMES IMP. AND EXP. COMPANY 31 BLUEBIRD STREET BANGKOK THAILAND				
	运费	预付/到付 FREIGHT PREPAID 提单份数 3 正本 3 副本			车号	
	需要在提单上注明：CREDIT NO. HI-2013056 DATED 25 MAR., 2013 ISSUED BY KRUNG THAI BANK PUBLIC CO., LTD. BANGKOK					

标记唛码	货名规格及货号	件数及包装式样	毛重(千克)	净重(千克)	价格(成交条件)	
					单价	总价
					币别：	
GAMES ZJ130316 BANGKOK NOS.1-400	100PCT COTTON CHILDREN' COATS ITEM NO.141T ITEM NO.161B ITEM NO.323T TOTAL:	150CTNS/ 3000PCS 100CTNS/ 2000PCS 150CTNS/ 3000PCS 400CTNS/ 8000PCS	@25KGS/ 3750KGS @25KGS/ 2500KGS @25KGS/ 3750KGS 10000KGS	@23KGS/ 3450KGS @23KGS/ 2300KGS @23KGS/ 3450KGS 9200KGS	CIF BANGKOK USD6.00/PC USD4.25/PC USD5.00/PC	USD18000.00 USD8500.00 USD15000.00 USD41500.00

注意事项	请指配 2013 年 5 月 10 日从上海到曼谷的 20 英尺小柜一个。	总体积：	27.52	立方米
		船 名		
		提单号		
		海关编号	6209.2000	
		海关放行日 期		
		业务员	李莉	
		制单员		审核

任务 4.3　缮制海运提单

4.3.1　海运提单概述

1. 海运提单的概念

海运提单(Marine Bill of Lading 或 Ocean Bill of Lading)，简称提单(B/L)，是指由船长或承运人或其代理人签发的，证明收到特定货物，允许将货物运至特定的目的地并交付给收货人的凭证。

2. 海运提单的作用

提单是承运人或其代理人在收到货物时签发给托运人的一种证件，它体现了承运人与托运人之间的相互关系。提单的作用主要表现在以下几个方面。

(1) 海运提单是承运人与其代理人签发的货物收据，证明承运人已经按海运提单所列内容收到货物。

(2) 海运提单是一种货物所有权的凭证。海运提单的合法持有人凭海运提单可在目的港向轮船公司提取货物，也可以在载货船舶到达目的港之前，通过转让海运提单而转移货物所有权或凭以向银行办理抵押贷款。

(3) 海运提单是托运人与承运人之间所订立的运输契约的证明，是承运人与托运人处理双方在运输中的权利和义务问题的主要依据。

(4) 海运提单可以作为收取运费的证明，以及在运输过程中起到办理货物装卸、发运和交付等方面的作用。

(5) 海运提单是向船公司或保险公司索赔的重要依据。

3. 海运提单的内容

提单的格式很多，每个船公司都有自己的提单格式，但基本内容大致相同，一般包括提单正面的记载事项和提单背面印就的运输条款。

1) 提单正面的内容

提单正面的内容包括承运人名称、托运人名称、收货人名称、船名和船舶国籍、装运港、目的港、货物名称、标志、件数、重量或体积、运费和其他费用、提单签发日期、地点及份数、承运人或其他代理人签字等。上述内容分别由托运人和承运人填写。

2) 提单背面条款的国际公约

在海运提单背面，通常印有运输条款，它是确定承托双方以及承运人、收货人和提单持有人之间的权利与义务的主要依据。各船公司签发的提单，对其背面条款规定不一。国际上为了统一提单背面条款的内容，先后签订了下列三个国际公约。

(1) 1924 年签订了《统一提单的若干法律规则的国际公约》，简称《海牙规则》；

(2) 1968 年签订了《修改统一提单的若干法律规则的国际公约的议定书》，简称《维斯比规则》；

(3) 1978 年签订了《联合国 1978 年海上货物运输公约》，简称《汉堡规则》。

4. 海运提单的种类

1) 根据货物是否已装船分为已装船提单和备运提单

(1) 已装船提单(On Board B/L 或 Shipped B/L)是指提单上载明货物"已由某轮装运"的字样和装运日期的提单。

(2) 备运提单(Received for Shipment B/L)是指承运人在收到托运货物等待装船期间，向托运人签发的提单。待运的货物一旦装运后，在备运提单上加上"已装船"字样，这样备运提单就变成"已装船提单"。

2) 根据货物表面状况有无不良批注分为清洁提单和不清洁提单

(1) 清洁提单(Clean B/L)是指货物在交运时表面状况良好，承运人在签发提单时未加任何货损、包装不良等批注的提单。

(2) 不清洁提单(Unclean B/L 或 Claused B/L 或 Foul B/L)是指承运人在提单上加注货物及包装状况有不良或存在缺陷等批注的提单。

3) 根据收货人抬头分为记名提单、不记名提单和指示提单

(1) 记名提单(Straight B/L)是指托运人在收货人一栏内指定具体收货人名称的提单。记名提单的收货人已经确定，只能由该特定的收货人提货，托运人不能通过背书①的方式将记名提单转让给第三者。因此，该提单只在某些特定情况下使用。

(2) 不记名提单(Bearer B/L 或 Open B/L 或 Blank B/L)是指在提单"收货人"一栏内只写明"货交提单持有人"(to Bearer)，而不填写具体收货人的名称。不记名提单不需要背书即可转让，只要把提单交给受让人即可。因此，这种提单对买卖双方均有较大的风险，在进出口贸易中基本不使用，有些国家明文规定不准使用这种提单。

(3) 指示提单(Order B/L)是指在提单收货人栏内填写"凭指示"(To order)或"凭某人指定"(To the order of …)的提单。这种提单经过背书后可以转让，因此，在进出口贸易中广泛使用。

4) 根据不同的运输方式分为直达提单、转船提单和联运提单

(1) 直达提单(Direct B/L)是指货物装船后，中途不再换船而直接驶达最终目的港所签发的提单。

(2) 转船提单(Transshipment B/L)是指货物从装运港装船后，需要在其他中途港口将货物转换入另一船只，有时甚至不止换船一次，然后再驶往目的港所签发的包括运输全过程的提单。在进出口贸易中转船运输方式是十分常见的。

(3) 联运提单(Through B/L)是指经过两种或两种以上运输方式的联合运输货物，其中一程运输方式为海运，由第一程承运人或其代理所签发的，包括全程运输的，并能在目的港凭以提货的提单。

5) 根据提单内容的繁简分为全式提单和略式提单

(1) 全式提单(Long Form B/L)又称"繁式提单"，即指不仅提单正面有内容，而且在提单背面还列有承运人和托运人的权利和义务等条款的提单。

(2) 略式提单(Short Form B/L)又称"简式提单"，即指提单只在正面列出了必须记载的

---

① 背书，是指持票人以转让汇票权利或授予他人一定的汇票权利为目的，在汇票背面或粘单上记载有关事项并签章的票据行为。

内容，而背面没有任何内容的提单。

6）其他种类提单

(1) 过期提单(Stale B/L)有两层含义：一是指提单晚于货物到达目的港，造成货到无提单提货，被列为过期提单；二是超过装运日期21天后才到银行议付的提单，也被列为过期提单。在实际业务中，近邻国家之间的贸易，如运往韩、日地区和新、马、泰地区的货物，由于从装运港到目的港的航程很短，而单据处理的时间较长，往往会超过货物实际的运输时间，造成买方不能在船到目的港前收到提单，而产生提单过期。因此，在近洋国家的交易中，常常订有"过期提单可以接受"(Stale B/L is acceptable)的条款。

(2) 倒签提单(Anti-Dated B/L)是指货物实际装船的日期晚于信用证规定的最迟装运日期，但仍在信用证的有效期内，若按实际装船日期签发提单，会造成单、证不符，使托运人无法结汇的提单。为了使提单日期与信用证规定相符，承运人根据托运人的请求，按信用证规定的装运期签发提单。承运人倒签提单的做法，掩盖了事实真相，是隐瞒迟期交货的侵权行为，要承担风险。特别是当市场上货价下跌时，收货人可以以"伪造提单"为由拒收货物。

(3) 预借提单(Advanced B/L)是指信用证规定的最迟装运期已届满，而此时货物因故尚未装船，为了取得与信用证规定相符的提单，托运人要求承运人在货物装船前先行签发的已装船提单。承运人签发这种提单不仅掩盖了事实真相，而且面临着比签发倒签提单更大的风险。一方面是因为货物尚未装船而签发清洁提单，有可能增加承运人的货损赔偿责任；另一方面还因签发提单后，因种种原因而改变原定的装运船舶，或发生货物灭失、损坏，或退关，这样就会使收货人掌握预借提单的事实，以此为由拒绝收货，并向承运人提出赔偿要求，甚至向法院起诉。但这与倒签提单一样，实际业务中为了经济利益，承运人得到托运人的保函后也可能签发这种提单。

 知识链接

电 放 提 单

电放提单是以传统提单为基础的一种变通做法。在船、货双方使用提单情况下，提单是承运人在目的港据以交付货物的凭证，承运人在目的港交付货物时"认单不认人"，无单放货将须承担相应的法律责任。"电放"则是由托运人（卖方）向船公司提出申请并提供保函后，由船公司申请并提供保函、电传通知目的港代理，某票货物无须凭正本提单放货，收货人可凭船公司盖章的"电放提单"传真件或凭身份证明提取货物。这种凭电子、电传或传真件放行的提单称为"电放提单"。

经常使用的电放提单形式有以下两种。

(1) 在正本提单上加盖电放字样图章，将加盖章后的提单发送给其卸货港代理凭以放货。如"Surrendered"或"Telex release original B/L surrendered"等字样。

(2) 承运人或其代理人收回提单正本后出具并发送专门电文至其卸货港代理凭以放货。如："Herewith advised that full sets original B/L have already surrendered at ×× port by carrier in ××. Please release the shipment to consignee called ×× against this surrender notice after collecting relevant charges at your side without original B/L."

有下列情况之一承运人不接受电放提单：对于不记名提单或收货人名称地址不详细提单；对于费用未结清的提单；对于提单正本份数不齐全的提单。

4.3.2 海运提单的缮制

不同的国家、不同的船公司使用的海运提单的格式不尽相同，但其内容基本一致，包括以下主要项目(见样单 4-3)。

1. 提单号(B/L No.)

提单上必须注明承运人及其代理人规定的提单编号以便核查，否则提单无效。一般与"集装箱货物海运托运单"(俗称"十联单")上的场站收据(Dock Receipt, D/R)编号保持一致。

2. 承运人(Carrier)

承运人也称船方，可以是船舶的所有人即船东，也可以是租船人。提单表面要注明承运人的名称，并表明承运人的身份。

例如：COSCO——中国远洋运输集团公司的缩写名称
CARRIER——表示承运人的身份
CHINA OCEAN SHIPPING(GROUP)CO.——承运人全名

3. 托运人(Shipper)

托运人又称发货人(Consignor)，指委托船公司或货代公司办理运输手续的人。如果信用证无特殊规定，则应以受益人为托运人，即将卖方的名称和地址填入此栏即可。如果信用证规定以第三者(Third Party)为发货人，可填外运公司的名称。

4. 收货人(Consignee)

提单收货人俗称提单抬头人。与托运单"收货人"栏目的填写完全一致。根据信用证在记名收货人、凭指示和记名指示中选择一个。

例如，信用证或合同对提单的要求如下：

(1) "Full set of B/L consigned to ABC Co."——记名收货人
(2) "Full set of B/L made out to order" ——to order 凭指示，即"空白抬头"
(3) "B/L issued to order of Applicant" ——记名指示
(4) "Full set of B/L made out to our order" ——记名指示(our 指开证行 XYZ 银行)
(5) "Full set of B/L made out to order of shipper" ——to order of shipper 与 to crder 没有区别。

提单"收货人"栏目填写如下：

(1) "Consigned to ABC Co."
(2) "To order"
(3) "To order of ABC Co."(注：ABC Co.为 Applicant 的名称)
(4) "To order of XYZ Bank"或"To XYZ Bank's order"(注：XYZ Bank 为开证行的名称)
(5) "To order of shipper"

5. 被通知人(Notify Party)

被通知人即货物到达目的港由承运人通知其办理报关提货等手续的人，一般是进口商或其代理人，货物到目的港后，承运人凭此栏内容通知其办理提货，需注意以下几种情况。

(1) 若来证中规定的被通知人有详细地址、电话和传真号码等，应严格按信用证规定填写。

(2) 如若来证未规定被通知人，则正本提单可留空，但在副本提单上要填写信用证申请人的名称和地址。

(3) 若是记名提单且收货人有详细地址，则填写"The Same as Above"，"The Same as Consignee"或"Ditto"表示同上。

(4) 若来证要求两个或两个以上公司为被通知人，则应把所有这些公司的名称、地址都完整地填写在被通知人栏。

(5) 如果来证中规定"Notify... Only"，意指仅通知某某，则Only一词不能漏掉。

6. 前程运输工具(Pre-Carriage by)

如果货物需转运，则此栏中填写第一程船的船名；若无须转运，则此栏空白不填。

7. 收货地点(Place of Receipt)

如货物需转运，则填写收货的港口名称或地点；若无须转运，则此栏空白不填。

8. 船名航次(Ocean Vessel Voy No.)

根据该批货物所实际装运的船名和航次填写。如果货物需转运，填写第二程船的船名；如果货物无须转运，则填写第一程船的船名。

9. 装货港(Port of Loading)

按信用证或合同规定填写货物实际装船的港口名称。如信用证或合同中要求的装货港是"China Port"，本栏目应该填一个具体的中国港口。

10. 卸货港(Port of Discharge)

按信用证或合同规定填写货物实际装船的港口名称。如货物须转运，装运港后面没有注明中转港，则可在目的港之后加注"With transhipment at Hong Kong"，简写为 W/T Hong Kong，如"Singapore W/T Hong Kong"(目的港新加坡，在香港转船)。

11. 交货地点(Place of Delivery)

填写最终目的地名称。如果货物的目的地就是目的港，则此栏可留空不填。

12. 运输标志、集装箱号码/封号(Marks & Nos. Container/Seal No.)

按实际情况填写运输标志、集装箱箱号和铅封号。运输标志应与信用证规定一致，如有多个运输标志，则应逐个列明。如若信用证规定的运输标志的件号未明确，如"…No 1-UP"，则应以实际出去货物的总件数来替代UP。如信用证或合同中没有相关规定，则可由出口商自行设计。如出口货物外包装上没有运输标志，则可填写N/M。

13. 件数和包装种类(Number and Kind of Packages)

件数与包装单位都应与实际货物一致，并在大写合计栏(Total Packages in Words)内填列英文大写文字数目。如果货物包括两种以上不同包装单位，应分别填列不同包装单位的数量，然后再表示总合计数。如 500 iron drums 和 400 cartons，合计 900packages。散装货物件数栏只填"In Bulk"，大写合计数可不填。

14. 货物描述(Description of Goods)

本栏应严格按 L/C 或 INV. 上的货名和文字填写；如果发票货名过多或过细，提单上可打总称，但注意不能与其他单据发生矛盾。在此栏的空白处，一般还会显示以下内容：

(1) 运费条款(Freight Prepaid)。根据不同的运费交付安排，一般有运费预付(Freight Prepaid)或运费到付(Freight to Collect)两种。如果信用证对此做出了具体规定，则词句用语应与信用证一致。使用哪种运费条款应根据贸易术语确定。若使用 CIF 或 CFR 术语，则要求卖方在交货前把运费付清。

(2) 集装箱运输交接地点(CY-CY)。具体分为集装箱堆场到集装箱堆场(CY-CY)、集装箱货运站到集装箱货运站(CFS-CFS)、门到门(DOOR-DOOR)等。

(3) 集装箱运输方式(FCL/FCL)。一般有整箱交、整箱接(FCL/FCL)、拼箱交、拼箱接(LCL/LCL)、拼箱交、整箱接(LCL/FCL)、整箱交、拼箱接(FCL/LCL)。

(4) "Shipper's Load, Count and Seal" 简称 "S&L&C&S"，指货主(托运人)装载、计数和加封。此类条款称为"船方免责条款"。通常适用于 FCL/FCL 运输方式下。由于货物一般由货主自行装箱封箱，加上了船方免责条款，在集装箱箱体没有损坏的情况下，若箱内货物有货损或者短装，船方可以免责。也有船方在货物描述前加上"Said to contain"(据称装有)。

15. 毛重(Gross Weight)

填写货物的总毛重。除非信用证另有规定，重量一般以千克(kg)为单位，通常保留两位小数。如果是裸装货物没有毛重，只有净重，则在净重千克数前加注"Net Weight"字样。

16. 尺码(Measurement)

填写货物的总尺码。除非信用证另有规定，体积一般以立方米(CBM)为单位，通常保留三位小数。

17. 货物总包装件数或集装箱数(大写)[Total Number of Packages or Containers(in Words)]

把前面的小写件数用文字叙述一遍，并且要求与小写一致，最后以"Only"结尾。例如："SAY ONE HUNDRED AND FIFTY CARTONS ONLY."或"SAY ONE TWENTY FEET CONTAINER ONLY."。

18. 运费支付标注(Freight & Charges/Prepaid/Collect/Prepaid at/Payable at/Total Prepaid)

运费支付标注，一般均留空。

19. 正本提单份数(Number of Original B/L)

应按信用证的规定提供要求的份数。收货人凭正本提单提货，为避免因正本提单在递交过程中丢失而造成提货困难，承运人一般签发两份或两份以上正本提单，正本提单的份数要在提单上注明，并用英文大写数字表示，如 One，Two，Three。每份正本提单的效力相同，凭其中一份提货后，其余失效。需注意以下几种情况。

(1) 来证规定"全套正本提单"(Full set of original B/L)，一般应理解为两份正本提单。

(2) 来证规定"3/3 份正本提单"(3/3 original B/L)，则应理解为出具三份正本提单(一式三份)。

(3) 来证规定"2/3 original clean on board ocean B/L…",则应理解为签署三份正本提单,其中两份向议付行提交,另一份寄进口商。

(4) 来证规定"Full set not less one copy on board marine B/L…",则应理解为向议付行提交已装船海运提单,是全套正本(至少一份正本)。

正本提单上应印有"Original"字样,并须注明发单日和承运人/船长或其代理人的签章。副本提单上标有"Copy"或"Non-Negotiation"(简称 N/N)字样。

20. 装船批注的日期(Laden on Board the Vessel)

当提单上印有"SHIPPED ON BOARD THE VESSEL NAMED ABOVE"字样时,表明是当货物已装上具名船只时签发的提单,该提单的出具日期即为装船日期。但现在这种"已装船"提单已很少见。

当提单上印有"RECEIVED THE GOODS"字样时,表明船公司或其代理人在收到托运人交来的货物时即签发的提单,这种提单称为备运提单。备运提单转化为已装船提单的方式有以下两种。

(1) 在提单的空白处加"已装船"批注或加盖类似内容的图章。如"Shipped on Board"或"On Board",然后加装船日期并加提单签发人的签字或简签。所谓简签就是只签姓名中的一个单词或一个字母来代替正式签字。

(2) 在备运提单下端印有专供填写装船条款的栏目:"Laden on Board the Vessel",已装船批注。装船后,在此栏处加注必要内容,如船名等,并填写装船日期并由签字人签字或简签。

21. 提单的签发地点和签发日期(Place and Date of Issue)

提单签发地点一般为实际装货港;在备运提单下,提单签发日期为承运人收到货物的日期。已装船提单的提单签发日期与装船日期一致,为货物全部装船完毕的日期。提单签发日期不能晚于信用证规定的最迟装运期。

22. 提单签署(Signed for the Carrier)

海运提单必须经装载船只的船长或承运人签字才能生效,在没有规定非船长或承运人签字不可的情况下,船方或承运人代理可以代办。

来证规定手签的必须手签。印度、斯里兰卡、黎巴嫩、阿根廷等国港口,信用证虽未规定手签,但当地海关规定必须手签。有的来证规定海运提单须由中国贸促会签证,也可照办。

承运人或船长的任何签字或证实,必须表明"承运人"或"船长"的身份。代理人代表承运人或船长签字或证实时,也必须表明所代表的委托人的名称和身份,即注明代理人是代表承运人或船长签字或证实的。

按照上述规定,提单签字应根据签字人的不同情况批注不同内容,例如:
1) 承运人签署的提单
提单上部显示承运人为:COSCO
提单签字处:COSCO

(承运人签字)

As Carrier 或 The Carrier

2) 承运人的代理签署的提单

提单上部显示承运人为：COSCO

提单签字处：ABC SHIPPING COMPANY

(代理人签字)

As agent for and/or on behalf of the carrier COSCO 或

As agent for and/or on behalf of COSCO as carrier(或 The carrier)

3) 船长签署的提单

提单上部显示承运人为：COSCO

提单签字处：COSCO(或不注或注船名)

(船长签字)

As Master 或 The Master

4) 船长的代理签署的提单

提单上部显示承运人为：COSCO

提单签字处：ABC SHIPPING COMPANY

(船长的代理人签字)

As agent for and/or on behalf of the master ××of the carrier COSCO 或

As agent for and/or on behalf of ×× as master (或 the master)of   COSCO as carrier(或 The carrier)

 知识链接

提单上的图章

一份提单上可能会出现的图章有以下几种：

(1) 签发提单的公司印章(最多出现两处)。

(2) 提单更正章(一般不应超过三处)。

(3) 已装船批注章(标明已装船)。

(4) 日期文字章(表明装船完毕)。

(5) 电放章(电放货物时使用)等。

23. 信用证要求在提单上加注的内容

有些来证要求在提单上注明信用证号码、进口许可证号码等，应按要求照办。此部分内容一般加注在单据中间部位的明显处，如填写在 Description of Goods 一栏的空白处。

 知识链接

提单的背书

提单背书的目的是转让收货权。提单的背书是提单持有人或背书人在提单背面签字或盖章并将其交给受让人的行为。提单应按照信用证的具体要求进行背书。

1. 背书的类型

(1) 当收货人一栏填写凭指示(To order)时,由托运人(Shipper)背书。

(2) 当收货人一栏填写记名指示(To ×××'s order 或 To order of ×××)时,由记名方背书。具体有三种情况:①当收货人一栏填写托运人指示时(To shipper's order 或 To order of shipper)时,由托运人背书;②当收货人一栏填写凭申请人或其他商号公司指示时,由申请人或其他商号公司背书;③当收货人一栏填写凭某银行指示时,由该银行背书。

2. 背书的方式

(1) 空白背书——书写背书人的名称、地址。

(2) 记名背书——既书写背书人的名称、地址,又书写被背书人(海运提单转让对象)的名称和地址。

(3) 记名指示背书——既书写背书人的名称、地址,又要书写"To order of +被背书人(海运提单转让对象)的名称和地址。"

样单 4-3:海运提单

Shipper ZHEJIANG FOREIGN TRADE CO., LTD 168 TIANMUSHAN ROAD, HANGZHOU, CHINA		B/L No. COS1306670 承运人 CARRIER 中远集装箱运输有限公司 COSCO CONTAINER LINES Port-to-Port or Combined Transport **BILL OF LADING** ORIGINAL	
Consignee TO THE ORDER OF KRUNG THAI BANK PUBLIC CO., LTD. BANGKOK			
Notify party GAMES IMP. AND EXP. COMPANY 31 BLUEBIRD STREET BANGKOK THAILAND			
Pre-carriage by	Place of Receipt	RECEIVED in external apparent good order and condition except as otherwise noted. The total number of packages or units stuffed in the container. The weight, measure, marks, numbers, quality, contents and value mentioned in this Bill of Lading are to be considered unknown unless the contrary has expressly acknowledged and agreed to. The signing of this Bill of Loading is not to be considered as such an agreement. On presentation of this Bill of Lading duly endorsed to the **Carrier** by or on behalf of the Holder of Bill of Lading, the rights (Terms of Bill of Lading continued on the back here of)	
Ocean Vessel Voy. No. WANG HAI V.015S	Port of loading SHANGHAI		
Port of Discharge BANGKOK	Place of Delivery		
Marks & Nos. Container/Seal No.	No. & Kind of Pkgs	Description of Goods	Gross Weight	Measurement
GAMES ZJ130316 BANGKOK NOS.1-400	400CTNS	CHILDREN'S COATS 1X20'FCL, CY-CY SHIPPER'S LOAD COUNT AND SEAL	10000KGS	27.52CBMS

| CN.: COSU345433 | SAID TO CONTAIN |
| SN.: 20988 | FREIGHT PREPAID |

CREDIT NO. HI-2013056 DATED 25 MAR., 2013 ISSUED BY
KRUNG THAI BANK PUBLIC CO., LTD., BANGKOK

Total No. of container or other pkgs or units (in words)	SAY FOUR HUNDRED CARTONS ONLY.				
Freight & Charges	Revenue Tons	Rate	Per	Prepaid	Collect

Ex rate	Prepaid at	Payable at	Place and date of issue: SHANGHAI 10 MAY 2013
	Total prepaid	No. of B(s)/L THREE(3)	Signed by **COSCO CONTAINER LINES SHANGHAI BRANCH**
Laden on board the Vessel: Date: 10 MAY 2013 By: *C.C.L. SHA.* 郑萍			*As agent for the carrier named above* 郑萍

样单4-4：海运提单

MAERSK LINE

BILL OF LADING FOR OCEAN TRANSPORT OR MULTIMODAL TRANSPORT

B/L No: 808430323

Shipper:
UNIT PAPER LLC.
LOS ALAMITOS, CA 90720
USA

Booking No: 504805039, 504805039

Export references:

Forwarder's name and address:
FMC 3209
FIDELITY TRANSPORT
13471 1/2 PUMICE STREET
NORWALK CA 90650

REF: JOB NO. 206-S-048X

Consignee (negotiable only if consigned "to order", "to order of", a named Person or "to order of bearer"):
ZHENXIN PAPER CO.,LTD
990 YU AN ROAD, INDUSTRIAL DEVELOPMENT,
BEIJING, CHINA

Notify Party (see clause 22):
SAME AS CONSIGNEE

Onward inland routing (Not part of Carriage as defined in clause 1. For account and risk of Merchant):

Place of Receipt. Applicable only when document used as Multimodal Transport B/L (see clause 1):

Vessel (see clauses 1 + 19): SL INTREPID
Voyage No: 0609
Place of Delivery. Applicable only when document used as Multimodal Transport B/L (see clause 1):

Port of Loading: LOS ANGELES, CA
Port of Discharge: XINGANG, CHINA

PARTICULARS FURNISHED BY SHIPPER – CARRIER NOT RESPONSIBLE

Kind of packages; Description of goods; Marks and Numbers; Container No./Seal No.			Gross Weight	Measurement
CMBU4085158 0042570 22 BALES INBU5082470 987555 29 BALES MAEU6062840 987552 29 BALES MAEU6190688	10	SHIPPER'S LOAD, STOW, WEIGHT AND COUNT FREIGHT PREPAID X 40' CONTAINERS SAID TO CONTAIN 266 BALES 216,607MT WASTE PAPER U.S.#11 OCC XTN; 330240603-206-S-048X ALL CHARGES PREPAID INCLUDING DTHC	216607 KGS	355.000 CBM

THESE COMMODITIES, TECHNOLOGY, OR SOFTWARE WERE EXPORTED FROM THE UNITED STATES IN ACCORDANCE WITH THE EXPORT ADMINISTRATION REGULATIONS.
DIVERSION CONTRARY TO U.S. LAW PROHIBITED.

Freight & Charges	Rate	Unit	Currency	Prepaid	Collect

Carrier's Receipt (see clauses 1 and 14). Total number of containers or packages received by carrier:
10 CONTAINER(S)

Declared Value (see clause 7.3):

Place of Issue of B/L: RESOURCE US

Number & Sequence of Original B(s)/L: 2/3

Date of Issue of B/L: MAY 17 06

LADEN ON BOARD SL INTREPID /0609
AT LOS ANGELES, CA ON MAY 17 2006

SEE ATTACHED SHEET

Signed for the Carrier A.P. Moller - Maersk A/S trading as Maersk Line

As Agent(s) for the Carrier

样单 4-5：海运提单

COMBINED TRANSPORT BILL OF LADING

Shipper ZHEJIANG FOREIGN TRADE CO., LTD. 168 TIANMUSHAN ROAD, HANGZHOU, CHINA.	**Ref. No** SH3041433453 **Port Agent** DOERRENHAUS GMBH INTERNATIONALE SPEDITION SIEMENSSTR.21 42551 VELBERT EORI NO.DE 2800144 TEL:+49-2051-2808-30 FAX:+49-2051-2808-66
Consignee (NOT NEGOTIABLE UNLESS CONSIGNED "TO ORDER") HOMA INTERNATIONAL GMBH 879 HOLTKEN STAR WETTER, GERMANY	**Bill of Lading No.** SSH0414003466 **No. of original Bills of Lading** THREE (3)
Notify Party (No claim shall attach for failure to notify) SAME AS CONSIGNEE	

WORLD NET LOGISTICS (CHINA) LIMITED
Tel 8621 26102268 Fax 86 2125102200 E-mail generalsh@worldnetlogistics.com
OTI BOND. 013142 MOC-NV00501

Place of Receipt	Port of Loading
SHANGHAI, CHINA	SHANGHAI, CHINA

Vessel HYUNDAI TENACITY / V.011W17

Port of Discharge	Place of Delivery
ROTTERDAM	DUISBURG, GERMANY

Marks & Numbers	No. of Pkgs or Shipping Units	Description of Goods & Pkgs	Gross Weight (KGS)	Measurement (CBM)
		CY /CY		
1 X 40'GP CONTAINER S.T.C.				
CNTR#FSCU4291177/40'GP/SEAL: CN0144849/1076 CTNS/10198.50KGS/56.440CBM				
N/M	1,076 CTNS	ELASTIC BANDAGES PO 123013	10,198.50	56.440

ORIGINAL

ONE (1) X 40'GP CONTAINER ONLY
All Marks Particulars and quantity declared by the Shipper

Freight Details, Charges etc
FREIGHT COLLECT

RECEIVED by the Carrier the Goods as specified above in apparent good order and condition unless otherwise stated, to be transported to such place as agreed, authorized or permitted herein and subject to all the terms and conditions appearing on the front and reverse of this Bill of Lading to which the Merchant agrees by accepting this Bill of Lading, any local privileges and customs notwithstanding.

The particulars given above as stated by the shipper and the weight, measure, quantity, condition, contents and value of the Goods are unknown to the Carrier.

IN WITNESS whereof one (1) original B/L of Lading has been signed if not otherwise stated above, the same is being accomplished the other(s), if any, to be void, if required by the Carrier one (1) original Bill of Lading must be surrendered duly endorsed in exchange for the Goods or delivery order.

Place and date of issue SHANGHAI 30 APR 2014
Signed by

World Net Logistics (China) Limited - Shanghai Branch

Authorized Signature

Excess Value Declaration Refer to Clause 6(4)(B) + (C) on reverse side

JURISDICTION AND LAW CLAUSE
The contract evidenced by or contained in this bill of lading is governed by the law of PRC and any claim or dispute arising hereunder or in connection herewith shall be determined by the courts in PRC and no other court.

Shipped on Board: 30 APR 2014

4.3.3 海运提单条款示例

1. 海运提单条款解析

提单条款通常的有以下几个部分组成：

<u>Full set of</u> <u>clean on board ocean marine bill of lading</u> <u>plus two N/N copies</u> made out <u>to order</u>
　　　①　　　　　　　　　②　　　　　　　　　　　　　③　　　　　　　　　　　④
endorsed <u>in blank</u>　marked freight <u>prepaid</u>　notify　<u>applicant</u>… is <u>acceptable</u>.
　　　　　　⑤　　　　　　　　　　　⑥　　　　　　　　　　⑦　　　　　　　⑧

说明：①对提单正本份数的要求；②对提单种类的要求；③对提单副本份数的要求；④对提单抬头人的要求；⑤对提单背书的要求；⑥对运费支付情况的要求；⑦对被通知人的要求；⑧对其他特殊情况的要求。

2. 信用证海运提单条款示例

例 1. Full set of 3/3 originals plus non-negotiable copies clean on board ocean B/L，consigned to order and blank endorsed，marked "Freight Prepaid" showing shipping agency at destination，notify applicant and evidence the goods have been shipped by full container load.

该条款要求全套一式三份正本清洁已装船海运提单和不可议付副本提单，收货人为凭指示，空白背书。注明"运费预付"和目的地的运输代理，被通知人为开证申请人，证明货物已通过整箱出运。

例 2. Full set of clean "Shipped on board" ocean Bill of Lading made out to the order of ABC Bank and notify applicant，showing "freight prepaid" mentioning L/C NO..

该条款要求全套清洁已装船海运提单，做成以 ABC 银行指示为抬头并通知开证申请人，注明"运费预付"，标明信用证号码。

例 3. Full set of not less than two clean on-board marine Bills of Lading marked "freight prepaid" and made out to order and endorsed to our order, showing ABC Co.，as notifying party，short form Bills of Lading are not acceptable. Bill of lading to state shipment has been effected in containers and container numbers.

该条款要求全套不少于两份清洁已装船海运提单，注明"运费预付"，空白抬头并背书给开证行，通知 ABC 公司，不接受简式提单。提单声明集装箱运输并标明集装箱号码。

例 4. Full set of clean shipped on board marine Bills of Lading，made out to our order，marked："freight prepaid"，notify：opener，indicating L/C No. and S/C NO.，"received for shipment" B/L not acceptable.

该条款要求全套清洁已装船海运提单，做成以开证行指示为抬头，注明"运费预付"，通知开证申请人，标明信用证号码和销售合同号码，不接受"备运提单"。

例 5. 2/3 set of clean on board ocean bills of lading made out to order of shipper and blank endorsed and marked freight prepaid and notify Sumitomo Corporation Osaka.

该条款要求 2/3 套清洁已装船海运提单，做成托运人指示抬头，空白背书，标明运费预付，通知 Sumitomo Corporation Osaka。

例 6. Shipment must be effected in container by Maersk Sealand line vessels only under their own B/L and B/L must evidence the same along with the container number. Only Maersk Sealand line B/L us acceptable for negotiation.

该条款要求货物应通过马士基海陆公司集装箱船运输，需提交该公司提单，提单上必须对此和集装箱号码加以明确，银行不接受其他公司的提单。

例 7. Full set of "clean" shipped on board marine bills of lading stamped "berth terms" issued or endorsed to the order of the L/C issuing bank marked "Freight to collect", notify openers evidencing shipment from any Chinese port to Long Beach port, CA. U.S.A.

该条款要求全套清洁已装船海运提单盖有"班轮条件"，收货或背书凭信用证开证行指示，注明"运费到付"，被通知人为开证人，证明货物从中国某港口运至美国加利福尼亚州的长滩港。

4.3.4 缮制海运提单应注意的问题

1. 规定可以接受第三者提单

第三者提单的托运人往往不是受益人。当 L/C 中列有特别条款(Special terms) "Third party as shippers can be accepted" 时，可能意味着：①出口商全权委托运输行办理港口装船事项，提单上的托运人须为运输行；②买卖双方国家之间存在贸易限制，须通过第三国交易；③为三角贸易，进口商实际转让提单，由实际购货人自行提货；④方便实际供货人融资，以实际供货人为托运人。

2. 信用证规定非全部正本提单提交银行，提单径寄开证人

有些 L/C 中规定：1/3 original B/L and one set of non-negotiable documents to be sent to applicant within 3 days after shipment by DHL(Ben's certificate plus DHL receipt enclosed).

以上规定不利于银行在收款前掌握特权，为买方付款前先行提货创造了条件，一遇开证行拒付或破产倒闭、买方拒绝付款赎单的情形，卖方将陷入钱货两空的风险。

任务 4.4 缮制航空运单

4.4.1 航空运单概述

1. 航空运单的概念

航空运单(Air Waybill，简称 AWB)是航空运输公司及其代理人(承运人)签发给发货人表示已收妥货物并接受托运的货物收据，也是承运人与托运人之间签订的运输契约，还可以作为核收运费的依据和海关查验和放行的基本单据。但它不同于海运提单，不是物权凭证，不能凭它提货，也不能背书转让(运单右上方印有 not negotiable 字样)，必须做成记名抬头。

根据国际惯例，航空运单共有正本1式3份，每份都印有背面条款。第1份正本由航

空公司留存，作为记账凭证，上面注明"Original 1(For Issuing Carrier)"；第 2 份正本由航空公司随机交收货人，上面注明"Original 2(For Consignee)"；第 3 份正本交托运人向银行结汇，上面注明"Original 3(For Shipper)"。航空运单副本 9 份，由航空公司按规定和需要分发。

2. 航空运单的作用

1) 航空运单是发货人与航空承运人之间的运输合同

与海运提单不同，航空运单不仅证明航空运输合同的存在，而且航空运单本身就是发货人与航空运输承运人之间缔结的货物运输合同，在双方共同签署后产生效力，并在货物到达目的地交付给运单上所记载的收货人后失效。

2) 航空运单是承运人签发的已接收货物的证明

航空运单也是货物收据，在发货人将货物发运后，承运人或其代理人就会将其中一份交给发货人(发货人联)，作为已经接收货物的证明。除非另外注明，它是承运人收到货物并在良好条件下装运的证明。

3) 航空运单是承运人据以核收运费的账单

航空运单分别记载着属于收货人负担的费用，属于应支付给承运人的费用和应支付给代理人的费用，并详细列明费用的种类、金额，因此可作为运费账单和发票。承运人往往也将其中的承运人联作为记账凭证。

4) 航空运单是报关单证之一

出口时航空运单是报关单证之一。在货物到达目的地机场进行进口报关时，航空运单也通常是海关查验放行的基本单证。

5) 航空运单同时可作为保险证书

如果承运人承办保险或发货人要求承运人代办保险，则航空运单也可用来作为保险证书。

6) 航空运单是承运人内部业务的依据

航空运单随货同行，证明了货物的身份。运单上载有有关该票货物发送、转运、交付的事项，承运人会据此对货物的运输做出相应安排。

3. 航空运单的分类

由于航空运输的承运人有两大类，即航空运输公司和航空货运代理公司，因此航空运单主要分两类，即主运单和分运单。

1) 航空主运单(Master Air Waybill，MAWB)

凡由航空运输公司签发的航空运单就称为主运单。它是航空运输公司据以办理货物运输和交付的依据，是航空公司和托运人订立的运输合同，每一批航空运输的货物都有自己相对应的航空主运单。

2) 航空分运单(House Air Waybill，HAWB)

航空货运代理公司签发给各委托人的货物收据及提货凭证被称作航空分运单。为了节省运费，航空货运代理公司常以集中托运人的身份，将各委托人的零星货物集中在一起向航空公司托运。但航空公司只签发一套航空运单，无法分给各委托人，因此航空代理就签发航空分运单发给各委托人。委托人可将此凭证寄给到达站收货人，收货人就凭分运单向到达站航空代理所委托的代理提取货物。

4.4.2 航空运单的缮制

航空运单与海运提单一样，各个航空公司有各自的格式。所不同的是，航运公司的海运提单可能千差万别，但各航空公司所使用的航空运单则大多借鉴 IATA(International Air Transport Association，国际航空运输协会)所推荐的标准格式，差别并不大。以中国南方航空股份有限公司的航空运单为例(见样单 4-6)，填制说明如下：

1. 航空货运单编号(Air Waybill No.)

此栏由航空公司填写。编号前三位一般是各国航空公司的代号，如中国国际航空公司是 999，中国南方航空公司是 784，日本航空公司是 131，德国汉莎航空公司是 020，俄罗斯航空公司是 555，美国西北航空公司是 012 等。第四位至第十位数字表示货运单序号，最后一位是检验号。

2. 承运人(Carrier)

主运单上的承运人为航空运输公司，分运单上的承运人为航空货代。

3. 托运人名称及地址(Shipper's Name and Address)

信用证结算时，此栏一般填写受益人名称地址；托收或汇付结算时，此栏一般填写合同卖方的名称地址。若合同或信用证有特殊规定，则按照要求填写。

4. 托运人账号(Shipper's Account No.)

此栏一般留空不填。

5. 收货人名称及地址(Consignee's Name and Address)

此栏应填写收货人姓名、地址、所在国家及联络方法。与海运提单不同，因为空运单不可转让，所以"凭指示(To order)或(To order of ×××)"之类的字样不得出现。

6. 收货人账号(Consignee's Account No.)

此栏一般留空不填。

7. 航空货代名称及所属城市(Issuing Carrier's Agent Name and City)

此栏填写航空货代的名称及所属城市。如果货运单直接由承运人签发，此栏留空不填。

8. 航空货代的国际航协代号(Agent's IATA Code)

此栏一般留空不填。

9. 代理人账号(Account No.)

此栏填写代理人账号，供承运人结算时使用，但在实务中，此栏一般留空不填，除非承运人特别要求。

10. 始发站机场和指定航线(Airport of Departure and Requested Routing)

此栏填写始发站机场名称和所要求的运输路线，但在实务中，一般仅填写始发站名称或代码。

11. 财务说明(Accounting Information)

此栏填写运费缴付方式及其他财务说明事项，如运费预付、运费到付，或托运人结算使用信用卡号码、账号以及其他必要的情况。

12. 运输路线和目的站(Routing and Destination)

如果是直达运输的，就在第一个"To"下方填写目的站机场代码，在 By first carrier 下方填写第一承运人代码。如果货物需经转运，分别在后面的 By 下方填写第二、第三承运人代码，在后面的 To 下方填写第二、第三个机场代码，当该城市有多个机场而不知道机场的名称时，也可填写城市代码。

13. 货币(Currency)

此栏填写始发站所在国的货币代码，如出口货物时填写 CNY。

14. 运费代号(CHGS. Code)

此栏一般留空不填，仅供电子传送货运单信息时使用。

15. 航空运费及声明价值费(WT／VAL)

WT 是 weight charge 的缩写，指根据货物计费重量乘以适用的运价收取的运费；VAL 是 valuation charge 的缩写，指声明价值附加费。两者必须同时预付或同时到付。如果是 CIP 或 CPT 术语的，在 PPD 栏内填写"P"或"×"，如果是 FCA 术语的，在 COLL 栏内填"C"或"×"。

16. 其他费用(Other)

指在始发站基础的其他费用，与贸易术语对应，在 PPD 栏内或 COLL 栏内填"P""C"或"×"。

17. 供运输用声明价值(Declared Value for Carriage)

在此栏填写托运人向承运人办理货物声明价值的金额，一般按发票金额填写。托运人未办理货物声明价值，必须填写"NVD"(No value declared)，即没有声明价值。

18. 供海关用声明价值(Declared Value for Customs)

此栏填写托运人向海关申报的货物价值，是提供海关征税的依据。当以出口货物报关单或商业发票征税时，本栏填写"As per invoice"。如果货物没有商业价值(如样品)，此栏填写"NCV"(No Customs Valuation)。

19. 目的地机场(Airport of Destination)

此栏填写最后目的站机场代码。机场名称不明确时可填城市代码，如果城市名称有重复时，应加上国名代码。

20. 航班/日期(Flight/Date)

此栏一般留空不填，除非参加运输的各承运人需要。注意：此日期不能作为运输单据的日期，如果此栏有日期填写并且和第46栏"签发日期(Executed on)"不一致的话，以签发日期作为运输单据的日期。

21. 保险金额(Amount of Insurance)

如果承运人向托运人提供代办货物保险业务，此栏填写货物的保险金额；如果承运人不提供此项服务或托运人不要求投保，可填"NIL"(nothing)或"×"。

22. 储运事项(Handling Information)

此栏填写货物在仓储和运输过程中所需要注意的事项。但必须注意，这些事项应不能超过承运人的仓储、运输能力。具体事项如下所述。

(1) 对于危险物品，填写"详见随附货运单的危险品申报单"或者"危险物品，但不需要危险物品申报单"或者"仅限货机"等。

(2) 对于危险物品中又有非危险物品，填写危险物品的件数。

(3) 填写货物标志、堆码以及货物包装方式等。

(4) 填写除收货人名称地址(第5栏)以外的其他在目的站的被通知人的名称、地址、联系方式等。

(5) 填写随附货运单的文件名称。

(6) 填写需要作特殊说明的其他情况。

23. 件数(No. of Pieces RCP)

此栏填写托运货物的总件数。RCP是rate combination point 的缩写，即运价组合点。如果使用非公布直达运价计算运费时，在件数的下方还应填写运价组合点城市的 IATA 代码。

24. 毛重(Gross Weight)

此栏填写空运货物的实际毛重，详见托运单的第16栏。

25. 千克/磅(kg/ lb)

此栏填写托运货物毛重的计量单位，认千克为单位时用代号 K，以磅为单位时用代号 L。

26. 费率等级(Rate Class)

此栏填写所采用货物运价种类的代码。针对不同的航空运价共有6种代码，它们是 M(Minimum，起码运费)、C(Specific Commodity Rates，特种运价)、S(Surcharge，高于普通货物运价的等级货物运价)、R(Reduced，低于普通货物运价的等级货物运价)、N(Normal，45千克以下货物适用的普通货物运价)、Q(Quantity，45千克以上货物适用的普通货物运价)。

27. 商品品名编号(Commodity Item No.)

此栏根据下列情况分别填写：

(1) 使用指定商品运价时，填写指定商品代码。

(2) 使用等级货物运价时，填写所适用的普通货物运价的代号，比如填写"S"表示附加等级运价。

(3) 当托运集装箱货物时，填写集装箱货物运价等级。

28. 计费重量(Chargeable Weight)

此栏填写航空公司据以计算运费的计费重量，该重量可以与货物毛重相同，也可以不同。

29. 运价/运费(Rate/Charge)

此栏填写实际计费的费率。在实务中可根据不同的贸易术语填写 Prepaid as arranged 或者 Collect as arranged。

30. 运费总额(Total)

此栏填写计收运费的总额。在实务中常填写 As arranged。

31. 货物的品名与数量(包括体积或容积)[Nature and Quantity of Goods(incl. Dimension or Volume)]

此栏填写货物的名称及数量，包括外包装尺码和体积。货物的尺码应以厘米或英寸为单位，尺寸分别以货物最长、最宽、最高边为基础。体积则是上述三边的乘积，单位为立方厘米或立方英寸。

32. 航空运费(预付/到付)[Weight Charge(Prepaid/Collect)]

此栏根据不同的贸易术语在对应的"预付"或"到付"栏内填写 As arranged 或者留空不填。

33. 声明价值附加费(Valuation Charge)

如果托运人在第 17 栏内填写了货物声明价值的金额，则根据不同的贸易术语在对应的"预付"或"到付"栏内填入按规定收取的声明价值附加费或者留空不填。

34. 预付税款(Tax)

此栏根据不同的贸易术语在对应的"预付"或"到付"栏内填入适用的税款，或填写 As arranged 或者留空不填。

35. 由代理人收取的其他费用(Total Other Charges Due Agent)

此栏根据不同的贸易术语在对应的"预付"或"到付"栏内填入由货代收取的其他费用的总和，或留空不填。

36. 由承运人收取的其他费用(Total Other Charges Due Carrier)

此栏根据不同的贸易术语在对应的"预付"或"到付"栏内填入由承运人收取的其他

费用的总和，或留空不填。

37. 预付费总额(Total Prepaid)

此栏填写第 32~36 栏各项预付费用之和，也可以填写 As arranged。

38. 到付费总额(Total Collect)

此栏填写第 32~36 栏各项到付费用之和，也可以填写 As arranged。

39. 货币兑换比价(Currency Conversion Rate)

此栏填写目的站机场所在国家的货币代码及兑换比率，或留空不填。

40. 用目的站货币付费(CC Charges in Dest. Currency)

此栏填写目的站机场所在国家货币到付的费用总金额，或留空不填。

41. 仅供承运人在目的站使用(For Carrier Use Only at Dest.)

此栏留空不填。

42. 在目的站的费用(Charges at Destination)

此栏填写最后承运人在目的站发生的费用金额(包括利息等)，或留空不填。

43. 到付费用总额(Total Collect Charges)

填写所有到付费用的总金额，CIP 和 CPT 贸易术语出口时此栏也可以留空不填。

44. 其他费用(Other Charges)

此栏填写始发站运输中发生的其他费用，若无费用，则可以留空不填。

45. 托运人或其代理人签名(Signature of Shipper or Its Agent)

此处印就一段文字，意思是保证所托运的货物并非危险品，结尾处由托运人或其代理人签署。但在实务中，此栏往往留空不填。

46. 日期(Executed on)

此栏填写出具航空运单的日期。信用证结算方式项下，此日期不能晚于信用证规定的最晚装运日；托收或汇付结算方式项下，此日期不能晚于合同规定的最晚装运日。

47. 地点(At)

此栏填写出具航空运单的地点，一般为始发站所在地。

48. 承运人或代理人签字(Signature of Issuing Carrier or Its Agent)

此栏由承运人签署盖章，主运单由航空运输公司或航空货代签署，分运单由航空货代签署，签署后航空运单方能生效。和海运提单的签署一样，航空运输公司签署时须加注 "As Carrier"，航空货代签署时须加注 "As agents for the carrier ×××"。

样单4-6：航空运单

(Air Waybill - China Southern Airlines)

AWB No: 784-4465 9436

Shipper: LTD., WORLD FINANCE CTR, SHENNAN DONG ROAD, SHENZHEN 518001, P.R.CHINA
ATTN: SONIA NI TEL:0755- FAX:0755-

Consignee: NAKLIYAT LTD. STI, BOLGESI TURGUT OZAL BULVARI 17. CAD. NO:2 34306 K.CEKMECE ISTANBUL TURKEY
ATTN: EROL OR OZGUR OZCAN TEL: +90 212

Issuing Carrier's Agent Name and City: MBE/SZX

Agent's IATA Code: 08305124

Airport of Departure: SHENZHEN, CHINA

Airport of Destination: PEK / ISTANBUL
Flight/Date: CZ3191 / 2014-5-18

Accounting Information: FREIGHT PREPAID VALID ON CZ FLIGHT ONLY CZ/CD1465SZX

Amount of Insurance: NIL

Handling Information: TOTAL (5) PLTS CONTAIN (101) CTNS ONLY. "NSWPM"

No. of Pieces RCP	Gross Weight	kg	Rate Class / Commodity Item No.	Chargeable Weight	Rate / Charge	Total	Nature and Quantity of Goods (incl. Dimensions or Volume)
5	978.0	K	C	978.0	41.57	40655.46	CONNECTOR DIM(CM):120*80*125CM/3 120*80*96CM/2 VOL: 5.443 CBM

Prepaid Weight Charge: 40655.46
Other Charges: AWC 50.00 MSC 1173.60 MY 15648.00 FFC 440.10 TRA 293.40

Total Other Charges Due Carrier: 17605.10

Total Prepaid: 58260.56

Shipper: MBE INTERNATIONAL FREIGHT FORWARDERS LIMITED

Executed on: 2014-5-18 at SHENZHEN, CHINA Signature: SEAN

784-4465 9436

ORIGINAL 3 (FOR SHIPPER) A

项 目 小 结

货物托运即托运人向承运人订购舱位的过程。出口商通常是委托货运代理人来完成货物托运。因此,货物托运环节涉及的单证主要有订舱委托书和订舱联单两类。了解托运订舱的工作流程,学习订舱委托书的相关知识和内容,为货物顺利出口提供保障。货物装运后,承运人或其代理人会签发海运提单给托运人,收货人在目的港凭正本提单提货。不同的运输方式、不同的运输公司使用的运输单据是不同的。本项目着重介绍了海运和空运方式下的运输单据内容、作用及缮制方法。

复习思考题

一、单项选择题

1. 海运提单的签发日期是指( )。
   A. 货物实际装船完毕的日期   B. 托运人填写托运单的日期
   C. 货物开始装船的日期   D. 托运人办理报关的日期

2. 下列提单中,只有经过背书才能转让的提单是( )。
   A. 指示提单   B. 不记名提单
   C. 记名提单   D. 清洁提单

3. 我某公司与外商签订一份 CIF 出口合同,以 L/C 为支付方式。国外银行开来的信用证规定:"信用证有效期为 8 月 8 日,最迟装运期为 7 月 31 日。"我方加紧备货出运,于 7 月 21 日取得大副收据,并换回正本已装船清洁提单,我方应不迟于( )向银行提交单据。
   A. 7 月 21 日   B. 7 月 31 日
   C. 8 月 8 日   D. 8 月 11 日

4. 信用证的到期日为 12 月 31 日,最迟装运期为 12 月 16 日,最迟交单日期为运输单据出单后 15 天,出口人备妥货物安排出运的时间是 12 月 10 日,则出口人最迟应于( )向银行交单议付。
   A. 12 月 16 日   B. 12 月 25 日
   C. 12 月 28 日   D. 12 月 31 日

5. 按《UCP600》解释,若信用证条款中未明确规定是否"允许分批装运""允许转运",则应视为( )。
   A. 可允许分析装运,但不允许转运   B. 可允许分批装运和转运
   C. 可允许转运,但不允许分批装运   D. 不允许分批装运和转运

6. 假定货物由承运人 COSCO 承运,船长为张三,提单由其代理 ABC SHIPPING CO. 签署,签发人为李四,如果提单表面已经表明了承运人的身份,则提单的签发应该是( )。
   A. ABC SHIPPING CO. 李四 AS CARRIER
   B. COSCO 张三 AS CARRIER
   C. ABC SHIPPING CO. 李四 AS AGENT FOR THE CARRIER NAMED ABOVE
   D. ABC SHIPPING CO. 张三 AS AGENT FOR THE CARRIER NAMED ABOVE

7. 下面四份海运提单，托运人是 XYZ 公司。根据收货人的不同，（   ）需托运人背书。

A. To Order
B. To ABC Co., Ltd
C. To Order of ABC Co., Ltd
D. To Order of ABC Bank

8. 国际多式联运的经营人(承运人)(   )。

A. 对运输全程负责
B. 仅对第一程运输负责
C. 仅对第二程运输负责
D. 接受第二程运输承运人的委托并向原货主负责

9. 航空运单(   )。

A. 代表物权，经背书可转让
B. 代表物权，但不能转让
C. 不代表物权，不能凭以向承运人提货
D. 不代表物权，但可以作为提货凭证

10. 航空运单有三联正本，正本1交(   )，正本2交(   )，正本3交(   )。

A. 收货人、托运人、出票航空公司
B. 出票航空公司、收货人、托运人
C. 托运人、出票航空公司、收货人
D. 出票航空公司、托运人、收货人

二、多项选择题

1. 已知货物承运人为 XYZ SHIPPING CO.，承运人提单签发人为张三，承运人的代理人为 ABC SHIPPING CO.，承运人的代理人提单签发人为李四，如果提单表面未表明承运人及代理人的名称和身份，则提单的签发应为(   )。

A. ABC SHIPPING CO.
   李四 AS THE CARRIER

B. ABC SHIPPING CO.
   张三 AS AGENT FOR THE CARRIER: XYZ SHIPPING CO.

C. ABC SHIPPING CO.
   李四 AS AGENT FOR THE CARRIER: XYZ SHIPPING CO.

D. XYZ SHIPPING CO.
   张三 AS THE CARRIER

2. 对集装箱运输，由托运人装箱的整箱货，只要海关已对集装箱封箱，承运人对箱内的内容和数量不负责，因此，提单在填写装运数量时应加注(   )。

A. SHIPPER'S LOAD AND COUNT
B. SAID TO CONTAIN
C. SHIPPER'S LOAD AND COUNT AND SEAL
D. SAID BY SHIPPER

3. 海运提单中运费缴付方式填写为"FREIGHT PREPAID"，如果信用证没有特别要求，那么此支付方式一般适用于(   )。

A. FOB
B. CFR
C. CIP
D. CIF

4. 不是物权凭证的运输单据是( )。
   A. 海运提单　　　　　　　　　　B. 航空运单
   C. 快递收据　　　　　　　　　　D. 铁路运单
5. 下列条件中，国际多式联运必须符合的有( )。
   A. 依据国际多式联运合同
   B. 至少有两种不同的运输方式
   C. 多式联运经营人将货物从一国境内运送至另一国境内
   D. 以集装箱为媒介

三、判断题

1. 海运提单只有签发日期而没有已装船日期，按照惯例，提单的签发日期可视为装船日期。如果海运提单上批注有已装船日期，则该批注的日期不得早于海运提单的签发日期。
（　　）

2. 信用证的有关条款表明："FULL SET OF CLEAN ON BOARD BILL OF LADING MADE OUT TO OUR ORDER, MARKED FREIGHT PREPAID NOTIFY APPLICANT."则出具的正本提单托运人必须空白背书。（　　）

3. 来证对提单没有特殊要求，有关提单的信用证条款如下："FULL SET OF CLEAN ON BOARD BILL OF LADING MADE OUT TO OUR ORDER, MARKED FREIGHT PREPAID NOTIFY APPLICANT."如果正本提单上没有特别标明开证人的名称和地址，则正本提单的被通知人应填写为"APPLICANT"。（　　）

4. 对于托运人托运整箱货，海运提单上常批注有 CFS/CFS。（　　）

5. 正本海运提单上批注有："TOTAL FIVE HUNDRED CARTONS ONLY. BUT TEN BROKEN CARTONS."若来证对提单没有特别要求，银行将不接受该提单。（　　）

6. 在规定装运期条文时，如使用了"迅速""立即""尽快"或类似词句者，按《UCP600》规定，银行将不予置理。（　　）

7. 根据国际航协规定，体积重量是以6立方米作为1 000千克来计算的。（　　）

8. 集装箱运输时，LCL是指拼箱运输。（　　）

9. 空白抬头、空白背书的提单是指提单收货人一栏内空白而不需要背书的提单。（　　）

10. 在信用证未有规定的情况下，银行将接受以单独一份作为整套的正本出具的海运单据。（　　）

四、简答题

1. 海运提单的抬头有哪几种写法？分别列举。
2. 预借提单和倒签提单有什么区别？
3. 何谓"第三者提单"(THIRD PARTY B/L)？在进出口业务中可否提供"第三者提单"？
4. 要将备运提单转变为银行所接受的已装船提单，必须具备什么条件？
5. 航空运单的作用是什么？

项目实训

实训 4-1：根据下列出口合同、货物装运情况填制订舱委托书一份。

1. 出口合同

SALES CONFIRMATION

S/C No.: ZJCX2013027

DATE: APR.03,2013

The Seller: ZHEJIANG FOREIGN TRADE CO., LTD

Address: 168 TIANMUSHAN ROAD, HANGZHOU, CHINA

The Buyer: JAMES BROWN & SONS

Address: #304-310 JALAN STREET, TORONTO, CANADA

We hereby confirm having sold to you the following goods on terms and conditions as stated below:

Art.No.	Commodity	Quantity	Unit Price	Amount
	CHINESE CERAMIC DINNER WARE			CIF TORONTO
HX111	35PCS DINNERWARE & TEA SET	542 SETS	USD23.50	USD12737.00
HX121	20PCS DINNERWARE SET	800 SETS	USD20.40	USD 16320.00
HX440	47PCS DINNERWARE SET	443 SETS	USD23.20	USD 10277.60
HX460	95PCS DINNERWARE SET	254 SETS	USD30.10	USD 7645.40
				USD 46980.00

PACKING: HX121 IN CARTONS OF 2 SETS EACH AND HX111, HX440 AND HX460 TO BE PACKED IN CARTONS OF 1 SET EACH ONLY.

TOTAL: 1639 CARTONS.

PORT OF LOADING & DESTINATION: FROM: SHANGHAI TO: TORONTO

TIME OF SHIPMENT: TO BE EFFECTED BEFORE THE END OF APRIL 2013 WITH PARTIAL SHIPMENT NOT ALLOWED AND TRANSHIPMENT ALLOWED.

TERMS OF PAYMENT: THE BUYER SHALL OPEN THOUGH A BANK ACCEPTABLE TO THE SELLER AN IRREVOCABLE L/C AT SIGHT TO REACH THE SELLER BEFORE APRIL 12, 2013 VALID FOR NEGOTIATION IN CHINA UNTIL THE 15TH DAY AFTER THE DATE OF SHIPMENT.

INSURANCE: THE SELLER SHALL COVER INSURANCE AGAINST WPA AND CLASH & BREAKAGE & WAR RISKS FOR 110% OF THE TOTAL INVOICE VALUE AS PER THE RELEVANT OCEAN MARINE CARGO OF P.I.C.C. DATED 1/1/1981.

Confirmed by:

The Seller:　　　　　　　　　　　　　　　　　　　　　**The Buyer:**

ZHEJIANG FOREIGN TRADE CO., LTD.

MANAGER　金玺

　　(signature)　　　　　　　　　　　　　　　　　　　　　(signature)

2. 其他资料

信用证号码：2013/0501-FTC　　　船名航次：2013 年 4 月 22 日 中外运 "JIN HE V.28E"

包装：　　HX111　　542CTNS　　G.W.:10840KGS　　N.W.: 7588KGS

　　　　　HX121　　400CTNS　　9200KGS　　　　　6400KGS

　　　　　HX440　　443CTNS　　10632KGS　　　　7974KGS

　　　　　HX460　　254CTNS　　7112KGS　　　　　5207KGS

　　　　　　　　　TOTAL　　　37784KGS　　　　27169KGS　　MEAS. 99.937M^3

唛头：　J.B.S. / SHHX03027 / TORONTO / C/ NO.1-1639

企业 10 位数编码：3223210007

商品编号：6911.1010

境内货源地：浙江龙泉

集装箱号：COSU251789、COSU251790、COSU251791、COSU251792

出口货物订舱委托书

1)发货人	4)信用证号码	
	5)开证银行	
	6)合同号码	7)成交金额
	8)装运口岸	9)目的港
2)收货人	10)转船运输	11)分批装运
	12)信用证效期	13)装船期限
	14)运费	15)成交条件
	16)公司联系人	17)电话/传真
3)通知人	18)公司开户行	19)银行账号
	20)特别要求	
21)标记唛码　22)货号规格　23)包装件数　24)毛重　25)净重　26)数量　27)单价　28)总价			
29)总件数　30)总毛重　31)总净重　32)总尺码　33)总金额		
34) 备注		

国际商务单证实务

实训 4-2：根据下列信用证条款及其他资料缮制一份海运提单。

1. 信用证条款：

DRESENER BANK, BREMEN BRANCH

DATE: 4 JULY 2013

CREDIT NO. ZJLS-34231　　　　　　　　　　　　EXPIRY: 31ST AUG.，2013

APPLICANT: SCHLITER CO. BREMEN.
　　　　　2310 AW. HERO ROAD, BREMEN, GERMAN

BENEFICIARY: ZHEJIANG FOREIGN TRADING CO., LTD.
　　　　　　168 TIANMUSHAN ROAD, HANGZHOU, CHINA

ADVISING BANK: BANK OF CHINA, HANGZHOU, CHINA

AMOUNT: EUR6600.00 (SAY EUR SIX THOUSAND SIX HUNDRED ONLY)

DEARS SIRS,

WE OPEN THIS IRREVOCABLE DOCUMENTS CREDIT AVAILABLE AGAINST THE FOLLOWING DOCUMENTS:

……

FULL SET OF CLEAN ON BOARD BILL OF LADING MADE OUT TO ORDER AND BLANK ENDORSED MARKED "FREIGHT PREPAID"，NOTIFY OPENER.

SHIPMENT FROM NINGBO TO BREMEN LATEST ON AUG 25, 2013

COVERING:

600 SETS(3 PCS OF EACH)"WILLON PRODUCTS"ART NO. TSSR-16 @ EUR 11 PER SET , CIF BREMEN

PARTIAL AND TRANSHIPMENT ARE NOT ALLOWED

SHIPPING MARK:　　　SC
　　　　　　　　　　BREMEN
　　　　　　　　　　NO.1-UP

2. 其他资料：

本批货物共600套（SET），装于150个纸箱（CTN），每套内有3个（3PCS IN ONE SET），每箱毛重28KGS，体积0.04M^3，发货港：NINGBO，目的港：BREMEN，B/L NO.：CDE12056 船名：PAUL RICKMERS，提单日期:2013.8.1。

托运人 Shipper		B/L No.
		中 国 对 外 贸 易 运 输 总 公 司
收货人或指示 Consignee or Order		联 运 提 单
		COMBINED TRANSPORT BILL OF LADING
通知地址 Notify Address		RECEIVED the foods in apparent good order and condition as specified below unless otherwise stated herein. THE Carrier, in accordance with the provisions contained in this document,1) undertakes to perform or to procure the performance of the entire transport form the place at which the goods are taken in charge to the place designated for delivery in this document, and 2) assumes liability as prescribed in this document for such transport one of the bills of Lading must be surrendered duty indorsed in exchange for the goods or delivery order
前段运输 Pre-carriage by	收货地点 Place of Receipt	
海运船只 Ocean Vessel	装货港 Port of Loading	
卸货港 Port of Discharge	交货地点 Place of Delivery	运费支付地 Freight payable at	正本提单份数 Number of original Bs/L

标志和号码 Marks and Nos.	件数和包装种类 Number and kind of packages	货名 Description of goods	毛重（千克） Gross weight(kgs.)	尺码（立方米） Measurement(m^3)

以 上 细 目 由 托 运 人 提 供
ABOVE PARTICULARS FURNISHED BY SHIPPER

运费和费用 Freight and charges	IN WITNESS whereof the number of original bills of Lading stated above have been signed, one of which being accomplished, the other(s) to be void.
	签单地点和日期 Place and date of issue
	代 表 承 运 人 签 字 Signed for or on behalf of the carrier 代 理 as Agents

实训 4-3： 请根据信用证相关内容确认提单，若有误请予以改正。

L/C No.: 894010151719

PLACE AND DATE OF ISSUE:　HONG KONG MAR. 04, 2014

APPLICANT: BERNARD & COMPANY LIMITED
　　　　　　UNIT 1001-3 10/F YUE XIU BLDG
　　　　　　160-174 LOCKHART ROAD
　　　　　　WANCHAI HONG KONG

BENEFICIARY: ZHEJIANG FOREIGN TRADING CO., LTD.
　　　　　　　168 TIANMUSHAN ROAD, HANGZHOU, CHINA

SHIPMENT: FROM SHANGHAI, CHINA TO SYDNEY, AUSTRALIA BEFORE
　　　　　　APR. 04, 2014

TRANSHIPMENT: ALLOWED

PARTIAL SHIPMENT: NOT ALLOWED

DOCUMENTS REQUIRED:

-FULL SET OF CLEAN ON BOARD FREIGHT COLLECT OCEAN BILL OF LADING, MADE OUT TO ORDER OF SHIPPER AND BLANK ENDORSED, MARKED "NOTIFY ID COM CO., 79-81 WALES RD, NSW, AUSTRALIA" AND THE L/C NO.

-INVOICE IN TRIPLICATE

-PACKING LIST IN TRIPLICATE

DESCRIPTION OF GOODS: LUGGAGE SET OF 8 PCS

SHIPPER: ZHEJIANG FOREIGN TRADING CO., LTD. 186 TIANMUSHAN ROAD, HANGZHOU, CHINA	B/L NO.:		
CONSIGNEE: TO ORDER	**COSCO** *OCEAN BILL OF LADING*		
NOTIFY: BERNARD & COMPANY LIMITED UNIT 1001-3 10/F YUE XIU BLDG, 160-174 LOCKHART ROAD WANCHAI HONG KONG			
PRE CARRIAGE BY	PORT OF LOADING SHANGHAI, CHINA	PORT OF RECEIPT SHANGHAI, CHINA	
OCEAN VESSEL / VOYAGE NO. BERLIN EXPRESS V. 06W01	PORT OF DISCHARGE SYDNEY, AUSTRIA	PLACE OF DELIVERY SYDNEY, AUSTRIA	
MKS& NOS. CONTAINER NO. SEAL NUMBER	NOS AND KIND OF PKGS	DESCRIPTION OF GOODS	GROSS WEIGHT	MEASURE-MENT
ID COM PART OF 1×40'GP MLCU4578618/C423776 FREIGHT PREPAID	372CNTS	SAID TO CONTAIN: LUGGAGE SET OF 5PCS	8484.00KGS	47.768CBM
TOTAL NO. OF CONTAINERS OR PACKAGES (IN WORDS):	SAY THREE HUNDRED AND SEVENTY CARTONS ONLY			
OVERSEA OFFICE OR DESTINATION PORT AGENT	NO. OF ORIGINAL B/Ls THREE(3)	FREIGHT PAYBALE AT DESTINATION	
	ON BOARD DATE 2014-04-08	PLACE & DATE OF ISSUE SHANGHAI, 14-04-08	
	SIGNED BY: AS AGENT FOR THE CARRIER		

项目 5 缮制商检单据

项目介绍

进出口商品的收发货人应按我国检验检疫法的有关规定,在进口报关前或货物出口装运前向出入境检验检疫局办理商品报检手续。外贸业务员应填制入境货物报检单或出境货物报检单,连同商业发票和装箱单一起提交给检验机构。检验机构检验合格后签发各种检验证书。本项目的任务是熟悉检验证书的内容和格式,学会办理出入境货物报检,缮制出入境报检单。

学习目标

通过本项目的学习,了解出入境货物报检的相关程序和相关手续,熟悉报检所需的单据,掌握出入境货物报检单的内容及缮制方法,掌握检验证书的缮制规范、缮制技巧及应注意问题。

任务 5.1 办理出入境货物报检

5.1.1 报检的概念

进出口商品报检是指进出口商品的收发货人或其代理人,根据《中华人民共和国进出口商品检验法》等有关法律、法规,对法定检验的进出口商品,在检验检疫机构规定的时限和地点,向检验检疫机构申请检验、配合检验、付费然后取得商检单证等手续的全过程。

出入境检验检疫报检单位分两大类:自理报检单位和代理报检单位。

自理报检单位是指经所在地出入境检验检疫机构注册登记并已取得报检单位代码的外贸相关单位,包括有进出口经营权的国内企业、出口货物的生产企业、进出口货物的收发货人、有进出境相关业务的科研单位、运输单位等,依法自行办理出入境检验检疫事宜的,在工商行政管理部门注册登记的境内企业法人。

代理报检单位是指经国家质检总局注册登记,受出口企业的委托,或受进出口货物收发货人的委托,或受外贸关系人等的委托,依法代为办理出入境检验检疫事宜的,在工商行政管理部门注册登记的境内企业法人。

5.1.2 法定检验的范围与报检依据

进出口商品法定检验是国家出入境检验检疫部门根据国家法律法规的规定，对规定的进出口商品或有关检验、检疫事项实施强制性的检验、检疫，未经检验、检疫或经检验、检疫不符合法律法规的规定要求的，不准输入、输出。

我国根据保护人类健康和安全、保护动物或者植物的生命和健康、保护环境、防止欺诈行为、维护国家安全的原则，由国家商检部门制定、调整必须实施检验的进出口商品目录并公布实施。法定检验的范围是：

(1) 对列入《实施检验检疫的进出口商品目录》(简称《法检目录》)的进出口商品进行检验。《法检目录》由国家质检总局制定、调整和公布。

(2) 对出口危险品的货物包装容器，实施性能鉴定和使用鉴定。

(3) 对出口易腐烂变质食品、冷冻品的船舱和集装箱等运载工具，实施适载检验和鉴定。

(4) 对其他法律法规规定的需经商检机构检验的进出口商品进行检验。

(5) 对出口食品，实施卫生检验。

(6) 对国际条约规定的进出口商品，实施检验检疫。

报检依据是：

(1) 《中华人民共和国进出口商品检验法》和《中华人民共和国进出口商品检验法实施条例》。

(2) 《中华人民共和国国境卫生检疫法》和《中华人民共和国国境卫生检疫法实施细则》。

(3) 《中华人民共和国进出境动植物检疫法》和《中华人民共和国进出境动植物检疫法实施条例》。

(4) 《中华人民共和国食品卫生法》。

(5) 《中华人民共和国认证认可条例》。

(6) 《中华人民共和国进出口货物原产地条例》等。

5.1.3 检验的时间与地点

根据国际上的习惯做法和我国的业务实践，检验时间和地点的规定方法，主要有以下几种。

1. 在出口国检验

这是指在出口国产地或装运港(地)的检验证书作为唯一依据的检验规定方法。

1) 产地(工厂)检验

产地(工厂)检验是指货物在产地出去或在出厂前，由产地或工厂的检验部门或买方的验收人员对货物进行检验和验收。卖方只承担货物离开工厂或产地前的责任，对于货物在运输途中所发生的一切变化，卖方概不负责。

2) 装运港(地)检验

装运港(地)检验又称"离岸品质、离岸重量"，是指货物应在装运港(地)装运前或装运时实施检验，由双方认可的检验机构(或人员)出具的检验报告是确定商品品质、重量、包装状况的最后依据。按此做法，货物运抵目的港(地)后，买方如对货物进行检验，即使发现质量、重量或数量有问题，但也无权向卖方提出异议和索赔。这对买方有失公平，在实践中使用不多。

采用上述两种规定办法的，即使买方在货物到达目的港或目的地后，自行委托检验机构对货物进行复验，也无权对商品的品质、重量向卖方提出异议，除非买方能证明它所收到的与合同规定不符的货物是由于卖方的违约或货物的固有瑕疵造成的。因此，这两种规定办法从根本上否定了买方的复验权。

2. 在进口国检验

1) 目的港(地)检验

目的港(地)检验习惯上称为"到岸品质、到岸重量"，是指在货物运抵目的港(地)后一定时间内，由买卖双方约定的检验机构(或人员)实施检验，并以其出具的检验证书作为确定货物品质、数量的依据。采用这种方法时，买方有权根据货物运抵港或目的地时的检验结果，对属于卖方责任的品质、重量(数量)等相关不符点，可向卖方索赔。

2) 买方营业处所或最终用户所在地检验

对于一些因使用前不便拆开包装，或因不具备检验条件而不能在目的港或目的地检验的货物，如密封包装货物、精密仪器等，通常都是在买方营业处所或最终用户所在地，由合同规定的检验机构在规定的时间内进行检验。货物的品质和重量(数量)等项内容以该检验机构出具的检验证书为准。

采取上述两种做法时，卖方实际上需承担保证到货品质、重量(数量)的责任。如果货物在品质、数量等方面存在的不符点属于卖方责任所致，买方则有权凭货物在目的港、目的地或买方营业处所或最终用户所在地经检验机构检验后出具的检验证书，向卖方提出索赔，卖方不得拒绝。由此可见，两种方法对卖方很不利。

3. 出口国检验、进口国复验

按此规定，货物在装运前应进行检验，但在装运港(地)签发的检验报告并非最终依据，而是作为卖方议付货款的单据之一。货物运抵目的港(地)后，买方保留复验权。复验后如发现货物状况与合同不符且系卖方责任，可向卖方提出索赔。这种方式兼顾买卖双方利益，体现了平等互利原则，因此被普遍接受。我国的进出口贸易基本都采用这一做法。买卖合同规定买方有复验权时，应对复验期限和复验机构予以明确。

4. 装运港(地)检验重量、目的港(地)检验品质

在大宗商品交易的检验中，为了调和买卖双方在商品检验问题上存在的矛盾，常将商品的重量检验和品质检验分别进行，即以装运港或装运地验货后检验机构出具的重量检验证书，作为卖方所交货物重量的最后依据，以目的港或目的地检验机构出具的品质检验证书，作为商品品质的最后依据。货物到达目的港或目的地后，如果货物在品质方面与合同规定不符，而且该不符点是由卖方责任所致，则买方可凭品质检验证书，对货物的品质向由卖方提出索赔，但买方无权对货物的重量提出异议。这种规定检验时间和地点的方法就是装运港(地)检验重量、目的港(地)检验品质，习惯上称之为"离岸重量、到岸品质"。

知识链接

CISS 业务

CISS 是 Comprehensive Import Supervision Scheme 的缩写，译作"全面进口监管计划"，是近些年来为适应一些国家对其进口商品强制实施装船前检验的需要，而发展起来的一项出口商品检验业务。

某些发展中国家没有设立商检机构，为了防止进口商采用假发票或高价低报进行逃税，或者低价高报套取外汇，从而使国家外汇流失，这些国家纷纷制订全面进口监管计划，即由进口国政府有关部门(如中央银行、财政部、商业部、外贸部)联合颁布法令，指定一家或数家跨国公证行对本国进口货物实行强制性装船前检验，以防止套汇、避税等非法活动，最后买方凭指定的国际公证行签发的清洁报告书作为银行付汇、海关放行和征税的有效凭证之一。

目前实行 CISS 的国家有 40 个左右，主要是亚非拉的发展中国家，如秘鲁、厄瓜多尔、哥伦比亚、阿根廷、玻利维亚、柬埔寨、喀麦隆、中非、刚果共和国、肯尼亚、赞比亚、利比里亚、孟加拉国、白俄罗斯、墨西哥、巴基斯坦、尼日利亚、沙特阿拉伯等。具体 CISS 业务由少数几个跨国公证行垄断着，主要有 ITS(英之杰集团)、BV(法国船级社)、SGS(瑞士通用公证行)、COTECNA 集团和 OMIC(日本海外货物检查株式会社)等。

中国进出口商品检验总公司(CCIC)是 CISS 业务在国内的总代理。为了使我国出口商品顺利进入实行 CISS 的国家，CCIC 分别与 OMIC、COTECNA、BV、ITS 等检验机构签署了委托代理协议，对我国输往有关实行 CISS 国家的货物实行装船前检验和价格比较，并出具清洁报告书。

CISS 业务的主要内容：品质检验、数量/重量检验、包装检验、监视装载、价格比较、核定、海关税则分类。

办理 CISS 业务的手续如下：

(1) 进口商凭形式发票向进口国当局申请办理进口手续。
(2) 进口国有关当局批准并签发进口许可证。
(3) 进口商将进口许可证连同形式发票交有关公证行驻进口国联络处办理检验手续。
(4) 联络处审核进口许可证并进行登记，同时将其中的一套作为检验委托寄交出口地有关的检验机构。
(5) 检验机构接到检验委托进行审核并登记，然后向出口商寄交检验通知书，要求出口商提供商务单据。
(6) 出口方在货物备妥后，即填妥检验通知书回执联并连同信用证、合同、商业发票、装箱单、厂检报告/厂检测试报告、出口货物明细单等有关单据及时向所在地的检验机构申报检验，预约检验时间与地点。
(7) 有关检验机构派出检验人员按预约时间赴约定地点执行检验。
(8) 检验合格后，出口方办理出运手续并在提单签发后立即向有关检验机构补交正本提单复印件、最终商业发票等。
(9) 有关检验机构对所有商业单据的各项内容进行全面审核并作价格比较及核定。
(10) 有关检验机构向出口方签发清洁报告书，或其他相应的证书，如在检验和审核单据过程中发现问题，检验机构将可能签发不可议付报告书。

5.1.4 进出口货物的检验程序

凡属法定检验检疫商品或合同规定需要检疫机构进行检验检疫并出具检验检疫证书的商品，对外贸易关系人均应及时提请检疫机构检验。我国进出口商品的检验程序主要包括四个环节：报验、抽样、检验和签发证书。

国际商务单证实务

1. 报验

1) 出口商品的报验程序

首先由报验人填写"出口检验申请书"[如出口商委托厂商办理检验,则出口公司需要填写代理报检委托书(见样单 5-1),委托厂商在当地商检机构进行检验,检验机构将商检的数据传递至口岸商检机构和出口单位],并提供有关的单证和资料,如外贸合同、信用证、厂检结果单正本等;商检机构在审查上述单证符合要求后,受理该批商品的报验;如发现有不合要求者,可要求申请人补充或修改有关条款。

关于出口报验的时间,要求最迟应于报关或装运出口前 10 天向商检机构申报报检。对检验周期较长的商品,如羊绒,还需增加相应抽样、检验、化验等工作的时间。

2) 进口商品的报验程序

进口商品的报验人应在一定期限内填写"入境货物报验单",填明申请检验鉴定项目的要求,并附合同、发票、海运提单(或铁路、航空、邮包运单)、品质证书、装箱单;接货、用货部门已验收的应附验收记录等资料,向当地检疫部门申请检验;如货物有残损、短缺,还须附理货公司与轮船大副共同签署的货物残损报告单、大副批注或铁路商务记录等有关证明材料。

报验后,如发现报验单填写有误或客户修改信用证使货物数量、规格有变动时,可提出更改申请,填写"更改申请单",说明更改事项和原因。

2. 抽样

商检机构接受报验之后,及时派人员到货物堆存地点进行现场检验、鉴定。其内容包括货物的数量、重量、包装、外观等项目。现场检验一般采取国际贸易中普遍使用的抽样法(个别特殊商品除外)。抽样时须按规定的抽样方法和一定的比例随机抽样品,以便样品能代表整批商品的质量。抽样是检验工作的第一步,检验结果能否代表全批商品,取决于样品的代表性,因此样品的代表性又是检验结果准确性的基础。

3. 检验

检验是商检工作的中心环节。它是指用一定的科学方法根据商品的检验项目对商品进行观察、分析、测试等。商检机构接受报验之后,根据抽样和现场检验记录,认真研究申报的检验项目,确定检验内容。仔细核对合同(信用证)对品质、规格、包装的规定,弄清检验的依据,确定检验标准、方法,然后进行抽样检验、仪器分析检验、物理检验、感官检验、微生物检验等。

4. 签发证书

对于出口商品,经检验检疫部门检验合格后,生产地检验检疫机构出具《出境货物换证凭条》或《换证凭单》(见样单 5-2),并在出境地由出境地检验检疫机构换取《出境货物通关单》(见样单 5-3),有些商品也可以在生产地检验检疫机构检验合格后,直接出具出境货物通关单,用于出口报关。如合同、信用证规定由检疫部门检验出证,或国外要求签发检验证书的,应根据规定签发所需证书。

对于进口商品,经检验检疫后签发《入境货物通关单》进行通关。凡由收货人、用货单位自行验收的进口商品,如发现问题,应及时向检验检疫部门申请复验。如复验不合格,检验检疫机构即签发检疫证书,以供对外索赔。

样单5-1：代理报检委托书

代 理 报 检 委 托 书

编号：

_____出入境检验检疫局：

本委托人(备案号/组织机构代码_____)保证遵守国家有关检验检疫法律、法规的规定,保证所提供的委托报检事项真实、单货相符。否则,愿承担相关法律责任。具体委托情况如下：

本委托人将于_____年_____月间进口/出口如下货物：

品　名		HS编码	
数(重)量		包装情况	
信用证/合同号		许可文件号	
进口货物收货单位及地址		进口货物提/运单号	
其他特殊要求			

特委托_____(代理报检注册登记号_____),代表本委托人办理上述货物的下列出入境检验检疫事宜：

☐1. 办理报检手续；
☐2. 代缴纳检验检疫费；
☐3. 联系和配合检验检疫机构实施检验检疫；
☐4. 领取检验检疫证单；
☐5. 其他与报检有关的相关事宜：_____
　　联 系 人：_____
　　联系电话：_____
本委托书有效期至____年____月____日　　委托人(加盖公章)

年　　月　　日

受托人确认声明

本企业完全接受本委托书。保证履行以下职责：
1. 对委托人提供的货物情况和单证的真实性、完整性进行核实；
2. 根据检验检疫有关法律法规规定办理上述货物的检验检疫事宜；
3. 及时将办结检验检疫手续的有关委托内容的单证、文件移交委托人或其指定的人员；
4. 如实告知委托人检验检疫部门对货物的后续检验检疫及监管要求。
如在委托事项中发生违法或违规行为,愿承担相关法律和行政责任。

联 系 人：_____
联系电话：_____　　　　　　　　　受托人(加盖公章)

年　　月　　日

样单 5-2：出境货物换证凭单

中华人民共和国出入境检验检疫
出境货物换证凭单

类别： 预检　　　　　　　　　　　编号　32080034016561

发货人	浙江省对外贸易有限公司	标记及号码	
收货人	***	暂　无	
品名	毛巾		
H.S.编码	63019000.10		
报检数/重量	---15000---条		
包装种类及数量	纸箱---600---箱		
申报总值	美元：-22500-元		
产地	浙江　杭州	生产单位(注册号)	杭州***家用纺织品有限公司
生产日期	2013 年 7 月	生产批号	13ZJHZ0612
包装性能检验结果单号	320800322103743	合同/信用证号	13ZJHZ00612/***
		运输工具名称及编号	***　***
输往国家或地区	***	集装箱规格及数量	***　***
发货日期	***	检验依据	FZ61002-90 标准及合同
检验检疫结果	本批产品共 600 箱/15000 条，经按 FZ61002-91 标准，在仓库随机抽取代表性样品 150 条，根据检验依据要求进行检验，结果如下： 成　　　分：　66%棉 34%竹浆纤维 规　　　格：　80cm×34cm 重　　　量：　0.1kg/pc 外观检验评定：　合格 评　　　定：　上述货物符合检验依据要求。 ******** 签字：**杜莉**　　　　　　　　　日期：　2013 年 7 月		
本单有效期	截止于 2013 年 9 月 7 日		
备注	***		

分批出境核销栏	日期	出境数/重量	结存数/重量	核销人	日期	出境数/重量	结存数/重量	核销人

说明：1.货物出境时，经口岸检验检疫机关查验货证相符，且符合检验检疫要求的予以签发通关单或换发检验检疫证书； 2. 本单不作为国内贸易的品质或其他证明；3. 涂改无效。

A 6732818　　　　　①办理换证　　　　[5-3(2001.1.1)*1]

样单5-3：出境货物通关单

中华人民共和国出入境检验检疫
出境货物通关单

编号：310070204004182000

1.发货人 浙江省对外贸易有限公司　杭州市天目山路168号		5.标记及号码 GAMES ZJ130316 BANGKOK NOS.1-400
2.收货人 泰国GAMES进出口公司		
3.合同/信用证号 ZJ130316/HI-2013056	4.输往国家或地区 泰国曼谷	
6.运输工具名称及号码 WANG HAI　V.015S	7.发货日期 2013.05.10	8.集装箱规格及数量 20'　1个
9.货物名称及规格 儿童外套 100%棉	10.H.S 编码 6 209.2000	11.申报总额 41 500.00 美元	12.数/重量、包装数量及种类 400箱/8 000件，10 000 千克

13.证明
上述货物业经检验检疫，请海关予以放行。 **本通关单有效期至二〇一三 年 七 月 二 日** 签字：　杜莉　　　　　　　　　　　　　日期：2013 年 5 月 3 日
14.备注

D1481447　　　　　　　　　货物通关　　　　　　　　国家出入境检验检疫局制

任务 5.2　缮制出入境货物报检单

5.2.1　出境货物报检单的缮制

出境货物报检单(见样单 5-4)所列各栏必须填写完整、准确、清晰，没有内容填写的栏目应以斜杠"/"或"***"表示，不得留空。

1. 报检单位

指向检验检疫机构申报检验、检疫、鉴定业务的单位；填写报检单位全称并加盖公章。

2. 报检单位登记号

填写报检单位在出入境检验检疫局的登记注册号码。

3. 发货人

填写本批货物贸易合同中的卖方名称或信用证上的受益人名称，需使用中英文分行填写，中英文应一致。此栏不得为空。

4. 收货人

填写本批出境货物贸易合同中的收货人或信用证的开证申请人，需使用中英文分行填写。如果为中间商贸易，可写成"To order"或"To whom it may concern"；若信用证要求本栏不得填写，可以使用"***"表示，但不得留空。

5. 货物名称(中/外文)

填写贸易合同或发票所列的货物名称，根据需要可填写型号、规格或牌号。货物名称不得填写笼统的商品类，"陶瓷""玩具"等。货物名称必须填写具体的类别名称，如"日用陶瓷""塑料玩具"。不够位置填写的，可用附页的形式填报。

6. H.S.编码

填写货物在《商品名称及编码协调制度》中所列编码，英文即 H.S.Code。商品编码为 8 位数或 10 位数。

7. 产地

填写货物生产/加工的省(自治区、直辖市)以及地区(市)名称。

8. 数/重量

填写报检货物的数量及重量，重量一般填写净重，如填写毛重或"以毛作净"，则需在此栏特别注明。

9. 货物总值

按本批货物合同或发票上所列的总值填写(以美元计)，如同一报检单报检多批货物，需列明每批货物的总值。如申报货物总值与国内、国际市场价格有较大差异，则检验检疫机构保留核价权力。

10. 包装种类及数量

填写该批货物的外包装种类及相对应的件数，如500纸箱。

11. 运输工具名称、号码

填写货物实际装载的运输工具类别名称(如船、飞机、货柜车、火车等)及运输工具编号(船名、飞机航班号、车牌号码、火车车次)。报检时，未能确定运输工具编号的，可只填写运输工具类别。

12. 贸易方式

填写双方成交的贸易方式，如"一般贸易""三来一补""边境贸易""进料加工""其他贸易"等。

13. 货物存放地点

详细注明此批货物所存放的地点。

14. 合同号

指本批货物贸易合同编号。

15. 信用证号

指本批货物的信用证编号。

16. 用途

指本批出境货物用途，从以下9个选项中选择：Ⅰ种用或繁殖、Ⅱ食用、Ⅲ奶用、Ⅳ观赏或演艺、Ⅴ伴侣动物、Ⅵ试验、Ⅶ药用、Ⅷ饲用、Ⅸ其他。

17. 发货日期

本批货物信用证或合同上所列的出境日期填写。

18. 输往国家(地区)

指贸易合同中买方(进口方)所在的国家或地区。

19. 许可证/审批号

对实施许可证制度或者审批制度管理的货物，报检时填写许可证编号或审批单编号。

20. 启运地

指装运本批货物离境的交通工具的启运口岸/地区城市名称。

21. 到达口岸

指装运本批货物的交通工具最终抵达目的地停靠的口岸名称。

22. 生产单位注册号

填写出入境检验检疫机构签发的卫生注册证书号或加工厂库注册号等。

23. 集装箱规格、数量及号码

货物若以集装箱运输应填写集装箱的规格、数量及号码。如"1 个海运 20 英尺普通箱"。如集装箱号码未确定,可不填写。

24. 合同、信用证订立的检验检疫条款或特殊要求

合同、信用证订立的有关检验检疫的特殊条款及其他要求应填入此栏。

25. 标记及号码

按出境货物实际运输包装标记填写,如没有标记,填写"N/M",标记栏不够位置填写时,可用附页填写。

26. 随附单据

根据实际随附的单据填报,在对应的方框中打"√",或在方框后补填其名称。

27. 需要的单据名称

根据需要由检验检疫机构出具的单证,在对应的方框中打"√"或补填,并注明所需单证的正副本数量。

28. 报检人郑重声明

报检人必须亲笔签名。

5.2.2　入境货物报检单的缮制

入境货物报检单(见样单 5-5)所列各栏必须填写完整、准确、清晰,没有内容填写的栏目应以斜杠"/"或"***"表示,不得留空。

1. 报检单位

指向检验检疫机构申报检验、检疫、鉴定业务的单位;报检单应加盖报检单位公章。

2. 收货人和发货人

按合同填写。

3. 企业性质

根据收货人的企业性质,在对应的窗口打"√"。

4. 货物名称(中/外文)

按贸易合同或发票所列的货物名称,根据需要可填写型号、规格或牌号。货物名称不得填写笼统的商品类,如"陶瓷""玩具"等。货物名称必须填写具体的类别名称,如"日用陶瓷""塑料玩具"。不够位置填写的,可用附页的形式填报。

5. H.S.编码

指货物对应的海关商品代码,填写 8 位数或 10 位数。

6. 原产地(地区)

指货物原始生产/加工的国家或地区名称。

7. 数/重量

填写报检货物的数/重量，重量一般填写净重，如填写毛重或"以毛作净"，则需特别注明。

8. 货物总值

按本批货物合同或报关单上所列的总值填写(以美元计)，如同一报检单报检多批货物，需列明每批货物的总值。如申报货物总值与国内、国际市场价格有较大差异，则检验检疫机构保留核价权力。

9. 包装种类及数量

指本批货物运输包装的件数及种类。

10. 运输工具名称、号码

填写货物实际装载的运输工具类别名称(如船、飞机、货柜车、火车等)及运输工具编号(船名、飞机航班号、车牌号码、火车车次)。

11. 合同号

指贸易双方就本批货物所签订的书面贸易合同的编号。

12. 贸易方式

填写货物实际的贸易方式：如一般贸易、三来一补、边境贸易、进料加工、其他贸易等。

13. 贸易国别(地区)

指本批货物贸易的国家和地区。

14. 提单/运单号

指本批货物对应提单/运单的编号。

15. 到货日期

指货物到货通知单所列的日期填写。

16. 卸毕日期

按货物实际卸毕的日期填写。在货物还未卸毕前报检的，可暂不填写，待货物卸毕后再补填。

17. 索赔有效期

按合同规定的日期填写，特别要注明截止日期。

18. 启运国家(地区)

指装运本批货物进境的交通工具的启运国家(地区)。

19. 启运口岸

指装运本批货物进境的交通工具的启运口岸名称。

20. 经停口岸

指本批货物在启运后,到达目的地前中途停靠的口岸名称。

21. 许可证/审批号

对实施许可制度/审批制度管理的货物,须填写安全质量许可证编号或审批单编号。

22. 入境口岸

指装运本批货物的运输工具进境时首次停泊的口岸名称。

23. 目的港(地)

指本批货物预定最终抵达的交货港(地)。

24. 集装箱规格、数量及号码

填写装载本批货物的集装箱规格(如20英尺、40英尺等)以及分别对应的数量和集装箱号码。若集装箱太多,可以附单形式填报。

25. 合同订立的特殊条款以及其他要求

指贸易合同中双方对本批货物特别约定而订立的质量、卫生等条款,或报检单位对本批货物检验检疫的特别要求。

26. 货物存放地点

指实际存放地点。

27. 用途

指本批出境货物用途,从以下9个选项中选择:Ⅰ种用或繁殖、Ⅱ食用、Ⅲ奶用、Ⅳ观赏或演艺、Ⅴ伴侣动物、Ⅵ试验、Ⅶ药用、Ⅷ饲用、Ⅸ其他。

28. 随附单据

根据实际随附的单据填报,在对应的方框中打"√",或在方框后补填其名称。

29. 标记及号码

按货物实际运输包装标记填写,如没有标记,填写"N/M",标记栏不够位置填写时,可用附页填写。

30. 报检人郑重声明

必须有报检人的亲笔签名。

样单5-4：出境货物报检单

中华人民共和国出入境检验检疫
出境货物报检单

报检单位(加盖公章)：浙江省对外贸易有限公司　　　　　*编号 652000009757441

报检单位登记号：3230091987　联系人：李莉　电话：0571-83452345　报检日期：2013 年 4 月 29 日

发货人	(中文)	浙江省对外贸易有限公司				
	(外文)	ZHEJIANG FOREIGN TRADE CO., LTD.				
收货人	(中文)	***				
	(外文)	GAMES IMP. AND EXP. COMPANY				
货物名称(中/外文)		H.S.编码	产地	数/重量	货物总值	包装种类及数量
100%棉儿童外套		6209.2000	浙江杭州	8 000 件	415 000 美元	400 纸箱

运输工具名称号码	WANG HAI V.015S	贸易方式	一般贸易	货物存放地点	***
合同号	ZJ130316	信用证号	HI-2013056	用途	***
发货日期	***	输往国家(地区)	泰国	许可证/审批号	***
启运地	上海	到达口岸	曼谷	生产单位注册号	***
集装箱规格、数量及号码			1 个海运 20 尺普通箱		

合同、信用证订立的检验检疫条款或特殊要求	标记及号码	随附单据(划"✓"或补填)	
检验证书须注明下列内容： CREDIT NO. HI-2013056 DATED 25 MAR., 2013 ISSUED BY KRUNG THAI BANK PUBLIC CO., LTD.	GAMES ZJ130316 BANGKOK NOS.1-400	□合同 □信用证 ☑发票 □换证凭单 ☑装箱单 ☑厂检单	☑包装性能结果单 □许可/审批文件 □ □ □ □

需要证单名称(划"✓"或补填)		*检验检疫费	
☑品质证书　　2 正 1 副	□植物检疫证书　__正__副	总金额(人民币元)	
□重量证书　　__正__副	□熏蒸/消毒证书　__正__副		
□数量证书　　__正__副	☑出境货物换证凭单　1 正 1 副	计费人	
□兽医卫生证书　__正__副	□		
□健康证书　　__正__副	□	收费人	
□卫生证书　　__正__副	□		
□动物卫生证书　__正__副	□		

报检人郑重声明：
1. 本人被授权报检。
2. 上列填写内容正确属实，货物无伪造或冒用他人的厂名、标志、认证标志，并承担货物质量责任。　　签名：李莉

领取证单	
日期	
签名	

注：有"*"号栏由出入境检验检疫机关填写　　　　◆国家出入境检验检疫局制
[1-2 (2005.1.1)]

样单5-5：入境货物报检单

中华人民共和国出入境检验检疫
入境货物报检单

报检单位（加盖公章）：	上海洋山货运有限公司			*编　号	309559032122390
报检单位登记号：	3310910067	联系人：李平	电话：021-45988001	报检日期：	2014年5月1日

收货人	（中文）	浙江顺通汽车配件有限公司		企业性质(划"√")	□合资 □合作 □外资
	（外文）	***			
发货人	（中文）	***			
	（外文）	STM SYSTEMS LTD.			

货物名称(中/外文)	H.S.编码	原产国(地区)	数/重量	货物总值	包装种类及数量
汽车用组立电线束	8544302090	保加利亚	28千克	450.00欧元	1纸箱

运输工具名称号码	飞机 MF8012			合同号	***
贸易方式	其他贸易性货物	贸易国别(地区)	土耳其	提单/运单号	98509941
到货日期	2014-4-23	启运国家(地区)	土耳其	许可证/审批号	***
卸货日期	2014-4-23	启运口岸	阿拉尼亚(土耳其)	入境口岸	上海浦东机场口岸
索赔有效期至	***	经停口岸	***	目的地	浙江杭州

集装箱规格、数量及号码	***		
合同、信用证订立的检验检疫条款或特殊要求	快件进口 无木质包装 目的地浙江省杭州市	货物存放地点	快件监管中心
		用　途	其他

随附单据(划"√"或补填)		标 记 及 号 码	*外商投资资产(划"√") □是 ☑否
□合同	□到货通知		*检验检疫费
☑发票	□装箱单		总金额(人民币元)
☑提/运单	□质保书	N/M	
□兽医卫生证书	□理货清单		
□植物检疫证书	□磅码单		计费人
□动物检疫证书	□验收报告		
□卫生证书	□		收费人
□原产地证	□		
□许可/审批文件	□		

报检人郑重声明： 1. 本人被授权报检。 2. 上列填写内容正确属实。 签名：＿＿＿＿＿	领　取　证　单
	日期
	签名

注：有"*"号栏由出入境检验检疫机关填写　　◆国家出入境检验检疫局制

[1-2 (2005.1.1)]

任务 5.3 缮制检验证书

5.3.1 检验证书概述

1. 检验证书的概念

检验证书(Inspection Certificate)，是各种进出口商品检验证书、鉴定证书和其他证明书的统称，是在对外贸易有关各方履行契约义务、处理索赔争议和仲裁、诉讼举证中具有法律依据的有效证件，也是海关验放、征收关税和优惠减免关税的必要证明。

我国对进出口商品的检验有法定检验和鉴定业务两类。待检验的商品，均需在出口报关前到商检机构申请商检。否则，凡属法定检验的商品，若报关单上没有"商检放行章"，海关将不接受申报，而非法定检验但必须商检并出具证明的商品，若未经商检机构检验和发证的，有关银行将不予结汇。

2. 检验证书的签发机构

签发检验证书的机构可以是官方的、非官方的，也可以是生产商或进口商。

1) 官方检验机构

在我国官方机构主要包括国家质量监督检验检疫总局(General Administration of Quality Supervision Inspection and Quarantine of People's Republic of China，简称 AQSIQ)及各地的出入境检验检疫局(Entry-Exit Inspection and Quarantine Bureau，简称 CIQ)等。

2) 非官方检验机构

除政府设立的官方商品检验机构外，世界上许多国家中还有由商会、协会或同业公会设立的民间商品检验机构，担负着国际贸易货物的检验和鉴定工作。由于民间商品检验机构承担的民事责任有别于官方检验机构承担的行政责任，所以更易被买卖双方所接受。民间商品检验机构根据委托人的要求，以自己的技术、信誉及对国际贸易的熟悉，为贸易当事人提供灵活、及时、公正的检验鉴定服务，受到对外贸易关系人的共同信任。

目前，在国际上比较权威的民间商品检验机构有：瑞士通用公证行(SGS)、英国英之杰检验集团(IITS)、日本海事检定协会(NKKK)、新日本检定协会(SK)、日本海外货物检查株式会社(OMIC)、美国安全试验所(UL)、美国材料与试验学会(ASTM)、加拿大标准协会(CSA)、国际羊毛局(IWS)、中国商品检验公司(CCIC)。

3) 生产制造商

如果生产制造商具有一定的技术实力，并且具有完善的检验检疫设施，其出具的检验检疫证书是被进口商或产品的最终用户认可的。

4) 进口商

在实际进出口业务中，有些商品的出口在出运前进口商本人或派其代理前来验货，验货合格后签发检验证书作为出口商向银行议付货款的单据之一，即我们通常说的"客检证"。

3. 检验证书的种类

商检证书一般由中国出入境检验检疫局或商检公司出具，如合同或信用证无特别规定，也可由进出口公司或生产厂家出具，但应注意商检证书的名称及所列项目或检验结果必须符合合同和信用证的规定。

目前，我国检验检疫机构签发的检验证书主要有以下几种。

(1) 品质检验证书(Inspection Certificate of Quality)，是对进出口商品的质量、规格、等级进行检验后出具的书面证明。

(2) 重量/体积检验证书(Inspection Certificate of Weight/Measurement)，根据不同的计重方法或计量单位证明进出口商品重量的证书。

(3) 数量检验证书(Inspection Certificate of Quantity)，是证明进出口商品数量的证书。

(4) 兽医检验证书(Veterinary Inspection Certificate)，是证明动物产品在出口前经过兽医检验，符合检疫要求而出具的证书。

(5) 卫生(健康)检验证书(Inspection Certificate of Sanitary or Certificate of Health)，是证明出口供食用的动物产品、食品经卫生检验、检疫合格的证书。

(6) 熏蒸/清毒检验证书(Inspection Certificate of Fumigation/Disinfection)，是证明出口动物产品及食品经过高温或消毒处理的证书。

(7) 产地检验证书(Inspection Certificate of Origin)，是证明出口商品原产地的证书。

(8) 温度检验证书(Inspection Certificate of Temperature)，是证明出口冷冻商品温度的证书。

(9) 验舱证书(Inspection Certificate on Tank/Hold)，是证明承运出口商品的船舱清洁、具有空调和冷藏效能的证书。

(10) 价值检验证书(Inspection Certificate of Value)，是证明出口商品价值与发货人提供的发票上的价值完全相符的证书。

(11) 残损检验证书(Inspection Certificate on Damaged Cargo)，是证明进口商品残损情况、估计残损贬值程度、判断致损原因、供索赔时使用的证书。

如国外商人要求提供其他名称的证明时，可建议对方采用上述证书，不另出具其他名称的证书。

4. 检验证书的作用

(1) 作为议付货款的一种单据，如果检验证书中所列的项目或检验结果和信用证的规定不符，有关银行可以拒绝议付货款。

(2) 作为出口商品的品质、重量、数量、包装以及卫生条件等是否符合合同或信用证规定的依据。

(3) 如果交货品质、重量、数量、包装以及卫生条件等与规定不符，检验证书是买卖双方据以作为拒收、索赔或理赔的依据。

5.3.2 检验证书的缮制

出入境检验检疫局出具的检验证书内容包括检验证书名称、发货人、收货人、化名、重量及唛头、出具日期、出证人签字以及证明内容等(见样单5-6)。

受益人或制造商出具的检验证书尽管不能被称为"公务证明",但它们的内容和缮制方法和出入境检验检疫局出具的检验证书基本一致,受益人或制造商可以用印有自己公司信头的信纸,参照后者的格式和缮制方法来缮制自己的检验证书。以出入境检验检疫局出具的检验证书为例,讨论检验证书的内容和缮制方法。

1. 出具人

一般已经印就。如果信用证中有规定,则必须符合信用证的要求。

2. 检验证书名称

按信用证或合同要求确定。

3. 编号

由出证机构编制。

4. 发货人名称和地址

信用证下通常应该填写受益人的名称和地址;其他结算方式下填写卖方的名称和地址。

5. 收货人名称和地址

一般可以按发票抬头人填写。如无要求还可以不填,或填一排"***"封栏。

6. 品名

可以填写商品统称。

7. 报检数量/重量

按发票填写。

8. 标记及唛头

按发票填写。

9. 检验结果

检验结果应该符合信用证规定,或其他支付方式下应符合合同规定。

10. 签发地点和日期

签证日期一般迟于商业发票日期,早于运输单据上的装运日期。

11. 签署

由出具人在本栏签章。

样单 5-6：品质证书

中华人民共和国出入境检验检疫局
ENTRY-EXIT INSPECTION AND QUARANTINE OF THE PEOPLE'S REPUBLIC OF CHINA

正本 ORIGINAL

品 质 证 书
QUALITY CERTIFICATE

编号 No.：13CIQ1849

发货人
Consignor   ZHEJIANG FOREIGN TRADE CO., LTD

收货人
Consignee   ***

品名 **Description of Goods** LEATHER BAGS	标记及号码 Marks & Nos.
报检数量/重量 **Quantity/Weight Declared** 6000PCS	N/M
包装种类及数量 **Number and Type of Packages** 500CARTONS	
运输工具 **Means of Conveyance** BY SEA	

检验结果
Result of inspection

SAMPLES WERE DRAWN AT RANDOM FROM THE WHOLE LOT OF GOODS AND INSPECTED STRICTLY ACCORDING TO THE S/C NO.2013CA-34508

ITEM NO. 120   1000PCS   100CARTONS
ITEM NO. 330   2000PCS   150CARTONS
ITEM NO. 421   3000PCS   250CARTONS

THE ABOVE RESULTS OF INSPECTION ARE IN CONFORMITY WITH THE REQUIREMENTS IN THE SAID CONTRACT.

****

印章   签证地点 Place of Issue: HANGZHOU   签证日期 Date of Issue: DEC.23,2013
Official Stamp

签字人 Authorized Officer: LI XIAO   签 名 Signature:

样单 5-7：卫生证书

中华人民共和国出入境检验检疫局
EXTRY-EXIT INSPECTION AND QUARANTINE OF THE PEOPLE'S REPUBLIC OF CHINA

正本 ORIGINAL

卫生证书
SANITARY CERTIFICATE

编号 No.: 360000204506257-1

发货人名称及地址
Name and Address of Consignor ZHEJIANG FOREIGN TRADE CO., LTD.

收货人名称及地址
Name and Address of Consignee HOMEBASE LTD.

品名
Description of Goods HAPPY SWALLOW BRAND INSTANT VERMICELLI

加工种类或状态
State of Type of processing *****

标记及号码
Marks & Nos.

报检数量/重量
Quantity/Weight Declared -100CTNS/1800KGS-

N/M

包装种类及数量
Number and Type of Packages -100CARTONS-

储藏和运输温度
Temperature during Storage and Transport ******

加工厂名称、地址及编号(如果适用)
Name Address and Approval NO. of the Approved Establishment(if applicable) 3600D15002

起运地   到达国家及地点
Place of Despatch SHANGHAI **Country and Place of Destination** UNITED STATES/***

运输工具   发货日期
Means of Conveyance BY SEA **Date of Despatch** 2013.10.10

检验结果
Result of inspection

　　This is to certify that we did, at the request of consignor, attend the producer's warehouse on AUG. 28, 2013. 7cartons were taken at random according to the Chinese Specialized Standard SN/T0395-95 and the representative samples were prepared from among them. The samples were analysed at our laboratcry with results as follows:

1. Moisture: 13.4%
2. SO_2: Nill

Conclusion: The lot of above goods conforms to hygienic requirements. Fit for human consumption.

　　　　　　　　　　** ** ** **

签证地点 Place of Issue: HANGZHOU,CHINA　签证日期 Date of Issue: OCT.02, 2013
Official Stamp

授权签字人 Authorized Officer:LIXIAO　　　　签　名 Signature: 李晓

样单 5-8：植物检疫证书

中华人民共和国出入境检验检疫局
EXTRY-EXIT INSPECTION AND QUARANTINE OF THE PEOPLE'S REPUBLIC OF CHINA

正本 ORIGINAL

植物检疫证书
PHYTOSANITARY CERTIFICATE

编号 No.: 360000207006237-1

发货人名称及地址
Name and Address of Consignor ZHEJIANG FOREIGN TRADE CO., LTD.

收货人名称及地址
Name and Address of Consignee ******

| 品名 Description of Goods WOODEN PRODUCTS | 植物学名 Botanical Name of Plants ****** |

报检数量
Quantity Declared -2464-PCS-8750-KGS

标记及号码
Marks & Nos.

包装种类及数量 44
Number and Type of Packages WOODEN PALLETS

N/M

产地
Place of Origin HANGZHOU, CHINA

到达口岸
Port of Destination LONDON, U.K.

运输工具 检验日期
Means of Conveyance BY SEA Date of Inspection 2013.04.26

兹证明上述植物、植物产品或其他检疫已经按照规定程序进行检查和/或检验，被认为不带输入国或地区规定的检疫性有害生物，并且基本不带有其他的有害生物，因而符合输入国或地区的植物检疫要求。

This is to certify that the plants, plant products or other regulated articles described above have been inspected and/or tested according to appropriate procedures and are considered to be free from quarantine pests specified by the importing country/region, and practically free from other injurious pests; and that they are considered to conform with the current phytosanitary requirements of the importing country/region.

杀虫和/或灭菌处理 DISINFESTATION AND/OR DISINFECTION TREATMENT

日期　药剂及浓度
Date　Chemical and Concentration

处理方法　持续时间及温度
Treatment　Duration and Temperature

附加声明　ADDITIONAL DECLARATION
PO:55000037

印章　签证地点 Place of Issue: HANGZHOU, CHINA　　签证日期 Date of Issue: APR.26,2013
Official Stamp　授权签字人 Authorized Officer: LIXIAO　　签　名 Signature: 李晓

样单 5-9：熏蒸证书

中华人民共和国出入境检验检疫局
EXTRY-EXIT INSPECTION AND QUARANTINE OF THE PEOPLE'S REPUBLIC OF CHINA

正本 ORIGINAL

熏蒸/消毒证书
FUMIGATION/DISINFECTION CERTIFICATE

编号 No.: 360000207006237-1

发货人名称及地址
Name and Address of Consignor ZHEJIANG FOREIGN TRADE CO., LTD.

收货人名称及地址
Name and Address of Consignee ***********

品名
Description of Goods WOODEN PRODUCTS

产地
Place of Origin HANGZHOU CHINA

报检数量
Quantity Declared -540-CTNS-11880-PCS-33264-KGS

标记及号码
Marks & Nos.

起运地
Arrival Port NINGBO, CHINA

N/M

到达口岸
Port of Destination THAMESPORT, U.K.

运输工具
Means of Conveyance BY SEA

DISINFESTATION AND /OR DISINFECTION TREATMENT

DATE: 23 MAR.2013

TREATMENT: FUMIGATION

CHEMICAL AND CONCENTRATION: METHYL BROMIDE 64G/CUB.M

DURATION AND TEMPERATURE: 24HRS/12 CENTIGRADE DEGREES DEGASSED.

IMPORT REFERENCE: PO 5500032989; 5500032098; 55000323022; 55000329549; 5500032923; 5500032129;

** ** ** **

印章 Place of Issue: NINGBO,CHINA
Official Stamp:

授权签字 Authorized Officer: YEQI

签证日期 Date of Issue: APR.16, 2013

签 名 Signature: 叶琦

5.3.3 检验证书条款示例

1. 检验证书条款解析

信用证中对检验证书条款的表述方法很多,下面以较复杂的条款为例,解析一下检验证书条款通常的几个组成部分。

<u>Manually signed</u>　<u>inspection of quality/quantity</u>　<u>in</u>　<u>duplicate</u>　<u>issued by</u>　<u>the government</u>
　　　①　　　　　　　　　②　　　　　　　　　③　　　　　④　　　　　
authority　　indicating…
　　　　　　　⑤

说明:① 表示对检验证书签字的要求;②表示对检验证书种类的要求;③表示对检验证书份数的要求;④表示对检验证书签发机关要求;⑤表示对检验证书的特殊要求。

需要说明的是,信用证中的检验证书条款不完全像解析中列举的条款完整,往往有所省略,如省略①签字要求,根据检验证书本身的特性,我们也知道必须要签字。

2. 信用证检验证书条款示例

例1. Certificate of Weight and Quantity in triplicate.

该条款要求提供重量数量证书一式三份。检验证书的名称应该为重量和数量证书,不能漏其中任何一部分,份数应为一正二副;检验证书签发机构没有特别明确,可以由任何人出具,但最好由官方机构出具。

例2. Inspection Certificate of Quality and Weight issued by China Entry and Exit Inspection Bureau.

该条款指定由国家出入境检验检疫局签发质量和重量检验证书。

例3. Clean Report of Finding issued by Societe Generale de Survillance (SGS) Hong Kong, evidencing that quality, and packing of goods in full compliance with the requirement of L/C.

该条款要求由香港的日内瓦通用鉴定公司出具检验清洁报告书,证实货物的品质、数量和包装完全符合信用证的要求。

例4. Certificate of Analysis in duplicate in English version, issued by manufacturer with detailed specification.

该条款要求由制造商出具的英文版本的化验证书一式两份,包含详细规格。

例5. Inspection Certificate signed by applicant's representative.

该条款指定由开证人的代表签署。代表有的是常驻在我国国内的,有的是临时派遣来工作的,应视具体情况,决定是否接受。

5.3.4 缮制检验证书应注意的问题

1. 出证机关、地点及证书名称

如来证未规定出具证书的机关,则由出口商决定。如信用证规定"有关当局"(Competent Authority)出证,则应根据情况由有关的商检机构出具。出证地点除信用证有特别规定外,原则上应在装船口岸。证书名称应与信用证的规定相符。

2. 证书日期

检验证书出具日期最迟应与提单日期相同，但也不能太过早于提单日期，以免收货人因从检验到装运的时间太长而怀疑货物质量是否仍符合证书中的检验结果。信用证如规定在装船时出证(Issued at The Time of Shipment)，则检验证书的签发日期原则上应与提单日期相同，如证书日期与提单日期相差超过 3 天，容易遭到开证行或开证人拒付，议付时也会发生困难。

3. 证书内容

证书所表示的商检结果要与信用证上的要求和发票等各项单据所列商品的规格、状况等一致。如果检验结果所列的规格项目超过来证规定的，应以该货物本身的正常规格为限。

项 目 小 结

在国际货物买卖中，商品检验是指对卖方交付货物的质量、数量和包装进行检验或鉴定，以确定卖方所交货物是否符合买卖合同的规定。商品检验工作是国际货物买卖中交易双方交接货物必不可少的业务环节。货物检验可以在出口国进行，也可以在进口国完成。我国进出口商品的检验程序主要包括四个环节：报验、抽样、检验和签发证书。法定检验的出入境货物应当在规定的地点和期限向检验检疫机构报检，报检时并填制合格的报检单及随附单证。检验合格后由检验检疫机构签发通关单和检验证书，凭以报关。本项目着重介绍了进出口商品检验的流程、出入境报检单的缮制以及各种检验证书的内容。

复习思考题

一、单项选择题

1. 根据出入境检验检疫局的规定，出境货物最迟应于报关或装运前(　　)报验。
   A. 3 天　　　　　　　　　　B. 7 天
   C. 10 天　　　　　　　　　 D. 15 天

2. 有关商品检验的时间和地点比较公平合理，能够兼顾买卖双方的利益的规定是(　　)。
   A. 离岸质量、重量(或数量)为准　　B. 到岸质量、重量(或数量)为准
   C. 出口国检验、目的国复验　　　　D. 提交第三国检验机构进行检验

3. 凡列入《检验检疫商品目录》等法定商检的商品、食品卫生和动植物商品，或贸易当事人提出检验检疫要求时，由报验单位在货物出运前填制(　　)，向地方出入境商品检验检疫局进行报验，获取有关检验检疫证书。
   A. 出境货物通关单　　　　　　B. 入境货物通关单
   C. 出境货物报检单　　　　　　D. 入境货物报检单

4. 以下(　　)是证明进出口商品持质量、规格的证明文件。
   A. 品质检验证书　　　　　　　B. 重量检验证书

C. 包装检验证书 D. 价值证明书

5. 进口商品的报验人应在一定期限内填写( )，填明申请检验鉴定项目的要求，并附合同、发票、运输单据等资料，向当地检疫部门申请报验。

A. 品质证书 B. 入境货物报检单
C. 验收记录 D. 出境货物报检单

6. 依据动植物检疫法，我国禁止下列( )以外的物品进境。

A. 动植物病原体 B. 动物尸体
C. 动物产品 D. 土壤

7. 出入境货物报检单中的发货人一般是( )。

A. 外贸合同的供货商 B. 外贸合同的进口商
C. 银行 D. 出入境检验检疫局

8. 出入境货物报检单中的发货日期是指( )。

A. 货物出单的日期 B. 货物实际出境的日期
C. 货物申报的日期 D. 货物装船的日期

9. 出入境货物报检单中的生产单位注册号有( )数。

A. 8位 B. 9位
C. 10位 D. 12位

10. 进口货物如采用原木包装，需在入境口岸做熏蒸灭虫或提供( )。

A. 入境货物通关单 B. 出境地相关机构出具的熏蒸证明
C. 非木质包装证明 D. 入境货物报检单

二、多项选择题

1. 根据我国《商检法》，地方检验检疫机构在进出口商品检验方面的基本任务是( )。

A. 实施法定检验 B. 办理鉴定业务
C. 实施监督管理 D. 发放检验证书

2. 在合同中商品检验时间和地点的规定的基本做法有( )。

A. 在出口国检验 B. 将货物运到双方同意的第三国检验
C. 在进口国检验 D. 出口国检验，进口国复检

3. 我国进出口商品的检验程序主要包括( )等环节。

A. 报验 B. 抽样
C. 检验 D. 签发证书

4. 根据国家质量监督检验检疫总局的规定，出境货物报验时须提交的有关单据是( )。

A. 外贸合同(确认书) B. 信用证
C. 提单 D. 发票

5. 检验检疫证书是检验检疫机构签发的用以证明出口货物的品质、数量、卫生等方面的书面文件，其主要作用有( )。

A. 是履行合同的法律依据 B. 是议付的有效单据
C. 是出入境货物通关的重要凭证 D. 是索赔、仲裁等重要的法律文件

三、判断题

1. 《中华人民共和国进出口商品检验法》规定，必须经商检机构检验的进出口商品以外的进出口商品，根据国家规定全部免予检验。（   ）
2. "出口国检验，进口国复验"是国际货物买卖中最常见的一种规定检验时间和地点的方法。（   ）
3. 根据《中华人民共和国进出口商品检验法》的规定，对出口食品的卫生检验不属于我国法定检验的范围。（   ）
4. 凡属法定检验范围的商品，在办理进出口清关手续时，必须向海关提供检验检疫机构签发的检验证书，海关方予以验放。（   ）
5. 已在所在地检验检疫机构办理报验登记备案的单位，可以自行办理报验或代理他人报验。（   ）
6. 出口商品检验证书如超出有效期，可向出入境商品检验检疫机构提出延期的申请。（   ）
7. 检验检疫证书的日期可以迟于提单的签发日期。（   ）
8. 商检证书可以背书转让。（   ）
9. 重量检验证书中的数量和重量应以装箱单和提单为依据。（   ）
10. 植物检疫证证书是证明出口动植物产品以及包装用木材与植物性填充物等，经过消毒处理或经过熏蒸灭虫，保证卫生安全的证件。（   ）

四、简答题

1. 简述法定检验的范围。
2. 什么是 CISS 业务？
3. 进出口货物检验的程序是什么？
4. 检验证书的概念、种类及作用是什么？
5. 缮制检验证书应注意哪些问题？

项 目 实 训

实训 5-1：根据所提供的材料，缮制一份出境货物报检单。

出口商：ZHEJIANG FOREIGN TRADE CO., LTD.
　　　　1168 TIANMUSHAN ROAD, HANGZHOU, CHINA.
进口商：YANMIN TRADING CO. LTD.
　　　　223/8 LARDP ROAD, BANGKOK , THAILAND
商品名称：PRESERVED EGG
数量：10,000 PIECES
单价：CFR BANGKOK USD 0.20 PER PIECE
金额：USD2,000.00(SAY U.S. DOLLARS TWO THOUSAND ONLY)
装运时间和地点：FROM SHANGHAI, CHINA TO BANGKOK，THAILAND NOT LATER THAN JULY 15，2013

包装情况：IN CARTONS OF 50 PIECES EACH，TOTAL 200 CARTONS
净重：5KGS/CTN，TOTAL 1000KGS
毛重：6.5KGS/CTN，TOTAL 1300KGS
体积：0.288 M^3 EACH , TOTAL 57.60 M^3
保险：TO BE COVERED BY SELLER.
付款：BY IRREVOCABLE LETTER OF CREDIT AT SIGHT.
唛头：YM/BANGKOK/NO.1-200
报检单位登记号：20035265836
商业发票日期：2013 年 6 月 28 日
报检日期：2013 年 7 月 5 日
信用证号码：LC-ZJ2013207

中华人民共和国出入境检验检疫
出境货物报检单

报检单位(加盖公章)：					*编　号		
报检单位登记号：		联系人：	电话：		报检日期：	年　月　日	
发货人	(中文)						
	(外文)						
收货人	(中文)						
	(外文)						
货物名称(中/外文)		H.S.编码	产地	数/重量	货物总值	包装种类及数量	
运输工具名称号码			贸易方式		货物存放地点		
合同号			信用证号			用途	
发货日期		输往国家(地区)		许可证/审批号			
启运地		到达口岸		生产单位注册号			
集装箱规格、数量及号码							
合同、信用证订立的检验检疫条款或特殊要求		标记及号码		随附单据(划"✓"或补填)			
				□合同 □信用证 □发票 □换证凭单 □装箱单 □厂检单		□包装性能结果单 □许可/审批文件 □ □	

需要证单名称(划"✓"或补填)			*检验检疫费	
□品质证书 __正__副	□植物检疫证书 __正__副		总金额 (人民币元)	
□重量证书 __正__副	□熏蒸/消毒证书 __正__副			
□数量证书 __正__副	□出境货物换证凭单 __正__副			
□兽医卫生证书 __正__副	□		计费人	
□健康证书 __正__副	□			
□卫生证书 __正__副	□			
□动物卫生证书 __正__副	□		收费人	

报检人郑重声明：
1. 本人被授权报检。
2. 上列填写内容正确属实，货物无伪造或冒用他人的厂名、标志、认证标志，并承担货物质量责任。

签名：_____

领 取 证 单	
日期	
签名	

注：有"*"号栏由出入境检验检疫机关填写　　◆国家出入境检验检疫局制

[1-2 (2005.1.1)]

实训 5-2：根据所提供的资料，缮制一份品质检验证书。

出口商：ZHEJIANG FOREIGN TRADE CO., LTD.
　　　　168 TIANMUSHAN ROAD, HANGZHOU, CHINA.

唛头：ZME/TOKYO/NO.1-150

货物描述：2000 PCS OF 100% COTTON QUILT CASE S/NO. 2356 200×230CM USD7.50 PER PIECE, CIF TOKYO DETAILS AS PER CONTRACT NO. 20130456

检验结果：SAMPLES WERE DRAWN AT RANDOM FROM THE WHILE LOT OF GOODS AND INSPECTED STRICTLY ACCORDING TO THE S/C NO. 20130456

S/NO. 2356 SIZE 200×230CM 100% COTTON QUILT CASE

THE ABOVE RESULTS OF INSPECTION ARE IN CONFORMITY WITH THE REQUIREMENTS IN THE SAID CONTRACT.

签发地点：HANGZHOU

签证时间：AUG. 24, 2013.

签证机关有权签字人：郑好

证书号：2013ZJCIQ0343

国际商务单证实务

中华人民共和国出入境检验检疫局
EXTRY-EXIT INSPECTION AND QUARANTINE OF THE PEOPLE'S REPUBLIC OF CHINA

正本 ORIGINAL

编号 No.:

品 质 证 书
QUALITY CERTIFICATE

发货人
Consignor_____

收货人
Consignee_____

品名 **Description of Goods**_____ 报检数量/重量 **Quantity/Weight Declared**_____ 包装种类及数量 **Number and Type of Packages**_____ 运输工具 **Means of Conveyance**_____	标记及号码 Marks & Nos.

检验结果
Result of inspection

签证地点 Place of Issue: _____   签证日期 Date of Issue: _____

授权签字人 Authorized Officer: _____   签 名 Signature: _____

140

项目 6 缮制保险单据

项目介绍

在国际货物买卖中,货物由卖方所在地运到买方所在地的整个运输、装卸和储存过程中,可能会因遇到各种难以预料的风险而遭受损失。为了在货物遇险受损时能得到一定的经济补偿,买方或卖方就需要事先办理货物运输保险。当发生保险责任范围内的损失时,保险单据是被保险人索赔的主要依据,也是保险人理赔的依据。在 CIF 或 CIP 交易中,它又是卖方必须向买方提交的出口结汇单据之一。本项目的任务是学习如何办理货物运输保险,掌握投保单和保险单的内容及制作方法。

学习目标

通过本项目的学习,了解办理货物运输保险的工作流程,掌握投保单的内容及制作方法,了解保险单据的概念、种类和作用,熟悉保险单据的主要内容和缮制规范,掌握保险单据条款及保险单缮制应注意的问题。

任务 6.1 办理货物运输投保

6.1.1 保险的险别

1. 我国海运货物保险的险别

中国人民保险公司为适应我国对外经贸发展需要,根据我国保险业务实际情况,参照国际保险市场做法,制定了《中国保险条款》(China Insurance Clause, CIC)。其中包括海洋货物运输保险条款等内容,中国人民保险公司 1981 年 1 月 1 日修订了海洋货物运输保险条款、海洋货物运输战争险条款等内容。

1) 基本险别

基本险别(Basic Risks)也称主险,可以单独投保的险别。主要包括:

平安险(Free from Particular Average,F.P.A.);

水渍险(With Particular Average or with Average，W.P.A.或 W.A.)；

一切险(All Risks，A.R.)。

2) 一般附加险

一般附加险(General Additional Risks)承保一般外来原因引起的货物损失，亦称普通附加险，它们包括在一切险之中。只有投保某种基本险之后，才可投保一般附加险，并另外支付一定的保险费。一般附加险主要有：

偷窃提货不着险(Theft，Pilferage and Non-Delivery Risk，T.P.N.D.)；

淡水雨淋险(Fresh Water and Rain Damage Risk，F.W.R.D.)；

渗漏险(Leakage Risk)；

短量险(Shortage Risk)；

混杂、玷污险(Intermixture and Contamination Risk)；

碰损、破碎险(Clash and Breakage Risk)；

串味险(Taint of Odour Risk)；

受潮受热险(Sweat and Heating Risk)；

钩损险(Hook Damage Risk)；

包装破裂险(Breakage of Packing Risk)；

锈损险(Rust Risk)。

3) 特殊附加险

特殊附加险(Special Additional Risks)，是以导致货损的某些政府行为风险作为承保对象，它不包括在一切险范围内，不论被保险人投保任何基本险，要想获取保险人对政府行为等政治风险的保险保障，必须与保险人特别约定，经保险人特别同意。否则，保险人对此不承担保险责任。特别附加险只能在投保某种基本险之后，才可加保。特殊附加险主要有：

战争险(War Risk)；

罢工险(Strike Risk)；

进口关税险(Import Duty Risk)；

舱面险(On Deck Risk)；

黄曲霉素险(Aflatoxin Risk)；

拒收险(Rejection Risk)；

交货不到险(Failure to Delivery Risks)；

货物出口到香港(包括九龙)或澳门存仓火险责任扩展条款(Fire Risk Extension Clause for Storage of Cargo at Destination Hong Kong，Including Kowloon，or Macao，F.R.E.C.)。

2. 伦敦保险协会货物保险条款

在国际货物运输保险业务中，伦敦保险协会制定的《协会货物条款》(Institute Cargo Clause，ICC)，对世界各国保险业有着广泛的影响。有时国外客户或者国外开来的信用证要求使用伦敦保险协会的"协会货物条款"。协会货物保险条款最早制定于1912年，为了适应不同时期法律、判例、商业、航运等方面的变化和发展，需要经常进行补充和修订，最后一次修订完成于1982年1月1日，并于1983年4月1日起正式使用。伦敦保险协会货物保险条款主要有6种：

(1) 协会货物条款(A)[Institute Cargo Clauses(A), ICC(A)];
(2) 协会货物条款(B)[Institute Cargo Clauses(B), ICC(B)];
(3) 协会货物条款(C)[Institute Cargo Clauses(C), ICC(C)];
(4) 协会战争险条款(货)[Institute War Clauses(Cargo)];
(5) 协会罢工险条款(货)[Institute Strike Clauses(Cargo)];
(6) 恶意损害险条款(Malicious Damage Clauses)。

以上六种险别中，前三种属于基本险，都有独立完整的结构，对承保风险及除外责任均有明确规定，因而都可以单独投保。至于战争险和罢工险，ICC 也具有独立完整的结构，如征得保险公司的同意，必要时也可作为独立的险别投保。唯独恶意损害险属附加险别，因其条款内容比较简单，不可以单独投保。

3. 我国陆运、空运货物与邮包运输保险

陆运货物险、空运货物险及邮包运输险是在海运货物保险的基础上发展起来的。由于陆运、空运与邮运遭受货物损失的风险种类可能同海运不同，所以陆、空、邮货运保险与海上货运保险的险别及其承保责任范围也有所不同。

1) 陆上运输货物保险

陆上运输货物保险是承保以火车、汽车等运输工具进行货物运输的保险。根据我国 1981 年 1 月 1 日修订的《陆上运输货物保险条款》的规定，陆上运输货物保险的基本险别分为陆运险和陆运一切险两种。此外，还有两种附加险。

陆运险(Overland Transportation Risks);

陆运一切险(Overland Transportation All Risks);

陆上运输冷藏货物险(Overland Transportation Insurance "Frozen Products");

陆上运输货物战争险(Overland Transportation Cargo War Risks)。

陆运货物在投保上述基本险之一的基础上，可以加保附加险。陆运货物在加保战争险的前提下，再加保罢工险，不另收保险费。陆运货物战争险的责任起讫，是以货物置于运输工具时为限。

2) 航空运输货物保险

保险公司承保航空运输货物，保险责任是以飞机作为主体来加以规定的。航空运输货物保险也分航空运输险和航空运输一切险两种。

航空运输险(Air Transportation Risks);

航空运输一切险(Air Transportation All Risks);

航空运输货物战争险(Air Transportation Cargo War Risks)。

投保战争险之后加保罢工险不另收费；仅加保罢工险，按战争险费率收费。

3) 邮包运输货物保险

邮包保险承保通过邮政局邮包寄递的货物在邮递过程中发生保险事故所致的损失。以邮包方式将货物发送到目的地，可能通过海运，也可能通过陆上或航空运输，或者经过两种或两种以上的运输工具运送。不论通过何种运送工具，凡是以邮包方式将贸易货物运达目的地的保险均属邮包保险。邮包保险按其保险责任分为邮包险和邮包一切险两种。前者与海洋运输货物保险水渍险的责任相似，后者与海洋运输货物保险一切险的责任基本相同。

邮包险(Parcel Post Risks);

邮包一切险(Parcel Post All Risks);

邮包战争险(Parcel Post War Risks)。

投保战争险之后加保罢工险不另收费；仅加保罢工险，按战争险费率收费。

6.1.2 货物运输险投保流程

在不同的贸易术语下，对于保险由谁办理、保险费由谁承担等的规定是不同的。

出口合同一般以CIF(或CIP)术语成交，CIF(或CIP)合同中规定由卖方办理货运运输和保险，因此，卖方应在办妥运输手续后、货物装船之前或货物接受监管前办理投保事宜。首先他应该按信用证(或在其他付款方式下按合同)要求填写投保单，向保险公司提出申请。如果保险公司审核后同意办理，卖方应该按费率和投保金额计算并支付保险费，保险公司按投保单内容缮制并签发保险单。因此，保险单的主要内容源于投保单，所以投保单的内容首先就得严格符合要求。收到保险公司签发的保险单后，卖方还必须仔细地审核，以确保保险单符合规定的要求[见图 6.1(a)]。

进口合同一般以FOB(或FCA)或CFR(或CPT)条件成交，这些合同规定由买方办理保险。货物投保流程与CIF(或CIP)术语成交的流程一致[见图 6.1(b)]。

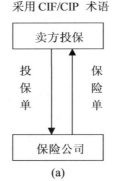
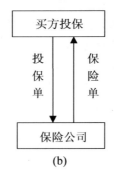

图 6-1　货物运输险投保流程

任务 6.2　缮制投保单

6.2.1　投保单概述

投保单是发货人或被保险人在货物发运前，确定装运工具并缮制发票以后，向保险公司(保险人)办理投保手续所填制和提交的单据。

投保单由投保人根据货物交易、运输方式等实际情况进行填写。投保单是保险公司风险衡量、保费计算、合同订立(出保单)的依据。

6.2.2　投保单的缮制

各保险公司设计的投保单格式大同小异，一般都包括以下内容(见样单 6-1)。

1. 发票号码(Invoice No.)

此栏填写对应发票的号码。

2. 被保险人名称(Name Insured)

除非信用证有特别规定，CIF 交易中一般为信用证受益人，即出口公司。此栏填写出口公司的英文名称，并且不需要填写详细地址。

3. 标记及号码(Marks and Numbers)

此栏有两种填写方法：一种是直接填写货物外包装上的运输标志(唛头)，须与发票、提单等单据上填写一致；另一种是填写"As per Invoice No. ×××"，中文意思为"根据发票号码×××"。在实务中，后一种填写方法占了绝大多数。

4. 件数(Quantity)

此栏填写承保货物的包装件数，而不是发票上的计量计价数量。

5. 保险货物项目(Description of Goods)

此栏填写承保货物的名称，允许只写大类名称或统称，但不应与实际货物矛盾，也不应与合同或信用证的规定相矛盾。

6. 保险金额(Insured Amount)

此栏按合同或信用证规定的金额及加成率投保。如信用证对此未做具体规定，则按 CIF 或 CIP 或发票金额的 110%投保。投保单上的保险金额的填法应该是"进一取整"，即如果保险金额经计算为 USD330408.25，则在投保单上应填 USD330409.00。

7. 装载运输工具(Per Conveyance)

此栏可以留空，因为投保发生在货物装运前，此时尚未知船名、航次、飞机航班、火车车次等内容。

8. 启运日期(Date of Commencement)

此栏有两种写法：一种是直接填写装运日期；另一种是填写"As per B/L"，中文意为根据提单的日期。因为投保是在货物装运之前，尚不知货物的装运日期。需要注意的是，如果承保货物不采用船舶运输出口，则不能这样填写，而要填写实际飞机、火车、汽车的启航或启运日期。

9. 赔款偿付地点(Loss if any Payable at)

此栏一般情况下填写货物的目的港(地)，如果信用证或合同有特别要求，如要求填写进口国，保险公司也能照办。有时信用证或合同要求在此处显示万一货物出险，保险公司赔偿的币制，英文表述为"in the same currency of the drafts"，出口商须在此栏内明示，保险公司也是能够照办的。

10. 运输线路(Voyage)

此栏有三项内容，自(From)、经(Via)和至(To)，即装运港(地)、中转港(地)和卸货港(地)。

如果承保货物不经过中转，经(Via)可以留空；如果货物经过中转，则三个地点都要填写。

11. 投保险别(Conditions)

此栏按照合同或信用证的要求填写。

12. 特别要求(Additional Conditions)

此栏一般情况下可以留空，如果合同或信用证规定要在保险单上显示合同号、信用证号、订单号等内容，则要填写在此栏内。

13. 保险单的正本份数(Issued in Original)

按照目前保险公司惯例，此栏在"Issued in"与"Original"之间填写 TWO，即两份正本。

14. 申请人(Applicant)

此栏由出口商盖公章。

15. 投保日期(Date)

此栏填写投保日期，该日期应早于提单日期，但在发票日期之后。在实务中，也有与发票日期同一天，或者与提单日期相同的，银行或进口商都能接受。保险公司一般把投保日期作为保险单的出单日期。

目前，许多保险公司和出口企业不再使用投保单，而改用发票投保。即在商业发票上抄写合同或信用证中规定的保险条款，然后传真给保险公司，保险公司根据发票内容出具保险单。

样单 6-1：投保单

中国人保财险股份有限公司投保单

Application for PICC Property & Casualty Co. Ltd.

发票号码：

Inovice No.: ZJ2013356

被保险人名称： Name Insured: ZHEJIANG FOREIGN TRADE CO., LTD.			
标记及号码 Marks and Numbers	件数 Quantity	保险货物项目 Description of Goods	保险金额 Insured Amount
AS PER INV. NO. ZJ2013356	400CTNS	CHILDREN'S COATS	USD45650.00

装载运输工具 Per conveyance	WANG HAI V. 015S	启运日期 Date of Departure	AS PER B/L	赔款偿付地点 Loss if any Payable at	THAILAND IN USD
运输路线：自 Voyage: From SHANGHAI		经 Via		至 To BANGKOK	
投保险别 Conditions COVERING ALL RISKS AS PER CIC OF PICC DATED 01/01/2010 WAREHOUSE TO WAREHOUSE CLAUSE.			申请人 Applicant 浙江省对外贸易有限公司（公章）		
特别要求 Additional Conditions CREDIT NO. HI-2013056 DATE 25, MAR. 2013 ISSUED BY KRUNG THAI BANK PUBLIC CO., LTD. BANGKOK.					
申请保单正本份数为　2　份			日期 Date　　2013 年 5 月 2 日		

任务 6.3　缮制保险单

6.3.1　保险单据概述

1. 保险单据的概念

保险单据(Insurance Document)，是指保险人(保险公司)与被保险人(投保人)之间订立的正式保险合同的证明，其效力随着货物安全抵达目的地即告终止。保险合同反映了保险人与被保险人之间的权利和义务关系。当发生保险责任范围内的损失时，它是被保险人索赔的主要依据之一，也是保险人理赔的主要依据。在 CIF 或 CIP 交易中，它又是卖方必须向买方提交的出口结汇单据之一。

2. 保险单据的作用

(1) 保险单据是保险人对保险单所列的货物，在其所负责的时间和范围内，承担货物灭失和损害的赔偿责任的凭证。

(2) 保险单据是保险人与被保险人之间的一种契约。通过保险单上的保险条款，规定了保险人与被保险人的权利和义务。

(3) 当保险单据上所列的被保险货物在保险人的责任范围内遭受灭失和损害时，保险单据是被保险人或合法持有人向保险人要求赔偿的凭证和依据。

(4) 当保险单据上所列的被保险货物在保险人的责任范围内遭受灭失和损害时，保险单据是保险公司处理被保险人赔偿要求的主要理赔依据。

3. 保险单据的种类

1) 保险单(Insurance Policy)

保险单俗称"大保单",它是正规的保险合同。除记载正面内容(被保险人名称、保险货物项目、数量或重量、唛头、运输工具、保险的起讫地、承保险别、保险金额、期限)之外,还在背面列有保险公司的责任范围以及保险公司与被保险人双方各自的权利、义务等方面的详细条款。

2) 保险凭证(Insurance Certificate)

保险凭证俗称"小保单",是一种简化的保险单据。其背面没有列明详细保险条款,但其余内容与保险单基本一致,且具有同样的法律效力。一般来讲,如果来证要求提供保险单,就不能提供保险凭证;如果信用证要求提供保险凭证,则可以提供保险单。近年来,我国保险公司为了实现单据的规范化,已逐渐废弃此类保险凭证而统一使用大保单。

3) 联合凭证(Combined Certificate)

联合凭证是一种将发票和保险单相结合的,比保险凭证更为简化的保险单据。我国保险公司只在出口公司的商业发票上加注保险编号、险别、金额,并加盖保险公司印戳作为承保凭证,其他项目均以发票上列明的为准。这种凭证不能转让。目前,联合凭证仅适用于我国香港、澳门地区的托收业务以及我国香港地区的部分银行由华商开来的信用证。

4) 预约保单(Open Policy)

预约保单是一种长期性的货物运输保险合同,在合同中规定承保货物的范围、险别、费率、责任等项目。凡属预约保单规定范围内的进口货物,一经起运,保险公司自动按所订的条件承保。它往往与保险通知书、保险声明书一起使用。当交易以 FOB 及 CFR 价格进行出口时,由进口方办理投保手续。一般来说,进口商与保险公司订有较长期的预约保险合同。每当货物装船后,由出口方将货物装船的详细情况,包括品名、数量和重量、金额、运输工具、预约保险单号码等直接通知保险公司,即所谓的保险声明书,并以其作为正式保险单生效的标志。出口商的保险声明书通常作为议付单据之一,向议付行提交。

5) 保险批单(Endorsement)

保险批单是在保险单已经出立后,因保险内容有所变动,保险公司应被保险人要求所签发的批改保险内容的凭证,它具有补充、变更原保险单内容的作用。保险单一经批改,保险公司须按批改后的内容来承担责任。批改内容如果涉及保险金额的增加和保险责任范围的扩大,保险公司只有在证实货物未发生出险事故的情况下才同意办理。

6.3.2 保险单的缮制

各保险公司设计的保险单格式大同小异,一般都包括以下内容(见样单 6-2)。

1. 发票号码(Invoice No.)

填写投保货物商业发票的号码。

2. 保单号次(Policy No.)

由保险公司编制。

3. 被保险人(Insured)

信用证方式下，如果信用证中未指定被保险人，本栏应该填信用证的受益人，然后交单前按要求背书(如果信用证中没有背书要求，则做空白背书)。如信用证中已指定，且受益人接受了信用证，则应该按照信用证要求填写。

其他结算方式下，如果合同中未指定，本栏也应该填卖方，然后交单前背书(一般为空白背书)。

4. 标记(Marks & Nos.)

应与发票、提单上的唛头一致。如信用证无要求，也可以填写"As Per Invoice No ×××"。但如果信用证规定所有单据均要显示装运唛头，则应按实际唛头缮制。

5. 包装及数量(Quantity)

填写最大包装的总件数，与提单相符。裸装货物填写货物本身件数，散装货物填写货物净重，有包装但以重量计价的应同时填写总件数和计价总重量。

6. 保险货物项目(Description of Goods)

填写商品名称，并与发票和提单相符。若名称繁多，可用统称，但不得与信用证相抵触。

7. 保险金额(Amount Insured)

填写保险金额的小写。除非另有规定，否则按 CIF 或 CIP 值加成 10%，保额尾数通常要"进位取整"或"进一取整"。例如，加成计算结果为 USD54398.01，则本栏填写 USD54398。

应该注意信用证保险单据条款中保险金额"for 110% of CIF value"及"for 110% of full invoice value"可能存在的区别。在后者的情况下，如果发票金额为含佣价下扣减后的净额，投保加成仍然应按原含佣价计算。发票金额如存在折扣或部分已预付时，也应按原价总额加成，计算投保金额。

8. 总保险金额(Total Amount Insured)

将保险金额以大写的形式填入。计价货币也应以全称形式填入。注意保险金额使用的货币应与信用证使用的货币一致，保险总金额大写应与保险金额的阿拉伯数字一致。

9. 保险费(Premium)

一般已由保险公司印就"As Arranged"(按照约定)字样，除非信用证另有规定，每笔保费及费率可以不具体表示。如果信用证要求标明保费已付，则删除已印就的"As Arranged"，填写"paid"。但如果来证要求标明保费及费率，则应填写上具体保费及费率，或要求保险公司出具保费收据。

10. 启运日期(Date of commencement)

一般填写运输单据的日期，也可按以下方式填写：
海洋运输填写"As Per B/L"。
铁路运输填写"As Per Cargo Receipt"。
航空运输填写"As Per Airway Bill"。

邮包运输填写"As Per Post Receipt"。

11. 装载运输工具(Per Conveyance)

填写运输工具的名称，并应与运输单据列出的运输工具名称相一致。

海洋运输填写船名和航次号，如"Dong Feng Voy No.118"。若需转船，则应分别填写一程名和二程船名，中间用"/"分开。若提单中一程船名为"Changjiang"，二程船名为"Huanghe"，则填"Changjiang/ Huanghe"。

铁路运输填写"By Train"或"By Railway"，最好再加上车号。

航空运输填写"By Air"或"By Airplane"。

邮包运输填写"By Parcel Post"。

12. 自(From)

此栏填写承保货物的装运港(地)，必须与提单、装箱单等其他单据中的表述一致。如果合同或信用证中规定的是 China，填写时不能照抄，而要填写承保货物实际出口的港口。

13. 经(Via)

此栏填写承保货物的中转港或中转地，如果没有中转，此栏可以留空不填。

14. 至(To)

此栏填写承保货物的卸货港(地)，必须与提单、装箱单等其他单据中的表述一致。如果合同或信用证中规定的是 KOREA，填写时不能照抄，而要填写承保货物实际到达的港口。

15. 承保险别(Conditions)

填写内容应该和信用证(或其他结算方式下和合同)规定的一致。国际商会的《贸易术语解释通则》中认为，如果双方没有约定保险险别的，卖方可以按照最低险别办理保险。根据《UCP600》规定，如果信用证对险别没有明确具体规定或使用了含义不清的词语，银行审单时需对提交的保险单据上关于险别的任何描述将予以接受。

16. 赔款偿付地点(Claim Payable at)

一般将目的地作为赔款偿付地点，将目的地名称填写入该栏。如买方指定理赔代理人，理赔代理必须在货物到达目的港的所在国内，便于到货后检验。赔款货币一般为投保额相同的货币。

17. 出单日期(Date)

此栏指保险单的签发日期。按照国际惯例，保险公司提供"仓至仓"(Warehouse to Warehouse)的服务，所以投保手续应当在货物离开出口商仓库前办理。保险单的日期也应是货物离开出口商仓库前的日期。此日期不能晚于提单日期，否则开证银行将拒付，进口商的索赔也会遇到拒绝。

18. 保险单份数与"正本"字样(Number of Original Policy)

根据《UCP600》的规定，保险单上必须有"正本"(ORIGINAL)字样，并显示保险单的正本份数。如果信用证中无明确规定正本的份数，保险单上也未注明正本份数，银行可以接受只提交一份正本的保险单据。目前我国各保险公司提供的保险单上都有"ORIGINAL"的水印，而且按照惯例，大都是一式两份的，英文"TWO"和数字"2"已印就在保险单上。

19. 目的港(地)货损检验及理赔代理人(Surveying and Claim Settling Agents)

此栏由保险人填制。一般情况下，保险公司会选择在目的港或目的地附近的代理人作为货损检验和理赔代理人，并详细注明其名称地址。此代理人不能由进口商指定，也不能在信用证中明示，如果信用证中对理赔代理人有指定，受益人必须事先更改信用证。如果保险单上注明保险责任终止地是在内地而非港口，则保险公司会选择位于内地的代理人。当保险公司在当地没有代理机构时，会选择当地权威的检验机构作为货损检验和理赔代理人。

20. 保险人签署(Authorized Signature)

正本保险单必须有保险人签名，并且只有保险公司、保险商或他们的代理人或代表可以签署保险单。代理或代表签名时，必须说明是代表保险公司还是保险商签的名。

21. 背书

1) 空白背书(Blank Endorsed)

空白背书只注明被保险人(包括出口公司的名称和经办人的名字)的名称。当来证没有明确使用哪一种背书时，可使用空白背书方式。

2) 记名背书

当来证要求"Delivery to(The order of) ××× Co.(Bank)"或"Endorsed in the name of ×××"，即规定使用记名方式背书。具体做法是：在保险单背面注明被保险人的名称和经办人的名字后，打上"Delivery to ××× Co.(Bank)"或"in the name of ×××"的字样。记名背书在出口业务中较少使用。

3) 记名指示背书

当来证要求"Insurance policy or certificate in negotiable form issued to the order of ×××"，在制单时，具体做法是：在保险单背面打上"To order of ×××"，然后签署被保险人的名称。

4) 特别情况

当被保险人不是出口方而是进口方时(由出口方替进口方投保且规定被保险人须为进口方时)，出口人无须背书。如果这时保险单需要转让，必须由被保险人背书才能转让。当被保险人既不是出口方也不是进口方时，该保险单的转让不需要做任何方式的背书即可转让。当被保险货物损失(承保范围内)后，保险单的持有人享有向保险公司或其代理人索赔的权利并得到合理的补偿。

样单6-2：保险单

PICC 中国人民财产保险股份有限公司
PICC Property and Casualty Company Limited

总公司设于北京　　一九四九年创立
Head Office Beijing　　Established in 1949

货 物 运 输 保 险 单
CARGO TRANSPORTATION INSURANCE POLICY

发票号码 Invoice No.　ZJ2013356
合同号码 Contract No.　ZJ130316　　　　　　保单号次 Policy No.　201344500168909
信用证号 Credit No.　HI-2013056
被保险人 Insured:　ZHEJIANG FOREIGN TRADE CO., LTD.

中保财产保险有限公司(以下简称本公司)根据被保险人的要求，及其所缴付约定的保险费，按照本保险单承担
险别和背面所载条款与下列特别条款承保下列货物运输保险，特签发本保险单。

This policy of Insurance witnesses that The People Insurance (Property) Company of China, Ltd. (hereinafter called the Company) at the request of the Insured and in consideration of the agreed premium paid by the Insured, undertakes to insure the under mentioned goods in transportation subject to the conditions of this Policy as per the Clauses printed overleaf and other special clauses attached hereon.

标记 Marks & No.	包装及数量 Quantity	保险货物项目 Description of goods	保险金额 Amount Insured
AS PER INV. NO. ZJ2013356	400CTNS	CHILDREN'S COATS	USD45650.00

总保险金额 Total Amount Insured:　SAY U. S. DOLLARS FORTY FIVE THOUSAND SIX HUNDRED AND FIFTY ONLY.

保险费 Premium　As arranged　　启运日期 Date of commencement　AS PER B/L　　装载运输工具 Per conveyance　WANG HAI V. 015S

自 From　SHANGHAI　　经 Via　　　　　至 To　BANGKOK

承保险别 Conditions:

COVERING ALL RISKS AS PER CIC OF PICC DATED 01/01/2010 WAREHOUSE TO WAREHOUSE CLAUSE.

CREDIT NO. HI-2013056 DATED 25 MAR., 2013 ISSUED BY KRUNG THAI BANK PUBLIC CO., LTD.,
BANGKOK

所保货物，如发生本保险单项下可能引起索赔的损失或损坏，应立即通知本公司下述代理人查勘。如有索赔，应向本公司提交保险单正本(本保险单共有 2 份正本)及有关文件。如一份正本已用于索赔，其余正本则自动失效。

In the event of damage which may result in a claim under this Policy, immediate notice be given to the Company Agent as mentioned here under. Claims, if any, one of the Original Policy which has been issued in **TWO** Original(s) together with the relevant documents shall be surrendered to be company, if one of the Original Policy has been accomplished, the others to be void.

Insurance agent at destination:
THAILAND INSURANCE CO., LTD.
29 DADA ROAD, BANGKOK, THAILAND

赔款偿付地点
Claim payable at　　THAILAND IN USD
出单日期
Issuing date　　06 MAY, 2013

地址：　中国浙江省杭州市中山北路 321 号
邮 编 (Post　Code):310000　电 话 (Tel):0571-28802220　传 真 (Fax):0571-28802226

中国人民财产保险股份有限公司浙江省分公司
PICC Property and Casualty Company Limited, Zhejiang Branch

赵腾

Authorized Signature

样单6-3：保险单

中国人民保险公司
The People's Insurance Company of China

总公司设于北京　一九四九年创立
Head Office Beijing　Established in 1949

货物运输保险单
CARGO TRANSPORTATION INSURANCE POLICY

发票号 (INVOICE NO.): 929AK220528
合同号 (CONTRACT NO.):
信用证号 (L/C NO.):

保单号次 POLICY NO. HW38L/ PYCA200233250100LS0444

被保险人 INSURED: SONGYANG FOREIGN TRADE CORPORATION OF ZHEJIANG PROVINCE

中国人民保险公司（以下简称本公司）根据被保险人的要求，由被保险人向本公司缴付约定的保险费，按照本保险单承保险别及背面所载条款与下列特款承保下述货物运输保险，特立本保险单。
THIS POLICY OF INSURANCE WITNESSES THAT THE PEOPLE'S INSURANCE COMPANY OF CHINA (HEREINAFTER CALLED "THE COMPANY") AT THE REQUEST OF THE INSURED AND IN CONSIDERATION OF THE AGREED PREMIUM PAID TO THE COMPANY BY THE INSURED, UNDERTAKES TO INSURE THE UNDERMENTIONED GOODS IN TRANSPORTATION SUBJECT TO THE CONDITIONS OF THIS POLICY AS PER THE CLAUSES PRINTED OVERLEAF AND OTHER SPECIAL CLAUSES ATTACHED HEREON.

标记 MARKS & NOS.	包装及数量 QUANTITY	保险货物项目 DESCRIPTION OF GOODS	保险金额 AMOUNT INSURED
AS PER INVOICE NO. 929AK220528	84900 PAIRS	CHILDREN'S SHOES	USD35994.00

总保险金额 TOTAL AMOUNT INSURED: USD THIRTY-FIVE THOUSAND NINE HUNDRED AND NINETY-FOUR ONLY.

保费 PREMIUM: AS ARRANGED
启运日期 DATE OF COMMENCEMENT: AS PER B/L
装载运输工具 PER CONVEYANCE: AS PER B/L

自 FROM: NINGBO　经 VIA: ＿＿　至 TO: ODESSA

承保险别 CONDITIONS: COVERING ALL RISKS INCL. W/W. AS PER OCEAN MARINE CARGO CLAUSES 1/1/81 OF THE PICC(CIC).

所保货物，如发生保险单项下可能引起索赔的损失或损坏，应立即通知本公司下述代理人查勘。如有索赔，应向本公司提交保单正本(本保险单共有 TWO 份正本)及有关文件。如一份正本已用于索赔，其余正本自动失效。
IN THE EVENT OF LOSS OR DAMAGE WHICH MAY RESULT IN A CLAIM UNDER THIS POLICY IMMEDIATE NOTICE MUST BE GIVEN TO THE COMPANY'S AGENT AS MENTIONED HEREUNDER. CLAIMS, IF ANY, ONE OF THE ORIGINAL POLICY WHICH HAS BEEN ISSUED IN ＿＿TWO＿＿ ORIGINAL(S) TOGETHER WITH THE RELEVANT DOCUMENTS SHALL BE SURRENDERED TO THE COMPANY. IF ONE OF THE ORIGINAL POLICY HAS BEEN ACCOMPLISHED, THE OTHERS TO BE VOID.

CHR. CLEMMENSEN
DK-5100 ODENSE C ENGLANDSGADE 3 POSTBOX 80
ODENSE DENMARK
TEL: 66 12 00 33 +45 66 12 00 33 FAX: 66 13 53 00

中国人民保险公司 丽水分公司
The People's Insurance Company of China, Lishui Branch

Authorized Signature

赔款偿付地点 CLAIM PAYABLE AT: ODESSA
出单日期 ISSUING DATE: 2002.06.13

地址 ADD: 中国浙江丽水市丽阳路553号
553 LIYANG ROAD, 323000 LISHUI, ZHEJIANG, CHINA
邮编 POST CODE: 323000

电话 (TEL): (0578)2115588
传真 (FAX): (0578)2135320
保单顺序号: 0002473

6.3.3 保险单条款示例

1. 保险单条款解析

信用证中对保险单条款的表述方法很多，首先以较复杂的条款为例，解析保险条款通常的几个组成部分。

<u>Insurance policy or certificate</u>　in　<u>duplicate</u>　<u>issued by ...</u>　<u>in the name of ...</u>
　　　　　①　　　　　　　　　　　　②　　　　　　③　　　　　　　④

endorsed　<u>in blank</u>　against　<u>All risk and ...</u>　<u>including ... risks</u>　<u>in excess of ...%</u>　as per
　　　　　　⑤　　　　　　　　⑥　　　　　　　⑦　　　　　　　　⑧

<u>C.I.C.</u>　dated <u>1/1/1981</u>　for　<u>invoice value plus 10%</u>　<u>showing</u>　claims　if　any, payable
　⑨　　　　　⑩　　　　　　　　⑪　　　　　　　　　⑫

<u>at</u> ... in ...
⑬

说明：①对保险单据种类的规定；②对保险单的份数的规定；③对保险单的出单人的规定；④对保险单抬头人的规定；⑤对保险单背书的要求；⑥对保险单险别的要求；⑦对附加险别的规定；⑧对免赔率的规定；⑨对保险条款的规定；⑩对保险条款版本的规定；⑪对保险金额的规定；⑫保险单加注的要求；⑬对赔付货币的规定。

需要说明的是，信用证中的检验证书条款不完全像解析中列举的条款完整，往往有所省略，如省略④抬头人规定，则视为以信用证受益人为保险单抬头人。

2. 信用证保险单条款示例

例 1. Insurance Policy covered for 110% of total invoice value against All Risks and War Risk as per and subject to the relevant Ocean Marine Clause of the People's Insurance Company of China dated 1/1/1981.

该条款要求保险单的保险金额为发票总金额的 110%，保险险别为中国人民保险公司 1981 年 1 月 1 日生效的海运货物条款的一切险和战争险。

例 2. Insurance Policy/Certificate endorsed in blank of 110% of invoice value covering All Risks & War Risks as per CIC with claims payable at KUALA LUMPUR in the currency of draft(irrespective of percentage),including 60 days after discharge of the goods at port of destination (of at station of destination) subject to CIC.

该条款要求保险单或保险凭证空白背书，按发票金额的 110%投保中国保险条款的一切险和战争险，按汇票所使用的货币在吉隆坡赔付(无免赔率)，并根据中国保险条款，保险期限在目的港卸船(或在目的地车站卸车)后 60 天为止。

例 3. Marine insurance policy or certificate in duplicate, endorsed in blank, for full invoice value plus 10 percent stating claim payable in Thailand covering FPA as per ocean marine cargo clause of the People's Insurance Company of China dated 1/1/1981, including TPND loss and/or damage caused by heat, ship's sweat and odour, hoop-rust, breakage of packing.

该条款要求保险单或保险凭证一式两份，空白背书，按发票金额加成 10%投保，声明在泰国赔付，根据中国人民保险公司 1981 年 1 月 1 日的海洋运输货物保险条款投保平安险，包括偷窃提货不着、受热船舱发汗、串味、铁箍锈损、包装破裂所导致的损失。

例 4. Insurance Policy covered for 110% of total CIF value against institute Cargo Clauses (A) and Institute War Clauses (Cargo) of 1982, showing claim payable at destination in the same currency of the draft.

该条款要求按 CIF 价值的 110%投保 1982 年生效的协会货物条款(A)和协会战争险保险单，注明在目的地使用与汇票同种货物对索赔进行赔付。

6.3.4　缮制保险单应注意的问题

(1) 出口公司在取得保险公司出具的保险单后，凡以出口公司为投保人的均须加盖背书，以便转让。背书亦包括空白背书和记名背书，前者在保险单据的背面加盖出口公司的签章即可；后者则根据合同或信用证要求打被背书人名称等。如信用证规定背书给×××银行，则在保险单背面加打"Claim if any pay to the order of ××× bank"，然后再加盖出口公司的签章。

(2) 保险单的内容必须与信用证以及商业发票、提单等单据相互核对一致，严格做到单证、单单一致。

(3) 超过合同规定的附加险或超额险加成，须事先与保险公司联系是否能办到，否则，应要求改证，或超额部分须由开证人负担。

(4) 保险单的出单日期不得晚于信用证规定的最后装运期或提单的签发日期。

(5) 保险单必须以与信用证同样的货币表示。这是为了避免进口商凭保险单据向保险公司索赔时可能出现的汇率风险。

项 目 小 结

> 在货物装运之前，往往需要通过投保货物运输保险来降低货物在运输途中的风险。因此买方或卖方需要按照货物运输保险的投保流程，选择适当的险别，按照货物的实际情况和信用证的要求填制投保单向保险公司投保货物运输保险，缴纳相应的保险费，并取得保险单，从而为货物运输提供安全保障。本项目着重介绍了投保单和保险单的内容及缮制规范。

复习思考题

一、单项选择题

1. 以 CIF 术语达成的交易，如信用证没有特殊规定，保险单的被保险人一栏应填写（　　）。
   A. 开证申请人的名称　　　　　　B. 受益人的名称
   C. TO ORDER　　　　　　　　　D. TO WHOM IT MAY CONCERN

2. 如信用证没有特别规定，按国际保险市场惯例，保险金额一般在发票金额的基础上（　　）填写。
   A. 加一成　　　　　　　　　　　B. 加两成
   C. 加三成　　　　　　　　　　　D. 加四成

3. 中方某公司以CIF条件与外国客户达成一笔交易,中方公司应负责替国外客户投保,按照惯例,中方应投保(   )。

　　A. 一切险加战争险

　　B. 一切险

　　C. 水渍险加战争险

　　D. 保险人承担责任范围最小的险别并不包括战争险

4. 仓至仓条款是(   )。

　　A. 承运人负责运输责任起讫的条款　　B. 出口人负责交货责任起讫的条款

　　C. 保险人负责保险责任起讫的条款　　D. 保险人负责运输责任起讫的条款

5. 信用证中规定"ALL DOCUMENTS SHOULD INDICATE THE SHIPPING MARK",出口公司在保单的"Marks & Nos."一栏应填写(   )。

　　A. 实际唛头

　　B. AS PER INVOICE NO. ×××

　　C. AS PER B/L NO. ×××

　　D. 既可按实际唛头填写,也可按"AS PER INVOICE NO. ×××"填写

6. 假设提单的签发日期为"MARCH 24,2013",那么以下保单的开航日期中,(   )的填写是错误的。

　　A. MARCH 24,2013　　　　　　B. AS PER B/L

　　C. MARCH 30,2013　　　　　　D. MARCH 23,2013

7. 保险的赔付地点一般填写(   )。

　　A. 起运港(地)　　　　　　　　B. 目的港(地)

　　C. 投保人所在地　　　　　　　　D. 保险公司所在地

8. 预约保险是指根据预约保险合同,投保人以(   )替代投保单,保险公司负自动承保的责任。

　　A. 大副收据　　　　　　　　　　B. 买卖合同

　　C. 海运提单　　　　　　　　　　D. 国外寄来的装运通知

9. 为了防止运输中货物被盗,应该投保(   )。

　　A. 平安险　　　　　　　　　　　B. 一切险

　　C. 平安险+偷窃提货不着险　　　　D. 一切险+提货不着险

10. 某公司以CIF条件出口一批货物,在广州港装上船只"DONGFENG"号运往香港,在香港装上第二程船"NATA"号后运往旧金山,该公司在保单的载运输工具栏(Per conveyance S.S.)应填写为(   )。

　　A. DONGFENG　　　　　　　　B. NATA

　　C. DONGFENG/NATA　　　　　　D. DONGFENG/NATA W/T HONGKONG

二、多项选择题

1. 我国国际货物运输保险可分为(   )。

　　A. 海上运输保险　　　　　　　　B. 陆上运输保险

　　C. 航空运输保险　　　　　　　　D. 邮包运输保险

2. 根据伦敦保险协会制定的《协会货物条款》，以下险别能单独投保的有(   )。
   A. ICC A   B. ICC B
   C. 战争险   D. 恶意损害险
3. 按照我国《海洋货物运输保险条款》的规定，以下险别属于我国海洋运输货物保险中的基本险是(   )。
   A. FPA   B. ICC A
   C. WPA   D. WAR RISKS
4. 一般来说，保险单的背书可以分为(   )。
   A. 空白背书   B. 记名背书
   C. 指示背书   D. 特殊背书
5. 根据《UCP600》的分类，保险单据包括(   )。
   A. 保险单   B. 保险凭证
   C. 预约保险单   D. 投保声明

三、判断题

1. 保险单俗称"大保单"，保险凭证俗称"小保单"，由于保险凭证背面没有列入保险条款，因而它们不具有同等的法律效力。   (   )
2. 保险单的签发日期应该不迟于海运提单的签发日期。   (   )
3. 我某外贸公司以 CIF 条件出口，代客户投保一切险，对于从装运港运往目的港途中由于任何外来原因所造成的损失，客户均可向保险公司索赔。   (   )
4. 我某公司以 CFR 术语进口钢材一批，我方在收到国外发来的装船通知后，按事先签订的预约保险合同，将该通知交保险公司，保险公司的承保责任起讫应该为"仓至仓"。
                                                                         (   )
5. 如信用证规定按 ICC 条款投保，根据中国人民保险公司的现行做法是不能接受的。应要求对方修改信用证。   (   )
6. 如信用证要求提交的保险单份数为"IN TWO COPIES"时，我方应提交两份副本。
                                                                         (   )
7. 按照我国现行的《海洋货物运输保险条款》的规定，保险公司对于海运战争险的保险责任起讫不采用仓至仓条款，而是仅负责水上风险。   (   )
8. 某出口公司按 CIF 条件出口服装一批，我方按信用证要求投保水渍险，运输途中由于食用水管破裂，造成部分服装被浸湿，该损失保险公司将予以赔偿。   (   )
9. 运输途中部分纸箱遭雨淋受潮，里面装的服装上出现水渍，由于该批货物投保了水渍险，所以货主可向保险公司索赔。   (   )
10. 保险公司按伦敦保险协会制定的《协会货物条款》中的 ICCA、ICCB 和 ICCC 三种险别承保的责任范围与按我国《海洋货物运输保险条款》中 ALL RISKS、WPA 和 FPA 承保的责任范围大致相同。   (   )

四、简答题

1. 我国海运货物保险有哪些险别？
2. 简述货物运输保险投保流程。

3. 保险单据有哪些种类？
4. 保险单通常有哪几种背书方式？
5. 缮制保险单应注意哪些问题？

项 目 实 训

实训 6-1：请根据以下材料缮制一份投保单。
LETTER OF CREDIT NO.: ZJ2013088
BENEFICIARY：ZHEJIANG FOREIGN TRADE CO., LTD.
168 TIANMUSHAN ROAD, HANGZHOU, CHINA
AMOUNT: USD 22500.00
DOCUMENTS REQUIRED ：
+INSURANCE POLICY IN DUPLICATE BLANK ENDORSED COVERING ALL RISKS AND WAR RISK FOR 110% INVOICE VALUE CLAIM AT LONDON, ENGLAND.
COVERING: 500SETS BUTTERFLY SEWING MACHINES
PACKING: IN WOODEN CASES OF 1 SET EACH
SHIPMENT: FROM NINGBO TO LONDON,ENGLAND BY VESSEL "HONGZHEN"V.48
ON JUN.23,2013 WITH TRANSSHIPMENT AT HONGKONG
INVOICE NO.: ZJLS2013156
SPECIAL CONDITIONS : ALL DOCUMENTS MUST SHOW THE L/C NO.

中国人保财险股份有限公司投保单
Application for PICC Property & Casualty Co. Ltd.

发票号码：
Inovice No.:

被保险人名称：			
Name Insured:			
标记及号码 Marks and Numbers	件数 Quantity	保险货物项目 Description of Goods	保险金额 Insured Amount

装载运输工具 Per conveyance		启运日期 Date of Departure		赔款偿付地点 Loss if any Payable at	
运输路线：自 Voyage: From		经 Via		至 To	
投保险别 Conditions			申请人 Applicant		
特别要求 Additional Conditions					
申请保单正本份数为　　　份			日期 Date　　　年　　　月　　　日		

实训 6-2：请根据以下信用证条款及其他材料填制一份保险单。

1. 信用证条款

Applicant: HONEY TRADE COMPANY.
　　　　　　SIGMUND STR. 220, 90431 NUERNBERG
Beneficiary: ZHEJIANG FOREIGN TRADE CO., LTD.
　　　　　　168 TIANMUSHAN ROAD, HANGZHOU, CHINA
Loading in Charge: SHANGHAI
For Transport to: HAMBURG
Descript. Of Goods :
GUITAR, ITEM NO.204, 1500PCS USD8.50/PC, AS PER SALES CONFIRMATION NO. 2013459 DD MAY 25,2013 TOTAL AMOUNT USD12,750.00 CIF HAMBURG
Documents Required ：
+MARINE INSURANCE POLICY OR CERTIFICATE IN DUPLICATE, ENDORSED IN BLANK, FOR FULL INVOICE VALUE PLUS 10 PERCENT,STATING CLAIM PAYABLE IN HAMBURG COVERING ALL RISKS AND WAR RISKS, MARKED PEMIUM PAID.

2. 其他资料

发票号码：ZJLS2013342　　　　发票日期：2013 年 7 月 10 日
发票金额：USD12,750.00　　　　提单日期：2013 年 7 月 25 日
保险单号码：MAD53696265　　　唛头：HONEY/HAMBURG
船名：DONGFENG V. 112　　　　货物装箱情况：10 PCS/CTN

中保财产保险有限公司
The People's Insurance (Property) Company of China, Ltd

发票号码 Invoice No.		保险单号次 Policy No.

海 洋 货 物 运 输 保 险 单
MARINE CARGO TRANSPORTATION INSURANCE POLICY

被保险人：
Insured：

中保财产保险有限公司(以下简称本公司)根据被保险人的要求，及其所缴付约定的保险费，按照本保险单承担险别和背面所载条款与下列特别条款承保下列货物运输保险，特签发本保险单。

This policy of Insurance witnesses that the People's Insurance (Property) Company of China, Ltd. (hereinafter called "The Company"), at the request of the Insured and in consideration of the agreed premium paid by the Insured, undertakes to insure the undermentioned goods in transportation subject to conditions of the Policy as per the Clauses printed overleaf and other special clauses attached hereon.

保险货物项目 Descriptions of Goods	包装 Packing	单位 Unit	数量 Quantity	保险金额 Amount Insured

承保险别　　　　　　　　　　　　货物标记
Conditions　　　　　　　　　　　Marks of　Goods

总保险金额：
Total Amount Insured: _____

保费　　　　　运载运输工具　　　　　　　　　开航日期
Premium _____ Per conveyance S.S _____ Slg. on or abt _____

国际商务单证实务

起运港　　　　　　　　　　　目的港
Form _____　　To _____

　　所保货物，如发生本保险单项下可能引起索赔的损失或损坏，应立即通知本公司下述代理人查勘。如有索赔，应向本公司提交保险单正本(本保险单共有　　份正本)及有关文件。如一份正本已用于索赔，其余正本则自动失效。

　　In the event of loss or damage which may result in acclaim under this Policy, immediate notice must be given to the Company's Agent as mentioned here under. Claims, if any, one of the Original Policy which has been issued in original (s) together with the relevant documents shall be surrendered to the Company. If one of the Original Policy has been accomplished, the others to be void.

赔款偿付地点
Claim payable at

日期　　　　　　　　　　　　在
Date _____　　at _____

地址：
Address：_____

项目 7　缮制原产地证书

项目介绍

原产地证书是一种证明货物原产地的证件，是出口商品在进口国通关和海关核定应征税率的依据，也是享受减免税待遇的凭证。本项目的任务是学习常用原产地证书的种类和内容，学会制作一般原产地证书、普惠制产地证书和区域性经济集团互惠原产地证书。

学习目标

通过本项目的学习，了解原产地证书的概念、作用及种类，掌握原产地证书、普惠制产地证书的内容和缮制方法，熟悉区域性经济集团互惠原产地证书的种类和内容。

任务 7.1　认识原产地证书

7.1.1　原产地证书概述

1. 原产地证书的概念

原产地证书(Certificate of Origin)是指出口商应进口商要求而提供的由公证机构、政府或出口商出具的证明货物原产地或制造地的一种文件。

原产地证书是商品进入国际贸易领域的"护照"，用来证明商品的经济国籍。它是进口国对进口货物确定税率待遇，进口贸易统计，实行数量限制和控制从特定国家进口的主要依据。在国际贸易中，原产地证书是进口国政府实行进口管理和对不同国家产品征收差别关税时需要审查的一种极为重要的证明文件。

2. 原产地证书的作用

(1) 证明出口货物符合出口国货物原产地规则，确实是出口国制造的。

(2) 是出口国海关通关、结汇和有关方面进行贸易统计的主要依据。

(3) 是进口国海关作为差别关税、进口限制和不同进口配额与不同税率的依据文件。

7.1.2 原产地证书的种类(见表7-1)

根据原产地规则的不同，原产地证书可分为优惠原产地证书和非优惠原产地证书两大类；根据用途不同，原产地证书可分为普遍优惠制原产地证书、区域性优惠原产地证书、一般原产地证书和专用原产地证书等。

1. 优惠原产地证书

优惠原产地证书包括非互惠和互惠原产地证书。目前我国审签的普惠制原产地证书是非互惠原产地证书。《亚太贸易协定》优惠原产地证书、中国—东盟自由贸易区优惠原产地证书、中国—巴基斯坦自由贸易区优惠原产地证书、中国—智利自由贸易区优惠原产地证书、中国—新加坡自由贸易区优惠原产地证书、中国—新西兰自由贸易区优惠原产地证书、中国—秘鲁自由贸易区优惠原产地证书、中国—哥斯达黎加自由贸易区优惠原产地证书、海峡两岸经济合作框架协议原产地证书等是互惠原产地证书。

1) 普惠制产地证书(Form A)

普遍优惠制(Generalized System of Preference，G.S.P.)简称普惠制，是指发达国家给予发展中国家出口制成品和半成品(包括某些初级产品)普遍的、非歧视的、非互惠的一种关税优惠制度。它是一项有利于发展中国家和地区扩大出口的关税优惠制度。普惠制原产地证书是根据普惠制给惠国的原产地规则和有关要求签发的原产地证书，是受惠国货物出口到给惠国时享受普惠制关税优惠待遇的官方凭证。普惠制证书采用国际统一的证书格式(Form A)。

目前给予我国普惠制待遇的国家有40个：英国、法国、德国、意大利、荷兰、比利时、卢森堡、爱尔兰、丹麦、希腊、西班牙、葡萄牙、奥地利、芬兰、瑞典、匈牙利、波兰、捷克、斯洛伐克、斯洛文尼亚、爱沙尼亚、立陶宛、马耳他、塞浦路斯、拉脱维亚、罗马尼亚、保加利亚、挪威、瑞士、土耳其、加拿大、澳大利亚、新西兰、日本、乌克兰、俄罗斯、白俄罗斯、哈萨克斯坦、列支敦士登公国、克罗地亚。

2) 《亚太贸易协定》优惠原产地证书(Form B)

《亚太贸易协定》优惠原产地证书是根据《亚太贸易协定》签发的就协定成员国之间相互给予关税减免待遇的官方证明文件。2005年底，《曼谷协定》第一届部长级理事会在北京召开，各成员国政府代表通过部长宣言，宣布《曼谷协定》正式更名为《亚太贸易协定》并签署了新的《亚太贸易协定》文本。目前《亚太贸易协定》成员有孟加拉国、老挝、韩国、斯里兰卡、印度、中国6个国家，对我国给惠的有：韩国、孟加拉国、斯里兰卡、印度、老挝5个国家。

符合《亚太贸易协定原产地规则》要求的货物出口到与中国互惠的《亚太贸易协定》成员国，并且属于该国的"关税减让清单"内的产品，可以申请签发《亚太贸易协定》优惠原产地证书(Form B)。我国自2006年9月1日起签发《亚太贸易协定》原产地证明书。减免产品范围包括农产品、药品、化工产品、纺织品、金属制品、机电产品和汽车及其零部件等，降税幅度从5%～100%不等。

3) 中国—东盟自由贸易区优惠原产地证书(Form E)

中国—东盟自由贸易区优惠原产地证书是根据《中华人民共和国与东南亚国家联盟全面经济合作框架协议》签发的就中国—东盟自由贸易区成员国之间相互给予关税减免待遇

的官方证明文件。中国—东盟自由贸易区优惠原产地证书采用专用证书格式(Form E)。

东盟成员国有泰国、缅甸、马来西亚、印度尼西亚、新加坡、文莱、越南、老挝、菲律宾、柬埔寨10个国家。自2010年1月1日起中国—东盟自由贸易区全面建成,中国和东盟6个老成员(泰国、马来西亚、印度尼西亚、新加坡、文莱、菲律宾)之间有超过90%的产品实行零关税。东盟四个新成员(缅甸、越南、老挝和柬埔寨)与中国也将在2015年实现90%的产品零关税的目标。

自2004年1月1日起,出口到东盟国家的商品要享受关税优惠待遇必须符合中国—东盟自由贸易区原产地规则,并且属于进口国"关税减让清单"内的产品,在检验检疫机构注册备案并取得优惠原产地证书,享受关税优惠待遇。

4) 中国—智利自由贸易区优惠原产地证书(Form F)

中国—智利自由贸易区优惠原产地证书是根据《中华人民共和国政府和智利共和国政府自由贸易协定》签发的就中国和智利两国之间相互给予关税减免待遇的官方证明文件。

《中华人民共和国政府与智利共和国政府自由贸易协定》(以下简称《协定》)于2005年11月18日正式签署,于2006年10月1日开始实施。自2006年10月1日起,各地出入境检验检疫机构对符合中国—智利自由贸易区原产地规则的《协定》项下智利给予关税优惠的产品签发中国—智利自由贸易区优惠原产地证明书(Form F)。从该日起对原产于我国的5891个6位税目产品关税降为零。我国与智利在经济结构上存在互补,我国主要从智利进口资源性产品:铜矿、鱼粉、木材、纸制品、农产品(比较突出的是葡萄酒的原浆)。向智利出口纺织服装、家用电器、电子产品、五金制品等。

5) 中国—巴基斯坦自由贸易区优惠原产地证书(Form P)

中国—巴基斯坦自由贸易区优惠原产地证书是根据《中华人民共和国与巴基斯坦伊斯兰共和国政府关于自由贸易协定》签发的就中国—巴基斯坦自由贸易区成员国之间相互给予关税减免待遇的官方证明文件。

2003年11月,中国与巴基斯坦伊斯兰共和国签署《优惠贸易安排》(PTA),中巴两国分别列出关税减让清单。2005年4月,中巴签署了《中华人民共和国与巴基斯坦伊斯兰共和国关于自由贸易协定早期收获计划的协议》,决定结束中巴自由贸易协定联合可行性研究,启动自由贸易协定谈判,并就自由贸易协定早期收获计划达成一致,并从2006年1月1日起实施早期收获计划。《中华人民共和国政府与巴基斯坦伊斯兰共和国政府关于自由贸易协定早期收获计划的协议》项下的《中国—巴基斯坦自由贸易区原产地规则》于2005年12月正式签署,该《协议》于2006年1月1日开始实施。自实施之日起,原《中华人民共和国政府与巴基斯坦伊斯兰共和国政府优惠贸易安排》予以废止。

为使我国出口到巴基斯坦的"早期收获"协议项下的产品享受巴基斯坦给予的关税优惠待遇,自2006年1月1日起,各地出入境检验检疫机构开始签发中国—巴基斯坦自由贸易区优惠原产地证书(Form P)。根据《协议》,中方将向原产于巴基斯坦的769个8位税目的产品提供零关税待遇,主要涉及蔬菜、水果、石料、棉坯布和混纺布。同时,中方将享受巴方提供的486个8位税目产品的零关税待遇,主要涉及蔬菜、水果、石料、纺织机械和有机化工品。上述产品的关税将在两年内分三次降税,到2008年1月1日全部降为零。

6) 中国—新西兰自由贸易优惠协定原产地证书(Form N)

中国—新西兰自由贸易区优惠原产地证书是根据《中国政府和新西兰政府自由贸易协

定》签发的就中国新西兰两国之间相互给予关税减免待遇的官方证明文件。《中华人民共和国政府和新西兰政府自由贸易协定》(以下简称《协定》)于 2008 年 10 月 1 日起开始实施。为使我国出口到新西兰的产品能够享受《协定》项下关税优惠待遇,自 2008 年 10 月 1 日起,各地出入境检验检疫机构开始签发中国—新西兰自由贸易区优惠原产地证书(Form N)。

"协定"实施后,在货物贸易方面,新方承诺将在 2016 年 1 月 1 日前取消全部自华进口产品关税,63.6%的产品从《协定》生效时即实现"零关税";中方承诺将在 2019 年 1 月 1 日前取消 97.2%自新西兰进口产品关税,其中 24.3%的产品从《协定》生效时即实现"零关税"。对于没有立即"零关税"实现的产品,将在承诺的时间内逐步降低关税,直至降为"零关税"。

7) 中国—新加坡自由贸易协定优惠原产地证书(Form X)

中国—新加坡自由贸易区优惠原产地证书是根据《中国政府和新加坡政府自由贸易协定》签发的就中国和新加坡两国之间相互给予关税减免待遇的官方证明文件。《中华人民共和国政府和新加坡共和国政府自由贸易协定》(以下简称《协定》)于 2009 年 1 月 1 日起开始实施。为使我国出口到新加坡的产品能够享受《协定》项下关税优惠待遇,自 2009 年 1 月 1 日起,各地出入境检验检疫机构开始签发中国—新加坡自由贸易区优惠原产地证书(Form X)。

根据《协定》,新加坡从 2009 年 1 月 1 日起,取消所有原产于中国的进口产品关税;而中国将在 2010 年 1 月 1 日前取消 97.1%原产于新加坡进口产品关税,87.5%的产品从《协定》生效时起即实现零关税。

8) 中国—秘鲁自由贸易区优惠原产地证书(Form R)

中国—秘鲁自由贸易区优惠原产地证书是根据《中国—秘鲁自由贸易协定》签发的就中国和秘鲁两国之间相互给予关税减免待遇的官方证明文件。《中华人民共和国政府和秘鲁共和国政府自由贸易协定》(以下简称《协定》)于 2010 年 3 月 1 日起开始实施。为使我国出口到秘鲁的产品能够享受《协定》项下关税优惠待遇,自 2010 年 3 月 1 日起,各地出入境检验检疫机构开始签发中国—秘鲁自由贸易区优惠原产地证书(Form R)。产品涉及机电、化工、医药、轮胎和轻工等多个行业,企业凭证书可获得 3%~100%不等幅度的关税优惠。

9) 中国—哥斯达黎加自由贸易区优惠原产地证书(Form L)

中国—哥斯达黎加自由贸易区优惠原产地证书是根据《中国—哥斯达黎加自由贸易协定》签发的就中国和哥斯达黎加两国之间相互给予关税减免待遇的官方证明文件。《中华人民共和国政府和哥斯达黎加共和国政府自由贸易协定》(以下简称《协定》)于 2011 年 8 月 1 日起开始实施。为使我国出口到哥斯达黎加的产品能够享受《协定》项下关税优惠待遇,自 2011 年 8 月 1 日起,各地出入境检验检疫机构开始签发中国—哥斯达黎加自由贸易区优惠原产地证书。

根据《协定》,中哥双方将对各自 90%以上的产品分阶段实施零关税。哥方将在电信服务、商业服务、建筑、房地产、分销、教育、环境、计算机和旅游服务等 45 个部门或分部门进一步对中方开放,中方则在计算机服务、房地产、市场调研、翻译和口译、体育等 7 个部门或分部门对哥方进一步开放。双方还在知识产权、贸易救济、原产地规则、海关程序、技术性贸易壁垒、卫生和植物卫生措施、合作等众多领域达成广泛共识。

10) ECFA 项下优惠原产地证书

海峡两岸经济合作框架协议原产地证书是指依据大陆海协会与台湾海基会签署的《海

峡两岸经济合作框架协议(ECFA)》签发的就双方之间相互给予关税减免待遇的官方证明文件。为使我出口到台方的产品能够享受《海峡两岸经济合作框架协议》项下关税优惠待遇，自2011年1月1日起，各地出入境检验检疫机构开始签发海峡两岸经济合作框架协议原产地证书。

根据《协议》，货物贸易早期收获项目于2011年1月1日正式实施，大陆方面对539项原产于中国台湾的产品实施降税，包括轻纺产品、化工产品、机械电子产品等。中国台湾方面对267项原产于大陆的产品实施降税，包括石化产品、机械产品、轻纺产品等。双方将在早期收获计划实施后不超过两年的时间内分三步对早期收获产品实现零关税。2011年1月1日起，企业持《海峡两岸经济合作框架协议》(简称ECFA)项下的优惠原产地证书，出口到台湾的货物将获得关税减免的优惠。

2. 非优惠原产地证书

1) 一般原产地证书(CO)

一般原产地证书是证明货物原产于某一特定国家或地区，享受进口国正常关税(最惠国待遇)的证明文件。它的适用范围：征收关税、贸易统计、保障措施、歧视性数量限制、反倾销和反补贴、原产地标记、政府采购等方面。CO证书对所有独立关税区的国家(地区)都可签发。

2) 加工装配证书(Certificate of Processing)

加工装配证书是指对全部或部分使用了进口原料或零部件而在中国进行了加工、装配的出口货物，当其不符合中国出口货物原产地标准、未能取得原产地证书时，由签证机构根据申请单位的申请所签发的证明中国为出口货物加工、装配地的一种证明文件。加工装配证书采用专用证书格式。

3) 转口证书(Certificate of Re-Export)

转口证书是指经中国转口的外国货物，由于不能取得中国的原产地证，而由中国签证机构出具的证明货物系他国原产、经中国转口的一种证明文件。转口证书采用专用证书格式。

3. 专用原产地证书

1) 金伯利进程证书

金伯利进程证书是指在实施金伯利进程证书制度成员国之间使用的，用于证明进出口毛坯钻石合法来源地的证明书。

2) 输欧盟农产品原产地证(Certificate of Origin for Imports of Agricultural Products into the European Economic Community)

如蘑菇罐头证书，是欧盟委员会为进口农产品而专门设计的原产地证书。

在实际业务中，选择哪一种产地证应根据信用证或合同规定确定。一般货物出口到实行普惠制待遇的国家，都要求出具普惠制产地证明书。一般货物出口到中国政府间签订有区域性优惠贸易安排或协议的国家或地区，都要求出具特殊区域性原产地证书。如果信用证并未明确规定产地证书的签证机构，则银行应该接受任何一种原产地证书。

表 7-1 常用的原产地证书一览表

证书种类	证书名称	证书简称	签发机构	证书格式
普通原产地证书	一般原产地证书	C/O 产地证	贸促会/商会、出入境检验检疫局	商务部统一格式
普遍优惠(单向)原产地证书	普惠制原产地证书	GSP 产地证	出入境检验检疫局	格式 A、格式 59A、格式 APR
区域性优惠(双向)原产地证书	亚太贸易协定优惠原产地证书	Form B 产地证	贸促会、出入境检验检疫局	专用格式
	中国—东盟自由贸易区优惠原产地证书	Form E 产地证	出入境检验检疫局	专用格式
	中国—智利自由贸易区优惠原产地证书	Form F 产地证	出入境检验检疫局	专用格式
	中国—巴基斯坦自由贸易区优惠原产地证书	Form P 产地证	出入境检验检疫局	专用格式
	中国—新西兰自贸协定优惠原产地证书	Form N 产地证	贸促会、出入境检验检疫局	专用格式
	中国—新加坡自贸协定优惠原产地证书	Form X 产地证	贸促会、出入境检验检疫局	专用格式
	中国—秘鲁自贸协定优惠原产地证书	Form R 产地证	贸促会、出入境检验检疫局	专用格式
	中国—哥斯达黎加自贸协定优惠原产地证书	Form L 产地证	贸促会、出入境检验检疫局	专用格式
	《海峡两岸经济合作框架协议》原产地证书	ECFA 产地证	出入境检验检疫局	专用格式

7.1.3 原产地证书条款示例

1. 原产地证书条款解析

信用证中对原产地证条款的表述方法很多,首先以较复杂的条款为例,解析原产地证条款通常的几个组成部分。

<u>Certificate of origin</u>　<u>issued by</u>　the　Chamber of Commerce　<u>certifying that</u>　goods
　　　　①　　　　　　　　②　　　　　　　　　　　　　　　　　　　　③

are of Chinese　origin　<u>in　one original　and　one　copy</u>　the　original　one　<u>legalized by</u>
　　　　　　　　　　　　　　　　④　　　　　　　　　　　　　　　　　　　　　　　⑤

the A.R.E.　Representative　in　China.

说明:①表示对原产地证的种类要求;②表示对原产地证的签发机构要求;③表示对证书内容的要求;④表示对原产地证的份数要求;⑤表示对原产地证的特殊要求。

2. 信用证原产地证书条款示例

例 1. Certificate of Origin issued by China Council for Promotion of International Trade.

该条款要求提交由贸促会"简称"签发的一般原产地证书(CO)。

例 2. Certificate of China origin issued by a relevant authority.

该条款要求提供原产地证书，由有关的当局出具。在没有特别明确提供何种原产地证书时，提供一般原产地证书(CO)即满足要求，在没有明确签发机构时，一般可由贸促会出具。

例3. Certificate of Origin issued by official recognized authorities in P.R. China.

该条款要求提供原产地证书，由中华人民共和国的官方机构出具。在没有特别明确提供何种原产地证书时，提供一般原产地证书(CO)即满足要求，但应该向出入境检验检疫局申领该产地证，而不能向贸促会申领，因为贸促会属于民间机构。

例4. Certificate of Origin in two copies indicating that goods are of Chinese origin issued by Chamber of Commerce.

该条款要求提供原产地证明书一式两份(一正一副)，加注证词，表明货物系中国产，并要求由商会签发。在申领时要注明由贸促会加注贸促会即商会，因为在我国商会和贸促会是一家。

例5. Certificate of origin G.S.P. Form A original and one copy evidencing China as origin of goods.

该条款要求提供普惠制原产地证书(Form A)一正一副，并在证书中加注证词证明货物系中国原产的，即在证书货物描述下方的空白处填写"We hereby evidence China as origin of goods."。不要认为产地证本身已证明货物为中国产，而漏填写此证词。

例6. G.S.P. Certificate of Origin Form A showing importing country.

该条款要求提供普惠制原产地证书(Form A)，并在证明上注明进口国。

例7. Suppliers are required to obtain document Form E from their government and forward said document to the customer.

该条款要求供货商从其政府处获得Form E，并向海关提交。

任务7.2　缮制一般原产地证书

一般原产地证(Certificate of Origin，CO)也称普通原产地证，是证明货物原产地或制造地的证明文件。在我国原产地证(CO)由中国国际经济贸易促进委员会或中国出入境检验检验局(China Entry and Exit Inspection Bureau)签发。

7.2.1　一般原产地证书的申领

根据我国现行规定，出口企业最迟于货物报关出运前3天，持签证机构规定的正本文件，向签证机构申请办理一般原产地证。申领所需的文件有：

(1)《一般原产地证明书申请书》(见样单7-1)一份；

(2)《一般原产地证明书(CO)》一套；(一式四份：一份正本，三份副本)；

(3) 正式出口商业发票正本一份，如发票内容不全，另附装箱单(盖章，不得涂改)；

(4) 含有进口成分的产品，必须提交《含有进口成分产品成本明细单》；

(5) 签证机构需要的其他单据。

7.2.2 一般原产地证书的缮制

一般原产地证采用全国统一的证书格式，一正三副。正本为浅蓝色水波纹，以长城图案作为暗影，第一、第二副本为白色，第三副本为黄色。证书用英文填制，除证书右上角的证书号外，共有12栏(见样单7-2)。各栏目填制要求如下：

1. 出口商(Exporter)

此栏填写合同中卖方或信用证受益人的名称、详细地址及国家或地区。若经其他国家或地区需填写转口商名称时，可在出口商后面加填英文 VIA，然后再填写转口商名称、地址和国家。

例如，ZHEJIANG TEXTILES IMPORT & EXPORT CO., LTD.
180 ZHONGHE ROAD, HANGZHOU, CHINA
VIA HONGKONG DAMING CO., LTD.
NO.456, CENTRAL ROAD, HONGKONG

2. 收货人(Consignee)

此栏填写最终收货人的名称、详细地址及国家或地区。一般情况下，信用证项下为提单通知人，托收或汇付项下为合同买方。由于贸易需要，有时合同或信用证规定收货人一栏留空，在这种情况下，有两种处理方法：①加注"To whom it may concern"(致有关的人)；②此栏加注"To order"。

如果合同或信用证规定此栏需要填写转口商名称时，可在收货人后面加填英文"VIA"+转口商名称、地址和国家。

3. 运输方式和路线(Means of transport and route)

此栏填写装运港、目的港、中转港(若有)的名称，并说明运输方式。一般按"From 装运港(地)To 目的港(地) By 运输方式"的顺序填写，若货物需要转运应注明转运地。

例如，通过海运，由上海港经香港转运到新加坡，应填写："From Shanghai to Singapore by vessel via Hong Kong."

4. 运抵国(地区)(Country/region of destination)

此栏填写目的港所在的国家(地区)的全称。在转口贸易时，一般应与最终收货人或最终目的港(地)国别一致，不能填写中间商国家名称。

5. 仅供签证机构使用(For certifying authority use only)

此栏为签证机构在签发后发证书、重发证书或加注其他声明时使用。例如，"证书丢失，重新补发，声明××号证书作废"等内容。出口方将此栏留空。

6. 标记及记号(Marks and numbers)

此栏应按照出口发票上所列唛头填写完整图案、文字标记及包装号码，不可简单地填写"AS PER INVOICE NO. ×××"(按照发票)或者"AS PER B/L NO. ×××"(按照提单)。如没有唛头，应填"N/M"或者"NO MARK"。此栏不得留空。如唛头较多本栏填不下，可填在第 7、8、9、10 栏空白处或用附页填写。

7. 商品描述、包装件数及种类(Number and kind of packages; description of goods)

此栏填写的出口商品名称应是商业发票中所描述的货物，可采用与其他单据无矛盾的称谓，但须与实际商品一致。包装件数及种类应与提单或运单中的表述一致。若是散装货物，用"In bulk"表示。填写时要注意以下几种情况。

(1) 包装件数及种类必须用英文大写和阿拉伯数字同时表示。一般先用数字再用英文大写表示。例如"100 箱"，填写为"100 CARTONS(ONE HUNDRED CARTONS ONLY)"。

(2) 商品名称应填写货物具体名称，应同商业发票一致。例如"100 箱罐头"，填写为"100 CARTONS (ONE HUNDRED CARTONS ONLY)OF CANNED GOODS."

(3) 与商品名称有关的商标、品牌、颜色、货号等无须显示，因为这些内容与商品编码、海关税则无关。

(4) 此栏填制完毕，在末行下紧接着填上一行终止符"＊＊＊"表示结束，以防加塞伪造。

(5) 有时的国外来证要求在证书上加注合同号、信用证号等内容，可加在此栏结束符号下方。

8. 商品编号(H.S. Code)

此栏填写上述商品对应的商品编码，一般填打 4 位数的 H.S.编码。该编码须准确无误，与报关单保持一致。

9. 数量或重量(Quantity or Weight)

此栏应按照提单或其他运输单据中的数量填写，若填重量的话则应填入毛重。例如，电视机以台计算，100 台即可填"100SETS"。以重量(毛重)计算的，净重 100 吨即可填"N.W. 100M/T"。

10. 发票号码和日期(Number and date of invoices)

此栏填写商业发票的号码和日期，分两行填写，第一行填写发票号码，第二行填写发票日期。应与商业发票上的显示一致，并且不能迟于出货日期。为避免对月份、日期的误解，月份一律用英文表述。

11. 出口商声明(Declaration by the exporter)

出口商声明已事先印就，内容为："兹出口商声明以上所列内容正确无误，本批出口商品的生产地在中国，完全符合中华人民共和国出口货物原产地规则。"出口商在此声明栏空白处，由已在签证机构注册的法人代表或签署人员手签，加盖有中英文的印章，并且还需填写申报地点、申报日期。申报日期不得早于第 10 栏的发票日期。

12. 签证机构证明(Certification)

签证机构证明已事先印就，内容为"兹证明出口商的声明是正确无误的。"签证机构授权人审核后在些栏(正本)签名，加盖签证机构印章，两者不能重叠。另外，签证机构还要注明签发地点和签发日期。签发日期不得早于发票日期(第 10 栏)和申报日期(第 11 栏)。

7.2.3 一般原产地证书的更改或重发

对签证机构已签发的原产地证明书,当出口企业需要更改其内容时,出口企业应书面申明理由,提交已更改的CO产地证,并退回原证书正本。

对签证机构已签发的原产地证明书遗失或损毁,出口企业应书面说明遗失或损毁的原因,提交重新填制的CO产地证及原证书副本或复印件。此时,签证机构将在第5栏加注下列内容:"This Certificate is in replacement of Certificate of Origin No... Dated... Which cancelled."(本证为某月某日签发的第×××号证书之副本,原证作废。)

样单7-1:一般原产地证书申请书

一般原产地证明书/加工装配证明书
申 请 书

申请单位注册号:3201	证书号:09998033
申请人郑重声明:	发票号:ZJ2013356

全部国产填上
P·含进口成分
填上W

本人被授权代表本企业办理和签署本申请书。

本申请书及一般原产地证明书/加工装配证明书所列内容正确无误,如发现弄虚作假,冒充证书所列货物,擅改证书,愿按《中华人民共和国出口货物原产地规则》有关规定接受惩处并承担法律责任,现将有关情况申报如下:

商品名称	儿童外套		H.S.编码(六位数)		6209.20
商品生产、制造、加工单位、地点		杭州市红孩儿服装厂			
含进口成分产品主要制造加工工序		***			
商品FOB总值(以美元计)	40 445美元	最终目的地国/地区		泰国	
拟出运日期	2013年5月10日	转口国(地区)		***	
包装数量或毛重或其他数量	400纸箱/8 000件				
贸易方式和企业性质(请在适用处划"√")					
一般贸易		三来一补		其他贸易方式	
国营		国营		国营	
三资		三资		三资	
其他	√	其他		其他	

现提交中国出口货物商业发票副本一份,报关单一份或合同/信用证影印件,一般原产地证书/加工装配证明书一正二副,以及其他附件 *** 份,请予审核签证。

申请单位盖章(浙江省对外贸易有限公司)

申领人(签名)李莉
电话:0571-83452345
日期:2013年5月7日

样单 7-2：一般原产地证书(CO)

ORIGINAL

1. Exporter ZHEJIANG FOREIGN TRADE CO., LTD. 168 TIANMUSHAN ROAD, HANGZHOU, CHINA.	Certificate No. 09998033 **CERTIFICATE OF ORIGIN** **OF** **THE PEOPLE'S REPUBLIC OF CHINA**
2. Consignee GAMES IMP. AND EXP. COMPANY 31 BLUEBIRD STREET BANGKOK THAILAND	
3. Means of transport and route FROM SHANGHAI, CHINA TO BANGKOK, THAILAND BY VESSEL.	5. For certifying authority use only
4. Country / region of destination THAILAND	

6. Marks and numbers	7. Number and kind of packages; description of goods	8. H.S.Code	9. Quantity	10. Number and date of invoices
GAMES ZJ130316 BANGKOK NOS.1-400	400CTNS(FOUR HUNDRED CARTONS ONLY) OF CHILDREN'S COATS. ****************************** CREDIT NO. HI-2013056 DATED 25 MAR., 2013 ISSUED BY KRUNG THAI BANK PUBLIC CO., LTD.	62.09	8000PCS	ZJ2013356 28 APR., 2013

11. Declaration by the exporter The undersigned hereby declares that the above details and statements are correct, that all the goods were produced in China and that they comply with the Rules of Origin of the People's Republic of China. 浙江省对外贸易有限公司 ZHEJIANG FOREIGN TRADE CO., LTD. 李莉 HANGZHOU, CHINA 07 MAY, 2013 Place and date, signature and stamp of authorized signatory	12. Certification It is hereby certified that the declaration by the exporter is correct. 中国贸促会 单据证明专用章 王琴 HANGZHOU, CHINA 07 MAY, 2013 Place and date, signature and stamp of certifying authority

任务 7.3　缮制普惠制产地证书

普惠制产地证书(Generalized System of Preferences Certificate of Origin)是一种受惠国有关机构就本国出口商向给惠国出口受惠商品而签发的，用以证明原产地的证明文件，也是给惠国给予优惠关税待遇或免税的凭证。在我国普惠制原产地证书(Form A)由中国出入境检验检疫局(China Entry and Exit Inspection Bureau)签发。

7.3.1　普惠制产地证书的申领

根据我国商检机构的有关规定，出口企业最迟于货物出运前5天，持填好的普惠制产地证书、申请书及其他必要单据到各地的商检机构办理签发手续。商检机构对提交的单据进行审核，如审核无误，即在证书上签字盖章，将其退给出口企业。申领时需要提交下列资料：

(1)《普惠制产地证明书申请书》一份；
(2)《普惠制产地证明书(Form A)》(英文缮制)一套；
(3) 正式出口商业发票正本一份，如发票内容不全，另附装箱单(盖章，不得涂改)；
(4) 含有进口成分的产品，必须提交《含有进口成分产品成本明细单》；
(5) 复出口日本的来料加工产品或进料加工产品需提交《从日本进口原料证明书》；
(6) 签证机构需要的其他单据。

在申请时，要如实解答商检机构提出的有关问题。对首次申请签证的单位，商检机构将派员到生产现场作例行调查。对非首次申请签证的单位，商检机构对申报内容有疑问，或认为有必要时，也可派员对产品的生产企业进行抽查。作上述调查后，商检机构将填写《出口企业(或生产厂)普惠制签证调查记录》，以此作为是否同意签证的依据。被调查或抽查的单位有义务积极协助商检人员进行查核，提供必要的资料、证件和工作文件。

7.3.2　普惠制产地证书申请书的缮制

普惠制产地证书申请书(见样单7-3)是申请单位向检验检疫机构办理普惠制原产地证明书时需填写的专用申请表，申请单位应如实、准确填写《申请书》中的各项内容。

1. 申请单位(盖章)

加盖申请单位公章。

2. 注册号

填写申请单位在检验检疫局产地证签证部门注册的注册号。

3. 证书号

企业应根据检验检疫局的编号规则，按顺序编号，不得重号或跳号。

4. 电话

填写申请单位的联系电话。

5. 申报日期

填写申报日期。

6. 生产单位/联系人电话

填写该批出口货物的生产企业全称及联系人的电话。

7. 商品名称

填写商品品名的中英文,并且与发票证书的商品名称一致。

8. H.S.税目号

填写商品 H.S.税目号(6 位数)。

9. 包装数量,毛重或其他数量

填写该批出口货物的箱数、毛重或个数等。

10. 商品 FOB 总值

根据申报的出口货物出口发票上所列的金额,以 FOB 价格填写(以美元计)。如出口货物不是以 FOB 价格成交的,应换算成 FOB 价格。

11. 发票号

应填上所附的出口发票的发票号。

12. 货物出运日期

如实准确填写货物离开起运口岸的当天日期(年、月、日)。

13. 最终销售国

货物即将运抵的最终销售国。

14. 贸易方式和企业性质

根据实际情况选择打"√"。

15. 原产地标准

根据提示及货物实际情况选择 1～4 项。

16. 本批商品系

根据货物运输路线的起运港、中转港及目的港填写本批商品运输路线。

国际商务单证实务

17. 提交单据

申请单位依据所提供单证画"√",如有提供其他相关单据,一并补填。

18. 申领员

由已在检验检疫局产地证部门注册备案的申领员签署姓名。

7.3.3 普惠制产地证书的缮制

普惠制原产地证书(Form A)采用联合国贸发会统一规定的证书格式,一正二副。正本为绿色,印有扭索图案底纹,第一副本为白色,第二副本为黄色。证书用英文或法文填制,除右上角的证书号码(Reference No.)外,证书共有12栏(见样单7-4)。各栏填制要求如下:

1. 出口商名称、地址、国家(Goods Consigned from)

此栏是带有强制性的,应填明在中国境内的出口商详细地址,包括街道名、门牌号码等。出口商必须是已办理产地注册的企业,且公司英文名称应与检验检疫局注册备案的一致。此栏切勿有香港、台湾等中间商出现。

2. 收货人的名称、地址、国家(Goods Consigned to)

一般应填给惠国最终收货人名称、详细地址及国家名称,即信用证上规定的提单通知人或特别声明的收货人,如最终收货人不明确,可填发票抬头人。此栏不能填香港、台湾等其他中间商的名称,到欧盟国家,此栏也可填上"TO ORDER"或"TO WHOM IT MAY CONCERN"。

3. 所知运输方式和航线(Means of Transport and Route)

一般填写装货、到货地点(如装运、目的港)及运输方式(如海运、陆运、空运)等内容,对转运商品应加转运港,例如:SHIPMENT FROM SHANGHAI TO NEW YORK VIA HONGKONG BY SEA.

对输往内陆给惠国的商品,如瑞士、奥地利,由于这些国家没有海岸,因此,若系海运,都需经第三国,再转运至该国,在填写时应注明。例如:SHIPMENT FROM SHANGHAI TO HAMBURG W/T AT HONGKONG BY VESSEL IN TRANSIT TO SWITZERLAND.

4. 供官方签证机构使用(For Official Use)

此栏由签证当局填写,申请单位应将此栏留空。签证当局根据实际情况,填写如下内容:

(1) 如属"后发"证书,签证当局会在此栏加打"ISSUED RETROSPECTIVELY"。

(2) 如属签发"复本"(重发证书),签证当局会在此栏注明原发证书的编号和签证日期,并声明原发证书作废,其文字是 THIS CERTIFICATE IS IN REPLACEMENT OF CERTIFICATE OF ORIGIN NO...... DATED...... WHICH IS CANCELLED,并加打"DUPLICATE"。

(3) 出口日本产品采用日本原料的，签证当局会在此栏加打"SEE THE ANNEX NO..."。

(4) 出口欧洲联盟国家或挪威、瑞士的产品采用上述国家原料的，签证当局会在此栏加打"EC CUMULATION""NORWAY CUMULATION"或"SWITZERLAND CUMULATION"。

5. 商品顺序号(Item Number)

如同批出口货物有不同品种，列上 1.2.3.4. 等。单项商品填"1"或留空均可。

6. 唛头及包装号(Marks and Numbers of Packages)

此栏按实际货物和发票上的唛头，填写完整的图案文字标记及包装号。 唛头中处于同一行的内容不要换行打印。

(1) 唛头不得出现"HONGKONG""MACAO""TAIWAN""R.O.C."等中国以外其他产地制造字样。

(2) 此栏不得留空。货物无唛头时，应填"N/M"。如唛头过多，可填在第 7、8、9、10 栏的空白处。

(3) 如唛头为图文等较复杂的唛头，则可在该栏填上"SEE ATTACHMENT"，并另加附页。附页需一式三份，附页上方填上"ATTACHMENT TO THE CERTIFICATE OF ORIGIN NO..."。(证书号码)，参照 Form A 证书，附页下方两边分别打上签证地点、签证日期和申报地点、申报日期，左下方盖上申报单位签证章并由申报单位申报员签名。附页应与 Form A 证书大小一致。

7. 包装件数、包装种类和商品的名称(Number and Kind of Packages; Description of Goods)

此栏目填写四项内容：

(1) 包装件数和种类。包装数量必须用英文和阿拉伯数字同时表示，要求填明运输包装多少袋，多少箱等。例如：150 箱工作手套。应填写："ONE HUNDRED AND FIFTY (150) CARTONS OF WORKING GLOVES."。

(2) 商品名称。应填具体内容，不能笼统地填"MACHINE"(机器)、"GARMENT"(服装)等，商品的商标、牌名(BRAND)及货号(ART No.)一般可以不填。

(3) 商品名称等项列完后，应在末行加上截止线"***"，以防止加填内容。

(4) 若国外信用证有时要求填写合同、信用证号码等，可加在此栏截止线下方，并以"REMARKS："作为开头。

8. 原产地标准(Origin Criterion)

此栏用字最少，但却是国外海关审证的核心项目，对含有进口成分的商品，因情况复杂，国外要求严格，极易弄错而造成退证，应认真审核。现将一般情况说明如下：

(1) 完全原产产品，不含任何进口成分，出口到所有给惠国均填"P"。

(2) 含有进口成分的商品，出口至欧盟、瑞士、挪威和日本的，符合上述有关给惠国的加工标准的，填"W"，并在"W"下方表明产品的4位数税则号。例如："W" 96.18。

(3) 含有进口成分的商品，出口至加拿大的，进口成分的价值不超过该商品出厂价的40%的，填"F"。

(4) 出口至俄罗斯、白俄罗斯、哈萨克斯坦、乌克兰、捷克和斯洛伐克的，进口成分的价值不超过商品离岸价50%的，填"Y"，并在"Y"下方加注该商品进口成分的价值占商品离岸价的百分比。例如："Y" 45%。

(5) 出口至澳大利亚、新西兰的商品，此栏可留空。因为澳大利亚的主要规定是出口商在商业发票上填制申明。

9. 毛重或其他数量(Gross Weight or other Quantity)

此栏应以商品的正常计量单位填，如"只""件""双""台""打"等。以重量计算的则填毛重，只有净重的，填净重也可，但要标上：N.W.(NET WEIGHT)。

10. 发票号码及日期(Number and Date of Invoices)

发票内容必须与正式商业发票一致，此栏不得留空，为避免误解，月份一般用英文缩写 JAN.、FEB.、MAR.等表示，发票日期年份要填全，如"2006"不能为"06"。发票号太长需换行打印，应使用连字符"-"。发票日期不能迟于提单日期和申报日期。

11. 签证当局的证明(Certification)

由签证机构授权签证人员在此栏手签并加盖签证当局的印章。签证当局只在证书正本加盖印章。签字和盖章不得重合，并填写签证日期、地点。签发日期不得早于发票日期(第10栏)和申报日期(第12栏)，并早于提单日期。

12. 出口商声明(Declaration by the Exporter)

在生产国横线上填写"中国"(China)。进口国横线上填最终进口国，进口国必须与第3栏目的国别一致，如转运内陆目的地，应与内陆目的地国别一致。凡货物运往欧盟二十八国范围内，进口国不明确时，进口国可填 E.U.。

申请单位应授权专人在此栏手签，标上申报地点、日期，并加盖申报单位中英文印章，手签人手迹必须在出入境检验检疫局注册备案。此栏日期不得早于发票日期(第10栏)(最早是同日)。盖章时应避免覆盖进口国名称和手签人姓名。

样单7-3：普惠制产地证明书申请书

普惠制产地证明书申请书

申请单位(盖章)：

注册号：0851

证书号：G13/039944/M876

申请人郑重声明：

本人是被正式授权代表出口单位办理和签署本申请书的。

本申请书及普惠制产地证格式 A 所列内容正确无误，如发现弄虚作假，冒充格式 A 所列货物，擅改证书，自愿接受签证机关的处罚及负法律责任。现将有关情况申报如下：

生产单位	浙江乐园玩具厂	生产单位联系人电话	0571-65003328
商品名称(中英文)	毛绒玩具	H．S税目号(以六位数码计)	950300
商品(FOB)总值(以美元计)	13 000 美元	发票号	ZJ909440
最终销售国	荷兰	证书种类划"√"	加急证书 / √普通证书
货物拟出运日期	2013 年 5 月 25 日		

贸易方式和企业性质(请在适用处划"√")

正常贸易C	来料加工L	补偿贸易B	中外合资H	中外合作Z	外商独资D	零售Y	展卖M
√							

包装数量或毛重或其他数量	386 纸箱/3 155 千克

原产地标准：
本项商品系在中国生产，完全符合该给惠国给惠方案规定，其原产地情况符合以下第 ① 条。
① "P"（完全国产，未使用任何进口原材料）；
② "W" 其 H．S 税目为＿＿＿＿＿＿＿＿（含进口成分）；
③ "F"（对加拿大出口产品，其进口成分不超过产品出厂价值的40%）。
本批产品系： 1. 直接运输从＿＿上海＿＿到＿＿鹿特丹＿＿；
2. 转口运输从＿＿＿＿＿＿＿中转国(地区)＿＿＿＿到＿＿＿＿；

申请人说明	领证人(签名) 李莉
	电 话：0571-83452345
	日 期：2013 年 5 月 20 日

现提交中国出口商业发票副本一份，普惠制产地证明书格式A(FORM A)一正二副，以及其他附件 *** 份，请予审核签证。

注：凡含有进口成分的商品，必须按要求提交《含进口成分受惠商品成本明细单》

签证人：

样单 7-4：普惠制产地证书(Form A)

1.Goods consigned from (Exporter's business name, address, country) ZHEJIANG FOREIGN TRADE CO., LTD. 168 TIANMUSHAN ROAD, HANGZHOU, CHINA.	Reference No.	G13/039944/M876 **GENERALIZED SYSTEM OF PREFERENCES** CERTIFICATE OF ORIGIN (Combined declaration and certificate) FORM A
2.Goods consigned to (Consignee's name, address, country) XYZ TRADING B.V. P.O. BOX 88, HEIMAN DULLAERTILEIN 8, 3025CA ROTTERDAM, NETHERLANDS.	Issued in	**THE PEOPLE'S REPUBLIC OF CHINA** (country) See Notes overleaf
3. Means of transport and route (as far as known) FROM SHANGHAI, CHINA TO ROTTERDAM, NETHERLANDS BY SEA.	4. For official use	

5.Item number	6.Marks and numbers of packages	7.Number and kind of packages; description of goods	8.Origin criterion (see Notes overleaf)	9.Gross weight or other quantity	10.Number and date of invoices
01	XYZ ROTTERDAM NOS.1-386 MADE IN CHINA	GHREE HUNDRED AND EIGHTY SIX (386) CARTONS OF PLUSH TOYS. ************************ CREDIT NUMBER: MDU-99107	"P"	3155.00KGS	ZJ909440 MAY12,1013

11.Certification It is hereby certified, on the basis of control carried out, that the declaration by the exporter is correct. HANGZHOU, CHINA MAY 20,2013 Place and date, signature and stamp of certifying authority	12.Declaration by the exporter The undersigned hereby declares that the above details and statements are correct, that all the goods were produced in **CHINA** (country) and that they comply with the origin requirements specified for those goods in the Generalized System of Preferences for goods exported to **NETHERLAND** (importing country) 浙江省对外贸易有限公司 ZHEJIANG FOREIGN TRADE CO., LTD. Place and date, signature and stamp of authorized signatory

任务 7.4　缮制区域性优惠原产地证书

近年来，我国与许多国家或区域性经济集团进行了多轮谈判并达成协议，双方在清单中的产品可享受比最惠国税率更为优惠的关税税率。这种关税优惠是相互的，与发达国家给予发展中国家的普惠制有所不同。在同这些协议项下的国家进出口货物时，由出口商提供区域性优惠原产地证，使进口商得到关税优惠待遇，从而达到双边互惠的目的。由于区域性贸易协定的关税优惠是对等互惠的，它将逐渐代替普惠制，成为我国出口产品的主要优惠政策，各种区域性优惠原产地证书也将逐步代替普惠制产地证书。

7.4.1　《亚太贸易协定》原产地证书的缮制

《亚太贸易协定》原产地证书英文全称是："CERTIFICATE OF ORIGIN Asia-Pacific Trade Agreement(Combined Declaration and Certificate)"，因为证书号的首字是 B，所以《亚太贸易协定》原产地证书又称 Form B。可以签发亚太贸易协定原产地证的国家有印度、韩国、孟加拉国、斯里兰卡、老挝和中国六个国家。

《亚太贸易协定》原产地证书采用统一规定的证书格式，一正二副。正本为粉红色，两联副本为白色，除了号码栏，共 12 栏(见样单 7-5)，各栏填写方法如下。

1. 第 1 栏：出口商名称、地址、国别[Goods consigned from (Exporter's business name, address, country)]

此栏带有强制性，应填写中国境内出口商的详细地址，包括道路名称、门牌号码等。出口商必须是已经办理产地注册的企业，且英文名称与在签证机构注册备案的一致。此栏切勿出现中国香港、中国台湾等中间商。

2. 第 2 栏：收货人名称、地址、国家[Goods consigned to(Consignee's business name, address, country)]

此栏填写亚太贸易协定成员国最终收货人的名称，即信用证上规定的提单通知人，或特别声明的收货人，不能填中国香港、中国澳门、中国台湾等其他中间商名称。此栏在特殊情况下，也可填"To order"或"To whom it may concern"字样。

3. 第 3 栏：供签证当局使用(For official use)

此栏由签证机构填写，出口商留空。

(1) 如"后发"证书，签证机构在此栏盖上"Issued retrospectively"章。

(2) 如"重发"证书，签证机构在此栏注明原发证书的编号和签证日期，并声明原发证书作废，其文字是这样的：此证书是某月某日签发的某证书(号码为……)的副本，原证书已作废(This certificate is in replacement of Certificate of Origin No. ×××dated… which is cancelled.)，并盖上"副本"(duplicate)的红色印章。

4. 第 4 栏：运输方式与路线(Means of transport and route)

此栏填写最后一个离开中国内地关境的离境地，如果是转运货物，还要加上转运地。

5. 第 5 栏：税则号(Tariff item number)

此栏填写出口货物的 H.S.编码，填写前 4 位。

6. 第 6 栏：唛码标志(Marks and numbers on Packages)

此栏填写出口货物外包装上的运输标志(唛头)，须与发票上的唛头一致。唛头中处于同一行的内容不能换行。此栏不得留空。

(1) 如果散装货物没在唛头，应填写"N/M"(无唛头)。

(2) 如果唛头过多，可填写在第 7、8、9、10 栏的空白处。

(3) 如果唛头是图案等较为复杂的形式，可在该栏目填上"See attachment"，并另加附页。附页须一式三份，附页上方填上"Attachment to the Certificate of Origin No.×××"(证书号码)，附页下方两边分别填上签证地点、签证日期、申报地点和申报日期，右下方盖上出口商的签证章并由申报员签名，附页与证书大小一致。

7. 第 7 栏：包装数量及种类和货物描述(Number and kind of packages/Description of goods)

此栏填写出口货物的名称、包装件数的大小写，并在末行加上"***"字符(截止线)，以防加塞伪造内容。

(1) 商品名称详细、准确，并与第 5 栏的税则号相对应。如果合同或信用证中的品名过于笼统，应在括弧内加注具体的描述。

(2) 如果合同或信用证要求在产地证中显示信用证号、订单号等内容，可加在截止线下方，以"Remarks"开头。

8. 第 8 栏：原产地标准 [Origin criterion(see notes overleaf)]

此栏用字不多，却是进口国海关审核的核心项目，必须认真填写，若有不明之处，可查看证书反面。属于完全原产的货物，填写"A"；如果含有进口成分的产品，填写如下：

(1) 在一出口成员国境内最终制得或加工的产品，如果其使用的来自非成员国或不明原产地的原材料、零件或制品的总价值不超过该产品 FOB 价的 55%，则填写字母"B"并注明原产于非成员国或原产地不明的原材料、零件或制品的总价值不超过该产品 FOB 价的百分比，例如"B 50%"。

(2) 符合原产地累积标准的，如果最终产品中成员国成分合计不低于其 FOB 价的 60%，则填写字母"C"并注明原产于成员国领土内的累计含量的总价值占出口产品 FOB 价的百分比，例如"C 60%"。

(3) 最不发达成员国原产的产品在适用条件"A"时百分比不能超过 65%，适用条件"B"时百分比不能低于 50%。符合该特定原产地标准的产品，填写字母"D"。

9. 第 9 栏：毛重及其他数量(Gross weight or other quantity)

此栏应以商品的正常计量单位填写，如只、件、匹、双、打、台等，以重量计算的则填毛重，只有净重的，填净重也行，但要标明净重，即加上"N.W.(net weight)"。

10. 第 10 栏：发票号及日期(Number and date of invoice)

此栏填写对应的发票号码和发票日期，必须与商业发票上显示的一致。

(1) 月份用英文缩写表示，日期与年份用数字表示。
(2) 年份要填写完整，例如 2014 不能写成 14。
(3) 发票号码如果太长需换行打印时，应使用连字符"－"。
(4) 发票日期不能迟于提单日期和申报日期。

11. 第 11 栏：生产国、进口国声明和出口商(Declaration by the exporter)

此栏有三项内容：

(1) 出口商声明和生产国，英文声明和生产国"CHINA"字样已经印就，大意是证书中所列内容正确，货物产于中国。

(2) 进口国，横线上的进口国国名一定要正确，必须是亚太贸易协定成员国，与收货人及目的港所在的国别一致。

(3) 出口商签署，出口企业的申报员应在此栏签署，并加盖已在签证机构注册过的中英文签证章，填上申报地点与时间。印章应清晰。

注意：申报日期不能填写法定休息日，此日期不得早于发票日期，一般也不能迟于提单日期，如果迟于提单日期，则要申请后发证书。在证书正本和所有副本上盖章签署时，要避免覆盖进口国名称、原产国名称、申报地址和申报时间。更改后证书的申报日期一般与原证一致，重发证书的申报日期应为重新申报时的日期。

12. 第 12 栏：签证当局证明(Certification)

此栏填写签证地址和日期，一般情况下，与出口商申报日期、地址一致。签证机构授权签证人员在本栏签署，并加盖签证机构的印章。签证机构只在证书正本加盖印章，副本没有印章。

13. 第 13 栏：证书号码(Reference No.)

此栏填写亚太贸易协定原产地证书号码。

对于签署机构已经签发的证书，出口商如需更改内容，须提出更改申请，并退还原签证书。更改的号码与新证的编码规则一致，但需改变流水号。如原签发的证书遗失，经签证机构重新签发，重发证的号码与新证的编码规则一致，但需改变流水号。

样单 7-5：《亚太贸易协定》原产地证书(Form B)

1. Goods consigned from (Exporter's business name, address, country)	Reference No. CERTIFICATE OF ORIGIN Asia-Pacific Trade Agreement (Combined Declaration and Certificate)
2. Goods consigned to (Consignee's name, address, country)	Issued in THE PEOPLE'S REPUBLIC OF CHINA (country) See Notes overleaf
4. Means of transport and route	3. For official use

国际商务单证实务

5.Tariff item Number	6.Marks and numbers of packages	7.Number and kind of packages/Description of goods	8.Origin criterion (see Notes overleaf)	9.Gross weight or other quantity	10.Number and date of invoices

11. Declaration by the exporter
The undersigned hereby declares that the above details and statements are correct, that all the goods were produced in
 	
    CHINA
    (country)
 	
and that they comply with the origin requirements specified for those goods in the Asia-Pacific Trade Agreement for goods exported to
 	
   (importing country)
 	
_____
Place and date, signature and stamp of authorized signatory
			12. Certification
			It is hereby certified, on the basis of control carried out, that the declaration by the exporter is correct.
			
			_____
			Place and date, signature and stamp of certifying authority		

7.4.2 中国—东盟自贸区优惠原产地证书的缮制

中国—东盟自贸区优惠原产地证英文全称是 "ASEAN-CHINA FREE TRADE AREA PREFERENTIAL TARIFF CERTIFICATE OF IRIGIN(Combined Declaration and Certificate) FORM E",简称 Form E。为享受中国—东盟自贸区优惠关税协议优惠待遇而接受本证明书的成员国有文莱、柬埔寨、印度尼西亚、老挝、马来西亚、缅甸、菲律宾、新加坡、泰国、越南和中国。

中国—东盟自贸区优惠原产地证采用专用证书格式,一正三副,正本为灰棕色,三联副本为浅绿色。正本交给进口商;第一副本出证机构留存;第二副本交给进口商,货物在进口国通关后交还给有关当局;第三副本出口商留存。Form E 共 12 栏(除了号码栏)(见样单 7-6),用英文填制,各栏填制要求如下:

1. 第 1 栏:出口商名称、地址、国别[Goods consigned from(Exporter's business name, address, country)]

此栏带有强制性,应填写中国境内出口商的详细地址,包括道路名称、门牌号码等。出口商必须是已经办理产地注册的企业,且英文名称与在签证机构注册备案的一致。此栏切勿出现中国香港、中国台湾等中间商。

2. 第 2 栏:收货人名称、地址、国家[Goods consigned to(Consignee's business name, address, country)]

此栏填写中国—东盟自贸区成员国最终收货人名称、地址和国名,不得出现中国香港、中国澳门、中国台湾等其他中间商名称。此栏在特殊情况下,也可填"To order"或"To whom it may concern"字样。

3. 第 3 栏:运输方式及运输途径(Means of transport and route)

此栏填离港日期、运输工具(船名、航班)和卸货港。

4. 第 4 栏：供官方使用(For official use)

此栏由进口国海关填写。不论是否给予优惠待遇，进口成员国海关必须在第 4 栏做出相应的标注。

5. 第 5 栏：商品顺序号(Item number)

如同批出口货物有不同品种，则按不同品种分列"1""2""3"……，以此类推。单项商品，此栏填"1"。此栏不得超过 20 项。

6. 第 6 栏：唛头及包装号(Marks and numbers on packages)

此栏填制要求同 FORM A 证书。

7. 第 7 栏：包装数量及种类、货物名称及 HS 编码(Number and type of packages, description of goods and H.S. number of the importing country)

此栏填写包装数量及种类，商品的名称及 HS 编码。例如，ONE HUNDRED AND FIFTY(150)CARTONS OF SOYBEAN.

货物名称必须详细，以便验货的海关官员可以识别。HS 编码填 6 位数编码。其他要求同 Form A 证书。如适用第三方发票条款，在该栏加注中国以外的第三方公司名称、地址。

8. 第 8 栏：原产地标准[Origin criterion(see notes overleaf)]

(1) 对于完全原产的产品，应填写"WO"(适用于文莱、马来西亚、泰国、新加坡和越南)，或填写"X"(适用于缅甸、柬埔寨、印度尼西亚、老挝、菲律宾)。

(2) 货物在出口成员国加工但并非完全生产，未使用原产地累计规则判断原产地标准的，其国产价值成分≥40%，填写该产品国产价值的百分比，例如 70%。

(3) 货物在出口成员国加工但并非完全生产，使用了原产地累计规则判断原产地标准的，中国—东盟累计价值成分≥40%，填写该产品价值的百分比，例如 45%。

(4) 货物符合产品的特定原产地标准的产品，填写"PSR"。

9. 第 9 栏：毛重或其他数量及货值(FOB)[Gross weight or other quantity and value(FOB)]

此栏应填商品的正常计量单位，如"只""件""双""台""打"等。货物以重量计的则填毛重，只有净重的，则需加注 N.W.(NET WEIGHT)。货值为正式出口商业发票上的价值，以 FOB 价计，也可填写第三方发票金额。

10. 第 10 栏：发票号码及日期(Number and date of invoices)

发票号码、发票日期必须按正式商业发票填写。月份一律用英文(可写缩写)表示。如适用第三方发票条款，填写第三方发票的编号和日期。

11. 第 11 栏：出口商声明(Declaration by the exporter)

在生产国横线上填"CHINA"(证书上已印刷)。进口国横线上填最终进口国，进口国必须是中国_东盟自贸区成员国，且与第三栏目的港国别一致。此栏填打申报地点、申报日期，例如：HANGZHOU, CHINA JUN.20,2014。申请单位应授权专人在此栏手签，并加盖申请单位中英文印章。

12. 第12栏：官方证明(Certification)

此栏填写签证机构的签证地点、日期。签证机构的签证人员经审核后在此栏(正本和副本)签名，盖签证印章。当签发后发证书时，需在此栏上加注"ISSUED RETROSPECTIVELY"。

如果Form E原产地证书需要更改，由原签证机构的签证人员将证书上错误项目以横线画去，在旁边空白处手写正确的内容，在正确内容周围加"＊ ＊ ＊"(截止符)，由签证人员签字，并加盖签证印章，不再重新签发Form E更改证书。

样单7-6：中国—东盟自贸区优惠原产地证书(Form E)

1.Goods consigned from (Exporter's business name, address, country)	Reference No. 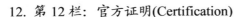 ASEAN-CHINA FREE TRADE AREA PREFERENTION TARIFF CERTIFICATE OF ORIGIN (Combined Declaration and Certificate) FORM E
2.Goods consigned to (Consignee's name, address, country)	FORM A Issued in　　THE PEOPLE'S REPUBLIC OF CHINA 　　　　　　　　　　(country) 　　　　　　　　　　　　　　See Notes overleaf
3. Means of transport and route (as far as known) Departure date Vessel's name/Aircraft etc. Port of discharge	4.　　For official use □ Preferential treatment Give Under ASEAN-CHINA Free Trade Area Preferential Tariff □ Preferential treatment Not Given(Please state reason/s)

5.Tariff item Number	6.Marks and numbers of packages	7.Number and kind of packages/Description of goods	8.Origin criterion (see Notes overleaf)	9.Gross weight or other quantity and value(FOB)	10.Number and date of invoices

11. Declaration by the exporter The undersigned hereby declares that the above details and statements are correct, that all the goods were produced in **CHINA** (country) and that they comply with the origin requirements specified for these goods in the ASEAN-CHINA Free Trade Area Preferential Tariff for goods exported to (importing country) Place and date, signature and stamp of authorized signatory	12. Certification It is hereby certified, on the basis of control carried out, that the declaration by the exporter is correct. Place and date, signature and stamp of certifying authority

7.4.3 ECFA 原产地证书的缮制

ECFA 全称是"Economic Cooperation Framework Agreement",即《海峡两岸经济合作框架协议》的英文简称,因此,《海峡两岸经济合作框架协议》原产地证书简称为 ECFA 原产地证书。

《海峡两岸经济合作框架协议》原产地证书采用专用证书格式,一正二副,正本为浅褐色,印有扭索图案底纹,两联副本为白色。《海峡两岸经济合作框架协议》原产地证书用简体中文填制,必要时辅以英文,但不能仅用英文填写。证书共 15 栏(见样单 7-7),各栏的填制如下:

标题栏(右上角),填上检验检疫机构编定的证书号。《海峡两岸经济合作框架协议》原产地证书代码为 H。

1. 第 1 栏:出口商(名称、地址)

此栏填写海峡两岸经济合作框架协议下在双方注册登记的海峡两岸双方出口商详细名称、地址、电话、传真和电子邮件等联系方式。如无传真或电子邮件,应填写"无"。

2. 第 2 栏:生产商(名称、地址)

此栏填写海峡两岸经济合作框架协议下在双方注册登记的海峡两岸双方生产商详细名称、地址、电话、传真和电子邮件等联系方式。如无传真或电子邮件,应填写"无"。如果证书包含一家以上生产商,应详细列出所有生产商的名称、地址,如果证书填写不下,可以随附生产商清单。如果生产商和出口商相同,填写"同上"。若本栏资料属机密性资料时,请填写"签证机构或相关机关要求时提供"。

3. 第 3 栏:进口商(名称、地址)

此栏填写海峡两岸经济合作框架协议下在双方注册登记的海峡两岸双方进口商详细名称、地址、电话、传真和电子邮件等联系方式。如无传真或电子邮件,应填写"无"。

4. 第 4 栏:运输工具及路线

此栏填写运输方式及路线,详细说明离港日期、运输工具(船舶、飞机等)的编号、装货口岸和到货口岸。如离港日期未最终确定,可填写预计的离港日期,并注明"预计"字样。

5. 第 5 栏:受惠情况

不论是否给予优惠关税待遇,进口方海关可在本栏标注"√"。如果不给予优惠关税待遇,请在该栏注明原因。该栏应由进口方海关已获授权签字人签字。

6. 第 6 栏:备注

此栏如有需要,可填写订单号码、信用证号等。

7. 第 7 栏:项目编号

此栏填写项目编号,但不得超过 20 项。

8. 第 8 栏：H.S.编号

应对应第 9 栏中的每项货物填写《协调制度》编码，以进口方 8 位编码为准。

9. 第 9 栏：货品名称、包装件数及种类

应详细列明货品名称、包装件数及种类，以便海关关员查验。货品名称可在中文名称外辅以英文，但不能仅以英文填写。货品名称应与出口商发票及《协调制度》上的商品描述相符。如果是散装货，注明"散装"。当本栏货物信息填写完毕时，加上结束符"＊＊＊"。

10. 第 10 栏：毛重或其他计量单位

每种货物的数量可依照海峡两岸双方惯例采用的计量单位填写，但同时填写以国际计量单位衡量的数量，如毛重(用千克衡量)、容积(用升衡量)、体积(用立方米衡量)等，以精确地反映货物数量。

11. 第 11 栏：包装唛头或编号

此栏应填写唛头或包装号，以便海关关员查验。

12. 第 12 栏：原产地标准

若货物符合临时原产地规则，出口商必须按照下列表格中规定的格式，在本证书第 12 栏中标明其货物申报适用优惠关税待遇所根据的原产地标准。

本表格第 9 栏列名的货物生产或制造的详情	填入第 12 栏
出口方完全获得的货物	WO
完全是在一方或双方，仅由符合本附件的临时原产地规则的原产地材料生产	WP
符合产品特定原产地标准的货物	PSR

此外，如果货物用的原产地标准依据"累积规则"条款"微小含量"条款或"可互换材料"条款，亦应于本栏相应填写"ACU""DMI"或"FG"。

13. 第 13 栏：发票价格、编号及日期

此栏填写海峡两岸经济合作框架协议下在双方注册登记的海峡两岸双方出口商开具的商业发票所载明的货物实际成交价格、发票编号及发票日期。

14. 第 14 栏：出口商声明

此栏应由出口商或已获授权人填写、签名、并应填写签名的地点及日期。

15. 第 15 栏：证明

此栏应由签证机构的授权人员填写签证地点和日期，并签名、盖章，同时提供签证机构的地址、电话及传真号码。

样单 7-7：ECFA 原产地证书

海峡两岸经济合作框架协议原产地证书

正本　如有任何涂改、损毁或填写不满均将导致本原产地证书失效

1.出口商(名称、地址) 电话：　　　　　　传真： 电子邮件：	编号： 签发日期： 有效期至：
2.生产商(名称、地址) 电话：　　　　　　传真： 电子邮件：	5. 受惠情况 ☐ 依据海峡两岸经济合作框架协议给予优惠关税待遇 ☐ 拒绝给予优惠关税待遇(请注明原因) 　　　　　　　　　　＿＿＿＿＿＿＿＿＿＿＿＿＿＿＿＿ 　　　　　　　　　　进口方海关已获授权签字人签字
3.进口商(名称、地址) 电话：　　　　　　传真： 电子邮件：	
4.运输工具及路线： 离港日期： 船舶/飞机编号等： 装货口岸： 到货口岸：	6. 备注

7.项目编号	8. H.S.编码	9.货品名称、包装件数及种类	10.毛重或其他计量单位	11.包装唛头或编号	12.原产地标准	13.发票价格、编号及日期

14.出口商声明 —本人对于所填报原产地证书内容的真实性与正确性负责； —本原产地证书所载货物，系原产自本协议一方或双方，且货物属符合海峡两岸经济合作框架之原产货物。 出口商或已获授权人签字 地点和日期	15.证明 地点和日期，签字和签证机构印章 电话：　　　　　　传真： 地址：

7.4.4 其他自贸区优惠原产地证书的缮制

除了上述的三种原产地证书外,我国目前在进出口贸易中使用的自贸区优惠原产地证还有:中国—智利自贸区原产地证(Form F)、中国—巴基斯坦自贸区原产地证(Form P)、中国—新西兰自贸区优惠原产地证(Form N)、中国—新加坡自贸区优惠原产地证(Form X)、中国—秘鲁自贸区协定原产地证(Form R)、中国—哥斯达黎加自贸区优惠原产地证(Form L)。

这些原产地证的填写与 Form B、Form E 和 ECFA 原产地证大同小异,第 2 栏都是生产厂商,第 4 栏都必须明示船名航次/飞机航班/火车编号、装运日期、装运港和卸货港(Form X 第 4 栏没有装运港的要求)等内容,都有备注栏(Form P 和 Form X 没有备注栏),签证机构都是在右下方签署盖章,其中 Form F 和 Form L 还必须显示签证机构的地址、电话和传真号码。下面就关键的原产地标准(Origin criterion)栏目进行讲解。

1. 中国—智利自贸区原产地证书(Form F)

中国—智利自贸区原产地证书采用专用证书格式,一正二副。正本为淡蓝色,印有扭索图案底纹。中国—智利自贸区原产地证书用英文填制。每份证书应注明其发证单位的单独编号,证书共 15 栏(见样单 7-8)。原产地标准在第 11 栏,若货物符合原产地规则,出口商在第 11 栏注明其申报货物享受优惠待遇所依据的原产地标准。

出口商申明其货物享受优惠待遇所根据的原产地标准	填入第 11 栏
完全原产	P
含进口成分,区域价值成分≥40%	RVC
产品特定原产地标准	PSR

2. 中国—巴基斯坦自贸区原产地证书(Form P)

中国—巴基斯坦自贸区原产地证书采用专用证书格式,一正二副。正本为米黄色,印有扭索图案底纹,两副本均为白色。中国—巴基斯坦自贸区原产地证书用英文填制。每份证书应注明其发证单位的单独编号,证书共 13 栏(见样单 7-9)。原产地标准在第 8 栏,填写规则如下:

出口商申明其货物享受优惠待遇所根据的原产地标准	填入第 8 栏
完全原产	P
含进口成分,但原材料总价值不超过产品离岸价的 60%	填写国产价值的百分比,例如:45%
含进口成分,但这部分成分在中国—巴基斯坦自贸区成分累计中不少于最终产品的 40%	填写累计成分的百分比,例如:30%
产品特定原产地标准	PSR

3. 中国—新西兰自贸区优惠原产地证书(Form N)

中国—新西兰自贸区优惠原产地证书采用专用证书格式,一正二副,正本为淡绿色,印有扭索图案底纹,两联副本均为白色。中国—新西兰自贸区优惠原产地证书用英文填制。每份证书应具有不重复的原产地证编号,证书共 15 栏(见样单 7-10)。原产地标准在第 11 栏,若货物符合原产地规则,出口商在第 11 栏注明其申报货物享受优惠待遇所依据的原产地标准。

出口商申明其货物享受优惠待遇所根据的原产地标准	填入第 11 栏
在一方境内完全获得或生产的产品	WO
在一方或双方境内，完全由已经获得原产资格的材料生产的产品	WP
在一方或双方境内生产，所使用的非原产材料满足《特定产品原产地标准表》规定的税则归类改变、工序要求或其他要求的产品	PSR
在一方或双方境内生产，满足《特定产品原产地标准表》所规定的区域价值成分(RVC)的产品	PSR ××%

4. 中国—新加坡自贸区优惠原产地证书(Form X)

中国—新加坡自贸区优惠原产地证书采用专用证书格式，一正二副，正本为淡紫色，印有扭索图案底纹，两联副本均为白色。中国—新加坡自贸区优惠原产地证书用英文填制。每份证书应具有不重复的原产地证编号，证书共 12 栏(见样单 7-11)。原产地标准在第 8 栏，若货物符合原产地规则，出口商在第 8 栏注明其申报货物享受优惠待遇所依据的原产地标准。

出口商申明其货物享受优惠待遇所根据的原产地标准	填入第 8 栏
中国—新加坡自贸区原产地规则规定在出口方完全获得的产品	P
含进口成分，区域价值成分≥40%的产品	RVC
符合产品特定原产地规则的产品	PSR

5. 中国—秘鲁自贸区优惠原产地证书(Form R)

中国—秘鲁自贸区优惠原产地证书采用专用证书格式，一正二副，正本为浅粉色，印有扭索图案底纹，两联副本为白色。中国—秘鲁自贸区协定原产地证书用英文填制。每份证书应具有不重复的原产地证编号，证书共 14 栏(见样单 7-12)。原产地标准在第 9 栏，若货物符合原产地规则，出口商在第 9 栏注明其申报货物享受优惠待遇所依据的原产地标准。

原产地标准	填入第 9 栏
在一方境内完全获得或生产的产品	WO
在一方或双方境内，完全由已经获得原产资格的材料生产的产品	WP
在一方或双方境内生产，所使用的非原材料满足《特定产品原产地标准表》规定的税则归类改变、工序要求或其他要求的产品	PSR
在一方或双方境内生产，满足《特定产品原产地标准表》所规定的区域价值成分(RVC)的产品	PSR ××%

6. 中国—哥斯达黎加自贸区优惠原产地证书(Form L)

中国—哥斯达黎加自贸区优惠原产地证书采用专用证书格式，一正二副，正本为淡蓝色，印有扭索图案底纹，两联副本为白色。中国—哥斯达黎加自由贸易区原产地证书用英文填制。每份证书应具有不重复的原产地证书编号，证书共 14 栏(见样单 7-13)。原产地标准在第 10 栏，若货物符合原产地规则，出口商在第 10 栏注明其申报货物享受优惠待遇所依据的原产地标准。

国际商务单证实务

原产地标准	填入第9栏
在一方或双方境内完全获得或生产的产品	WO
在一方或双方境内，完全由已经获得原产资格的材料生产的产品	WP
在一方或双方境内，由符合产品特定原产地规则及其他要求的非原产材料生产的产品	PSR

样单7-8：中国—智利自贸区原产地证书(Form F)

1.Exporter's name, address, country:	Reference No.
2.Producer's name and address, if known:	**CERTIFICATE OF ORIGIN** **Form F for China-Chile FTA** Issued in <u>THE PEOPLE'S REPUBLIC OF CHINA</u> (see instruction overleaf)
3. Consignee's name, address, country:	
4. Means of transport and route (as far as known) Departure date Vessel's name/Aircraft etc. Port of loading Port of discharge	5.For official use only ☐ Preferential Tariff Treatment Given Under China-Chile FTA ☐ Preferential treatment Not Given(Please state reasons) Signature of Authorized Signatory of the Importing Country
	6. Remarks

7.Item Number(Max 20)	8.Marks and numbers on packages	9.Number and kind of packages; Description of goods	10.H.S.code (Six digit code)	11.Origin criterion	12.Gross weight quantity (Quantity Unit) or other measures (items,etc.)	13.Number, date of Invoice and invoiced value

14. Declaration by the exporter The undersigned hereby declares that the above details and statements are correct, that all the goods were produced in **CHINA** (country) and that they comply with the origin requirements specified in the FTA for goods exported to **CHILE** (importing country) Place and date, signature and stamp of authorized signatory	15. Certification It is hereby certified, on the basis of control carried out, that the declaration by the exporter is correct. Place and date*, signature and stamp of certifying authority Certifying authority Tel:　　　　　　　　　　　Fax: Address:

样单 7-9：中国—巴基斯坦自贸区原产地证书(Form P)

1.Exporter's name, address, country	Reference No.
	CERTIFICATE OF ORIGIN
2. Consignee's name, address, country	**CHINA-PAKISTAN FTA**
	Issued in THE PEOPLE'S REPUBLIC OF CHINA
3. Producer's name and address, country	(Country)
	See Notes overleaf

4. Means of transport and route (as far as known) Departure date Vessel's name/Aircraft etc. Port of loading Port of discharge	5.For official use only ☐ Preferential Tariff Treatment Given Under China-Pakistan FTA Free Trade Area Preferential Tariff ☐ Preferential treatment Not Given(Please state reason/s) Signature of Authorized Signatory of the Importing Country

6.Item number	7.Marks & Nos. on packages, number and kind of packages description of goods,H.S. code of the importing country	8.Origin criterion	9.Gross weight quantity and FOB value	10. Number and date of Invoice	11.Remarks

12. Declaration by the exporter The undersigned hereby declares that the above details and statements are correct, that all the goods were produced in **CHINA** (country) and that they comply with the origin requirements specified for these goods in the China-pakistan Free Trade Area Preferential Tariff for goods exported to **PAKISTAN** (importing country)	13. Certification It is hereby certified, on the basis of control carried out, that the declaration by the exporter is correct.
Place and date, signature and stamp of authorized signatory	Place and date,signature and stamp of certifying authority

样单 7-10：中国—新西兰自贸区优惠原产地证书(Form N)

1.Exporter's name, address, country	Reference No.
	CERTIFICATE OF ORIGIN
2.Producer's name and address, if known	Form N for Free Trade Agreement between the Government of the People's Republic of China and the Government of New Zealand
3. Consignee's name, address, country	Issued in The People's Republic of China (see instruction overleaf)

4. Means of transport and route (as far as known) Departure date Vessel's name/Aircraft etc. Port of loading Port of discharge	5.For official use only ☐ Preferential Tariff Treatment Given Under China-New Zealand FTA ☐ Preferential treatment Not Given(Please state reasons) Signature of Authorized Signatory of the Importing Country
	6. Remarks
7.Item Number (Max 20)	8.Marks and numbers on packages	9.Number and kind of packages; Description of goods	10.H.S.code (Six digit code)	11.Origin criterion	12.Gross weight quantity (Quantity Unit) or other measures (items,etc.)	13.Number, date of Invoice and invoiced value

14. Declaration by the exporter The undersigned hereby declares that the above details and statements are correct, that all the goods were produced in CHINA (country) and that they comply with the origin requirements specified in the FTA for goods exported to NEW ZEALAND (importing country) Place and date, signature and stamp of authorized signatory	15. Certification On the basis of control carried out, it is hereby certified that the information herein is correct and that the goods described comply with the origin requirements specified in the Free Trade Agreement between the Government of the People's Republic of China and the Government of New Zealand. Place and date, signature and stamp of authorized body

样单7-11：中国—新加坡自贸区优惠原产地证书(Form X)

1.Goods consigned from (Exporter's business name, address, country)	Reference No. **CHINA-SIGNAPORE FREE TRADE AREA PREFERENTION TARIFF CERTIFICATE OF ORIGIN** (Combined Declaration and Certificate) **FORM A** Issued in The People's Republic of China (country) See Notes overleaf
2.Goods consigned to (Consignee's name, address, country)	
3. Means of transport and route Departure date Vessel's name/Aircraft etc. Port of discharge	4.For official use ☐ Preferential treatment Give Under CHINA-SINGAPORE Free Trade Area Preferential Tariff ☐ Preferential treatment Not Given(Please state reasons) Signature of Authorized Signatory of the Importing Country

5.Item Number	6.Marks &Nos. packages	7.Number and type of packages; description of goods (including quantity where appropriate and H.S. number of the importing country)	8.Origin criterion (see notes overleaf)	9.Gross weight or other quantity and value(FOB)	10.Number and date of invoices

11. Declaration by the exporter The undersigned hereby declares that the above details and statements are correct, that all the goods were produced in **CHINA** (country) and that they comply with the origin requirements specified for these goods in the ASEAN-CHINA Free Trade Area Preferential Tariff for goods exported to **SINGAPORE** (importing country) Place and date, signature and stamp of authorized signatory	12. Certification It is hereby certified, on the basis of control carried out, that the declaration by the exporter is correct. Place and date, signature and stamp of certifying authority

样单7-12：中国—秘鲁自贸区优惠原产地证书(Form R)

1. Exporter's name, address：	Reference No.
2. Producer's name and address, if known：	**CERTIFICATE OF ORIGIN** **Form for China-Peru FTA** Issued in THE PEOPLE'S REPUBLIC OF CHINA (see Overleaf instruction)
3. Consignee's name, address：	
4. Means of transport and route (as far as known) Departure Date：	For official use only:
Vessel/Flight/Train/Vehicle No.: Port of loading: Port of discharge:	5. Remarks:

6. Item Number (Max 20)	7. Number and kind of packages; Description of goods	8. H.S.code (six digit code)	9. Origin criterion	10. Gross weight quantity (Quantity Unit) or other measures (items,m^3,etc.)	11. Number and date of invoice	12. Invoiced value

13. Declaration by the exporter The undersigned hereby declares that the above details and statements are correct, that all the goods were produced in **CHINA** (country) and that they comply with the origin requirements specified in the FTA for goods exported to **PERU** (importing country) Place and date, signature and stamp of authorized signatory	15. Certification On the basis of control carried out, it is hereby certified that the information herein is correct and that the goods described comply with the origin requirements specified in the China-Peru FTA. Place and date, signature and stamp of authorized body

样单 7-13：中国—哥斯达黎加自贸区优惠原产地证书(Form L)

1.Exporter's name, address:	Reference No.
2.Producer's name and address, if known:	**CERTIFICATE OF ORIGIN** **Form for China-Costa Rica Free Trade Agreement** Issued in <u>THE PEOPLE'S REPUBLIC OF CHINA</u> (see Overleaf instruction)
3. Consignee's name, address:	For official use only:
4. Means of transport and route (as far as known) Departure Date: Vessel/Flight/Train/Vehicle No.: Port of loading: Port of discharge:	5.Remarks:

6.Item Number (Max 20)	7.Marks and numbers on packages	8.Number and kind of packages; Description of goods	9.H.S.code (six digit code)	10.Origin criterion	11.Gross weight quantity (Quantity Unit) or other measures (items,etc.)	12.Number,date of invoice and Invoiced value

| 13. Declaration by the exporter
The undersigned hereby declares that the above details and statements are correct, that all the goods were produced in

CHINA
―――――――――――――――――
(country)
and that they comply with the origin requirements specified in the Free Trade Agreement for the goods exported to

COSTA RICA
―――――――――――――――――
(importing country)

Place and date, signature and stamp of authorized signatory | 14. Certification
On the basis of control carried out, it is hereby certified that the information herein is correct and that the goods described comply with the origin requirements of the China-Costa Rica Free Trade Agreement.

Place and date, signature and stamp of authorized body

Tel: Fax:

Address: |

项 目 小 结

> 原产地证书被用来证明有关货物的原产地，便于进口国海关按本国的贸易政策确定关税税率，或进行贸易统计以及控制货物从特定国输入等。原产地证书有多种类型，可能由不同机构出具。在含有特别优惠安排背景下，某种产地证书只适合它所特定的贸易场合。本项目着重介绍了一般原产地证书、普惠制产地证书和区域性经济集团互惠原产地证书的内容和缮制规范。

复习思考题

一、单项选择题

1. 原产地证书是证明出口商品的生产地，并符合《中华人民共和国出口货物原产地规定》的一种证明文件。如果信用证或合同对签证机构未明确规定，一般由(　　)签发。
   A. 中国出入境检验检疫局　　B. 海关
   C. 中国国际贸易促进委员会　　D. 出口商

2. 根据我国有关规定，出口企业最迟于货物出运前(　　)向签证机构申请办理原产地证书。
   A. 1 天　　B. 3 天
   C. 2 天　　D. 4 天

3. 原产地证明书中的 H.S. Code 是海关合作理事会(　　)的英文缩写。
   A.《跟单信用证统一惯例》　　B.《INCOTERMS 2000》
   C.《进出口商品的目录对照表》　　D.《商品名称及编码协调制度》

4. 普惠制是(　　)对发展中国家出口产品给予的一种关税优惠制度。
   A. 发达国家　　B. 发展中国家
   C. 美国　　D. 欧盟

5. 下列不属于普惠制原则的是(　　)。
   A. 普遍原则　　B. 非互惠原则
   C. 严格符合原则　　D. 非歧视原则

6. 在我国，普惠制产地证由(　　)统一签发。
   A. 出口商　　B. 中国出入境检验检疫局
   C. 海关　　D. 中国国际贸易促进委员会

7. 在普惠制原产地第 8 栏 Origin Criterion 中，如果货物原材料完全自产，无进口成分，应填写(　　)。
   A. "W"　　B. "P"
   C. "F"　　D. "Y"

8. Generalized System of Preferences Certificate of Origin 就是(　　)。
   A. 中新自贸区原产地证书　　B. 普惠制产地证 Form A
   C. 亚太贸易协定原产地证书　　D. Form F

9. CEPA 原产地证书是指( )。
   A. 中国——东盟自贸区优惠原产地证书
   B. 中国——巴基斯坦自贸区原产地证书
   C. 中国——智利自贸区原产地证书
   D. 内地——港澳更紧密经贸关系原产地证书
10. 出口到( )或从这些国家进口的货物,如果进口商向进口国海关出示 Form B,即可享受关税减免。
   A. 越南、斯里兰卡   B. 日本、韩国
   C. 缅甸、老挝   D. 孟加拉国、印度

二、多项选择题

1. 出口企业在办理原产地证时,必须提交的单证有( )。
   A. 《中华人民共和国出口货物原产地证书/加工装配证明申请书》
   B. 《中华人民共和国出口货物原产地证书》一式四份
   C. 出口货物商业发票
   D. 签证机构认为必要的其他证明文件
2. 下列国家中,给予我国普惠制待遇的是( )。
   A. 保加利亚   B. 美国
   C. 新西兰   D. 加拿大
3. 普惠制原产地证明书 FORM A 原产地标准栏目,如果出口商品完全是出口国自产的,不含进口成分的商品,出口到澳大利亚、新西兰,该栏目可填写( )。
   A. "P"   B. "W"
   C. "Y"   D. 留空
4. 普惠制原产地证明书 Form A 的申报日期,可以( )。
   A. 早于发票日期   B. 不得早于发票日期
   C. 与发票日期同日   D. 与提单日期同日
5. 信用证要求提交由有资格机构签发的产地证,下列符合要求的单据是( )。
   A. 出入境检验检疫局签发的产地证   B. 贸促会签发的产地证
   C. 生产厂家签发的产地证   D. 受益人签发的产地证

三、判断题

1. 凡国外进口商要求我方提供一般原产地证的,既可向 CIQ,也可向 CCPIT 申请出证。
   ( )
2. 一般原产地证书的 HS Code 栏,如果包含几种商品,只需填写其中某一商品税目号即可。
   ( )
3. 一般原产地证书的签证机构注明栏(Certification)应由签证机构签字、盖章,并填写日期、地点,签发日期可以早于发票日期和申请日期。
   ( )
4. 普惠制原产地证书一般使用英文填制,应进口商的要求,也可使用法文,除此之外,证书不得使用其他文种。
   ( )
5. 普惠制原产地证书的收货人应填写最终收货人的名称。如果信用证未明确最终收货

人，可以填写商业发票的抬头人，也可填写中间商的名称。　　　　　　（　）

6. 含有进口成分的产品，出口到加拿大，普惠制原产地证明书 Form A 的原产地标准栏目填"W"。　　　　　　　　　　　　　　　　　　　　　　　　　　　　（　）

7. 如果普惠制原产地证书已签发，在因遗失或损毁等原因出入境检验检疫局申请补发证书时，经出入境检验检疫局审批后，可以补发，并在证书上盖"DUPLICATE"红色印章。
　　　　　　　　　　　　　　　　　　　　　　　　　　　　　　　　　　　　（　）

8. 产地证的签发日期不得早于发票日期和申领日期，而应早于货物的装运日期。（　）

9. 对于出口到澳大利亚的产品，可以在发票正面填写"We certify that the gcods are China origin"，同样具有产地证书的作用，即将产地证书联合在发票上。　（　）

10. 普惠制产地证书正本要求盖章、签字，副本可以不用盖章，签字。　　（　）

四、简答题

1. 原产地证明书的种类有哪些？
2. 普惠制产地证明书和一般原产地证明书有哪些区别？
3. 一般原产地证书中货物描述部分应注意的问题是什么？
4. 缮制普惠制产地证应注意哪些问题？
5. 除一般原产地证和普惠制产地证外，还有哪些区域性优惠原产地证书？请列举。

项 目 实 训

实训 7-1：根据下列资料缮制一般原产地证书申请书和一般原产地证书。

出口商：ZHEJIANG FOREIGN TRADE CO., LTD.
　　　　168 TIANMUSHAN ROAD, HANGZHOU, CHINA.
进口商：MINLIN TRADING CORPORATION
　　　　109 MARSHALL AVE, DONCASTER VIC 3340, CANADA

装运港：SHANGHAI　　　　　　　　目的港：MONTREAL
发票号码：MN2013098　　　　　　　发票日期：2013 年 9 月 28 日
商品名称：COTTON TEA TOWELS(茶巾)
数量及包装：360 箱/7200 打
货值：21 600 美元　　　　　　　　　H.S. CODE: 8204.6661
毛重：7 200KGS　　　　　　　　　　净重：6 480KGS
出运日期：2013 年 10 月 31 日　　　原产地证书编号：2013056
原证书申请日期：2013 年 10 月 15 日　签发日期：2013 年 10 月 18 日
成品原材料均为国产
唛头：MINLIN
　　　MONTREAL
　　　C/NO.1-360
申请单位注册号：3201
生产单位：杭州市红宇毛巾厂

国际商务单证实务

一般原产地证明书/加工装配证明书
申 请 书

申请单位注册号：　　　证书号：　　　| 全部国产填上 P·
含进口成分填上 W | |

申请人郑重声明：　　　发票号：

本人被授权代表本企业办理和签署本申请书。

本申请书及一般原产地证明书/加工装配证明书所列内容正确无误，如发现弄虚作假，冒充证书所列货物，擅改证书，愿按《中华人民共和国出口货物原产地规则》有关规定接受惩处并承担法律责任，现将有关情况申报如下：

商品名称		H.S.编码(六位数)	
商品生产、制造、加工单位、地点			
含进口成分产品主要制造加工工序			
商品 FOB 总值(以美元计)		最终目的地国/地区	
拟出运日期		转口国(地区)	
包装数量或毛重或其他数量			
贸易方式和企业性质(请在适用处划"√")			
一般贸易		三来一补		其他贸易方式	
国营		国营		国营	
三资		三资		三资	
其他		其他		其他	

现提交中国出口货物商业发票副本一份，报关单一份或合同/信用证影印件，一般原产地证书/加工装配证明书一正三副，以及其他附件　　份，请予审核签证。

申领人(签名)

申请单位盖章　　　　　　　　　　　　　　　电话：

日期：　　年　月　日

缮制原产地证书　项目 7

ORIGINAL

1.Exporter	Certificate No.
2.Consignee	**CERTIFICATE OF ORIGIN OF THE PEOPLE'S REPUBLIC OF CHINA**
3.Means of transport and route	5.For certifying authority use only
4.Country / region of destination	

6.Marks and numbers	7.Number and kind of packages; description of goods	8.H.S.Code	9.Quantity	10.Number and date of invoices

11.Declaration by the exporter The undersigned hereby declares that the above details and statements are correct, that all the goods were produced in China and that they comply with the Rules of Origin of the People's Republic of China. Place and date, signature and stamp of authorized signatory	12.Certification It is hereby certified that the declaration by the exporter is correct. Place and date, signature and stamp of certifying authority

实训 7-2：根据下列资料缮制普惠制原产地证书申请书和普惠制原产地证书。

出口商：ZHEJIANG FOREIGN TRADE CO., LTD.
　　　　168 TIANMUSHAN ROAD, HANGZHOU, CHINA.
进口商：WONDERFULL(HK)LTD.
　　　　FREILAGER STREET 47, ZURICH 8043, SWITZERLAND
装运港：宁波　　　　　　　目的港：汉堡
发票号码：20137401　　　　发票日期：2013年3月1日
商品名称：CARPETS (毛毯)　数量及包装：24 捆/120 件/6120 平方英尺
货值：10800 美元　　　　　H.S. CODE: 5802.2020
毛重：12400KGS　　　　　 净重：12000KGS
出运日期：2013年3月10日　G.S.P.证书编号：HB5438767
G.S.P.证书申请日期：2013年3月4日　签发日期：2013年3月6日
成品原材料均为国产
唛头：WND
　　　BR2013/93
　　　HAMBURG
　　　NOS1-24
生产单位：绍兴宏达纺织厂
生产单位联系电话：0575-61402671
注册号：3110

普惠制产地证明书申请书

申请单位(盖章):

注册号: 证书号:

申请人郑重声明:

  本人是被正式授权代表出口单位办理和签署本申请书的。

  本申请书及普惠制产地证格式 A 所列内容正确无误,如发现弄虚作假,冒充格式 A 所列货物,擅改证书,自愿接受签证机关的处罚及负法律责任。现将有关情况申报如下:

生产单位			生产单位联系人电话		
商品名称 (中英文)			H.S税目号(以六位数码计)		
商品(FOB)总值(以美元计)			发票号		
最终销售国		证书种类划"√"		加急证书	普通证书
货物拟出运日期					
贸易方式和企业性质(请在适用处划"√")					
正常贸易 C	来料加工 L	补偿贸易 B	中外合资 H Z	中外合作 Z	外商独资 D	零售 Y	展卖 M

(注:以上最后一行为8列)

包装数量或毛重或其他数量	

原产地标准:
本项商品系在中国生产,完全符合该给惠国给惠方案规定,其原产地情况符合以下第 条。
① "P"(完全国产,未使用任何进口原材料);
② "W"其 H.S 税目为_____(含进口成分);
③ "F"(对加拿大出口产品,其进口成分不超过产品出厂价值的40%)。
本批产品系: 1. 直接运输从_____到_____;
2. 转口运输从_____中转国(地区)_____到_____;

申请人说明   领证人(签名)
电 话:
  日期 年 月 日

  现提交中国出口商业发票副本一份,普惠制产地证明书格式 A(FORM A)一正二副,以及其他附件 份,请予审核签证。

  注:凡含有进口成分的商品,必须按要求提交《含进口成分受惠商品成本明细单》
签证人:

1. Goods consigned from (Exporter's business name, address, country)	Reference No.
	GENERALIZED SYSTEM OF PREFERENCES **CERTIFICATE OF ORIGIN** (Combined declaration and certificate) **FORM A** Issued in **THE PEOPLE'S REPUBLIC OF CHINA** (country) See Notes overleaf
2. Goods consigned to (Consignee's name, address, country)	
3. Means of transport and route (as far as known)	4. For official use

5. Item number	6. Marks and numbers of packages	7. Number and kind of packages; description of goods	8. Origin criterion (see Notes overleaf)	9. Gross weight or other quantity	10. Number and date of invoices

11. Certification It is hereby certified, on the basis of control carried out, that the declaration by the exporter is correct. --- Place and date, signature and stamp of certifying authority	12. Declaration by the exporter The undersigned hereby declares that the above details and statements are correct, that all the goods were produced in **CHINA** (country) and that they comply with the origin requirements specified for those goods in the Generalized System of Preferences for goods exported to --- (importing country) --- Place and date, signature and stamp of authorized signatory

项目 8　缮制报关单据

项目介绍

在我国,一般进出口货物必须通过海关的审单、查验、征税、放行四个环节才能进出境。进出口货物报关单是国际贸易流程中报关环节最重要的单据,一项进出口业务只有顺利通关,货物才能得以顺利装运或提取。本项目的任务是学习办理进出口货物报关的相关知识和内容,掌握进出口货物报关单的填制方法。

学习目标

通过本项目的学习,了解报关及报关流程,掌握报关应提交的有关单证,能够准确填制代理报关委托书,熟悉报关单的种类和用途,了解报关单填制的一般要求,能够准确缮制进出口货物报关单。

任务 8.1　办理进出口货物报关

报关是指进出口货物的收发货人、进出境运输工具负责人、进出境物品的所有人或者他们的代理人向海关办理货物、物品或运输工具进出境手续及相关海关事务的过程。在实际业务中,进出口企业通常自己不办理报关手续,而是委托一些具备报关资格,同时又熟悉国际贸易知识的报关企业(货代或报关行)办理有关货物的进出口报关手续,并向其支付相应的代理费用。

8.1.1　报关单位

报关单位是指依法在海关注册登记的进出口货物收发货人和报关企业。进出口货物收发货人是指依法直接进口或者出口货物的中华人民共和国关境内的法人、其他组织或者个人。报关企业是指按照规定海关准予注册登记,接受进出口货物收发货人的委托,以进出口货物收发货人的名义或者以自己的名义,向海关办理代理报关业务,从事报关服务的境内企业法人。

《中华人民共和国海关法》规定："进、出口货物，除另有规定的外，可以由进、出口货物的收、发货人自行办理报关纳税手续，也可以由进出口货物收、发货人委托海关准予注册登记的报关企业办理报关纳税手续。"这一规定从法律上明确了进出口货物的报关行为根据实施者不同，可以分为"自理报关"和"代理报关"两大类。

进出口货物收发货人自行办理报关业务叫作自理报关，报关企业代理货物的收发货人进行报关叫作代理报关。

根据代理报关法律行为责任承担者的不同，代理报关又分为直接代理报关和间接代理报关。直接代理报关是指报关企业接受委托人(进出口货物收发货人)的委托，以委托人的名义办理报关业务的行为。在直接代理中，代理人代理行为的法律后果直接作用于被代理人；而在间接代理中，报关企业接受进出口货物收发货人的委托，以自己的名义办理报关手续时，应当承担与发货人相同的法律责任。

进出口货物报关是一项专业性很强的工作，有些进、出口货物收发货人由于各种原因不能或者不愿自行办理报关手续，便在实践中产生了委托报关的需要。我国的外贸实践中，进、出口货物收发货人大多委托报关企业办理货物出入境的报关手续。

8.1.2 报关程序

报关程序是指进出口货物的收发货人或其代理人按照《海关法》规定的时限和地点，办理货物、物品、运输工具进出境及相关海关事务的手续及步骤。根据时间先后顺序和海关管理要求，报关程序分为三个阶段：前期阶段、进出境阶段、后续阶段。

1. 前期阶段

海关对于三大类货物，即保税货物、特定减免税货物和暂准进、出口货物有特定的监管要求。进出口货物的收发货人及其代理人在此三大类货物实际进出境之前，须办理海关的备案文件，备案文件均有规定格式的海关编号。

2. 进出境阶段

进出口货物收发货人或其代理人在实际货物(包括以上三大类货物)进出关境时都必须按照海关特定的文件要求、时间和地点要求，办理申报、纳税等海关事务。进出境阶段分为以下四个环节：进出口申报、配合查验、缴纳税费、提取或装运货物。

1) 进出口申报

申报是指进出口货物发货人、受委托的报关企业，依照《海关法》及有关法律、行政法规的要求，在规定的期限、地点，采用电子数据报关单和纸质报关单形式，向海关报告实际进出口货物的情况，并接受海关审核的行为。

进口货物应当由收货人或其代理人在货物的进境地海关申报，出口货物应当由发货人或其代理人在货物的出境地海关申报。经收发货人申请，海关同意，进口货物的收货人或其代理人可以在设有海关的货物指运地申报，出口货物的发货人或其代理人可以在设有海关的货物起运地申报。

进口货物的申报期限为自装载货物的运输工具申报进境之日起 14 日内(从运输工具申报进境之日的第二天开始算，下同)。进口货物自装载货物的运输工具申报进境之日起超过 3 个月仍未向海关申报的，货物由海关提取并依法变卖。出口货物的申报期限为货物运抵海关监管区后，装货的 24 小时以前。

进口货物的收货人超过规定期限向海关申报的，由海关征收滞报金。滞报金按日征收，收货人或其代理人向海关申报之日亦计算在内。滞报金的日征收额为进口货物完税价格的 0.5‰，以人民币"元"为计征单位，不足人民币 1 元的部分免予计收。滞报金的起征点为人民币 50 元。

 知识链接

报关应提交的有关单证

准备好报关用的单证，是保证进出口货物顺利通关的基础。报关单位及其报关员必须在向海关申报进出口货物前，认真准备好报关必备的单证。

1. 进出口货物报关单

一般进口货物应填写一式二份；需要由海关核销的货物，如加工贸易货物和保税货物等，应填写专用报关单一式三份；货物出口后需国内退税的，应另填一份退税专用报关单。

2. 货物的商业发票

要求份数比报关单少一份，需报关单位盖章。

3. 陆运单、空运单、海运进口的提货单、海运出口的装货单

海关在审单和验货后，在正本货运单上签章放行退还报关员，凭此提货或装运货物。

4. 货物的装箱单

其份数同商业发票，需报关单位盖章。

5. 海关认为必要时，还应提供贸易合同、货物产地证书等

6. 其他有关单证

包括经批准减税、免税或免验的货物，应交验海关签章的减免税和免验证明文件；已向海关备案的加工贸易合同进出口的货物，应交验海关签发的《登记手册》等。

2) 配合查验

进出口货物，除海关总署特准查验的以外，都应接受海关查验。查验的目的是核对报关单证所报内容与实际到货是否相符，有列错报、漏报、瞒报、伪报等情况，审查货物的进出口是否合法。

海关查验货物时，要求货物的收发货人或其代理人必须到场，并按海关的要求负责办理货物的搬移、拆装箱和查验货物的包装等工作；了解和熟悉所申报货物的情况，回答查验海关关员的询问；应海关要求随时提供有关证件及必要的资料等。查验结束后，认真阅读海关关员填写的《海关进出境货物查验记录单》，再签字确认。

3) 缴纳税费

经海关审核报关单，并查验货物无误后，海关根据申报的货物计算税费开具税款缴款书和收费票据。进出口货物收发货人或其代理人应自海关填发税款缴款书之日起 15 日内，持缴款书或收费票据向指定银行办理税费交付手续，或在网上向指定银行进行电子支付税费。一旦收到银行缴款成功的信息，即可报请海关办理货物放行手续。

4) 提取或装运货物

进出口货物的收发货人或其代理人在依法办理申报、配合查验、缴纳税费等手续获得海关放行，海关在进口货物提货凭证或者出口货物装货凭证上加盖海关放行章。进出口货

物收发货人或其代理人签收进口提货凭证或者出口装货凭证,并凭此提取进口货物或将出口货物装上运输工具离境。

3. 后续阶段

后续阶段是指进出口货物的收发货人或其代理人、根据海关对上述三大类货物的监管要求,在货物进出境储存、加工、装配、暂时使用后,在规定的期限内,按规定的要求,向海关办理这三大类货物的核销、销案、申请解除监管手续的过程。

不同类别货物的报关程序对比见表 8-1。

表 8-1 进出境货物类别和报关程序对比

货物类别	前期阶段	进出境阶段	后续阶段
一般进出口货物	无	申报、查验、征税、放行	无
保税进出口货物	备案、申领手册	申报、查验、征税、放行	核销、结关
特定减免税货物	备案、申领证明	申报、查验、征税、放行	解除监管、结关
暂准进出口货物	备案、申领证明	申报、查验、征税、放行	解除监管、销案

8.1.3 报关方式

按照《海关法》的规定,进出口货物的收货人或其代理人,在进出口货物时,以纸质报关单或用电子数据报关单两种方式向海关申报。一般条件下,进出口货物收发货人应当同时采取这两种方式申报。

电子报关是一种新型、现代化的报关方式,是指进出口货物的收发货人或其代理人利用现代通信和网络技术,通过计算机网络或终端向海关传递规定格式的电子数据报关单,并根据海关计算机系统反馈的审核及处理结果办理海关手续的报关方式。

2001 年 1 月 1 日,新的海关通关作业模式在全国实施。改革后的通关作业模式利用现代信息技术,将分散式审单变为集中审单,即将原来下放到隶属海关的审单权归于直属海关,由直属海关审单中心集中审单,再由隶属海关准备现场接单,并按指令查验、放行。新的通关作业模式主要程序如图 8.1 所示。

图 8.1 新的通关作业模式程序图

1. 报关单电子数据申报

报关人按照海关规定将填制的纸质《进口货物报关单》或《出口货物报关单》中的数据录入海关计算机系统,并备齐随附的全套单证向海关申报,这种方式称报关单电子数据申报。

报关单电子数据可通过三种方式录入:终端录入、自行 EDI 方式录入、委托 EDI 方式录入。在实际工作中,计算机系统对于输入的数据自动核对,确认无误后方准申报,习惯上称为"电脑预审"。如果出现报关人漏填、单据内容自相矛盾等错误,预审通不过,海关将不接受此单申报。对于通过预审的电子报文,报关人插入报关员 IC 卡和报关企业 IC 卡确认报关电子数据内容,进入下一程序。

2. 直属海关审单中心集中审单

直属海关审单中心收到报关电子数据，通过计算机系统对报关企业、报关员资格认证后，进入计算机"自动审核报关单电子数据"程序，包括规范性审核、专业化审核、审核通过、审核结果发布。对于通过审核过关的报关单，才进入下一程序，习惯上称为"通过预审"。

3. 隶属海关接单审核、征收税费

报关人收到海关审单中心发布的"现场交单"信息后，隶属海关接受申报。报关人打印出纸质《进(出)口货物报关单》，签章后，加上其他规定单证，按顺序备齐后，递交给隶属海关(现场海关)办理交单审核、缴纳税费手续。海关关员接受报关人递交的纸质单证和随附文件，审核无误后打印、签章，发放《税费专用缴款通知书》或《查验通知书》等文件。

4. 查验

对于确定的查验货物，海关发《查验通知书》，通知报关人准备查验。一般由查验科长操作查验子系统随机指定查验关员，打印《查验作业单》，派单查验。最后的查验结果在查验作业单上显示，并由查验关员、报关人和见证人签字。对查验结果正常且税费已缴纳的，转入下一个放行环节。

5. 放行

由放行环节关员操作 REL(Release)子系统放行货物，一般关员会在提运单上加盖"海关放行章"并签名、批注日期，REL 子系统核销进出口许可证、舱单等各项备案电子数据，给予该票货物境内唯一的"放行编号"，并将此编号通过网络发送至海关监管场所及卡口，报关人即可提货或装运货物。

任务 8.2　缮制代理报关委托书

8.2.1　代理报关委托书的概念

代理报关委托书是一种格式文书，也是进、出口货物收发货人委托报关企业办理报关等通关事宜，明确双方责任和义务的书面证明。

目前使用的版本是 2005 年 5 月 1 日启用的全国规范统一的《代理报关委托/委托报关协议》，正面内容如样单 8-1 所示，反面内容是海关事先印就的委托报关协议通用条款，如委托方责任、被委托方责任、赔偿原则、不承担的责任、收费原则、法律强制、协商解决事项等内容。

8.2.2　代理报关委托书的缮制

1. 委托书编号

共有 11 位数字，事先已经在委托书上印就。

2. 委托事宜

在 A～H 项中选一项或若干项填入，委托事宜填写完后，还要填入委托书有效期、委托日期以及委托方签字盖章。

3. 委托方

填写进出口商名称及其在海关登记备案时的 10 位数海关代码。

4. 主要货物名称

填写进出口货物的名称。

5. HS 编码

填写进出口货物的税则号(商品编码)。

6. 货物总价

填写进出口货物的总价。

7. 进出口日期

出口货物时填写出口日期，进口货物时填写进口日期。

8. 提单号

出口时此栏出口商不填，订舱办妥后由报关企业添加；进口时由进口商填写。

9. 贸易方式

填写"一般贸易""进料加工""来料加工"等内容。如果填写了"进料加工"或"来料加工"，报关时须出具相应的备案手册，填写相应颜色的报关单。

10. 原产地/货源地

出口货物时填写货源地，进口货物时填写原产地。

11. 委托方业务签章

由进出口商盖公章，并填写公司具体联系人、联系电话号码及填写"委托报关协议"日期。

12. 被委托方

填写报关企业名称。

13. 报关单编码

此栏进出口商不填，由报关企业在报关时添加。

14. 收到单证日期

由报关企业填写收到进出口商的报关单证的日期。

15. 收到单证情况

由报关企业在收到的单证名称后框内打"√"，如果提供的单证名称没有在委托办议中列出,就在"其他"栏后面加填。

16. 报关收费

由双方协商填写。一般情况下一次报关费为人民币 100 元。

17. 被委托方业务签章

由报关企业盖公章,填上报关企业的报关员姓名,再由具体经办报关员签章,填写"委托报关协议"的日期。

此外,"其他要求"和"承诺说明",是进出口商与报关企业之间的约定,可以由双方协商填写,每个进出口商与每个报关企业的约定都不尽相同。

样单 8-1:代理报关委托书

代理报关委托书

编号:09770041121

　　　上海吴淞海关:

我单位现(A 逐票、B 长期)委托贵公司代理 AH 等通关事宜。(A. 填单申报 B. 辅助查验 C. 垫缴税款 D. 办理海关证明联 E. 审批手册 F. 核销手册 G. 申办减免税手续 H. 其他)详见《委托报关协议》。

我单位保证遵守《海关法》和国家有关法规,保证所提供的情况真实、完整、单货相符。否则,愿承担相关法律责任。

本委托书有效期自签字之日起至 2013 年 12 月 31 日止。

委托方(盖章):

法定代表人或其授权签署《代理报关委托书》的人(签字)

2013 年 5 月 5 日

委 托 报 关 协 议

为明确委托报关具体事项和各自责任,双方经平等协商签订协议如下:

委托方	浙江省对外贸易有限公司	被委托方	上海快捷国际货运有限公司	
主要货物名称	儿童外套	*报关单编码	No. 998849001	
HS 编码	62092000	收到单证日期	2013 年 5 月 5 日	
货物总价	USD41500.00	收到单证情况	合同□	发票□
进出口日期	2013 年 5 月 10 日		装箱清单□	提(运)单□
提单号	COS1306670		加工贸易手册□	许可证件□
贸易方式	一般贸易		其他	

原产地/货源地	浙江杭州		报关收费	人民币：	100	元
其他要求：			承诺说明：			
背面所列通用条款是本协议不可分割的一部分，对本协议的签署构成了对背面通用条款的同意。			背面所列通用条款是本协议不可分割的一部分，对本协议的签署构成了对背面通用条款的同意。			
委托方业务签章： (浙江省对外贸易有限公司)			被委托方业务签章： (上海扰捷国际货运有限公司)			
经办人签章：金玺	2013年5月5日		经办报关员签章：沈良	2013年5月5日		
联系电话：0571-83452345			联系电话：021-66719002			

(白联：海关留存、黄联：被委托方留存、红联：委托方留存)　　中国报关协会监制

任务8.3　缮制进出口货物报关单

8.3.1　进出口货物报关单概述

1. 进出口货物报关单的概念

进出口货物报关单是指进出口货物的收发货人或者其代理人，按照海关规定的格式对进出口货物的实际情况做出的书面申明，以此要求海关对其货物按适用的海关制度办理报关手续的法律文书。

2. 进出口货物报关单的类别(见表8-2)

按货物的进出口状态、表现形式、使用性质的不同，进出口货物报关单分为以下几种类型。

1) 按进出口流向分

进口货物报关单、出口货物报关单。

2) 按表现形式分

纸质报关单、电子数据报关单。

3) 按使用性质分

进料加工进出口货物报关单(粉红色)、来料加工及补偿贸易进出口货物报关单(浅绿色)、一般贸易进出口货物报关单(浅蓝色)、出口货物报关单(出口退税专用)(浅黄色)。

4) 按用途分

报关录入凭单、预录入报关单、电子数据(EDI)报关单、报关单证明联。

表 8-2　报关单规范用语、习惯用语及其含义

规范用语	习惯用语	含　义
进口货物报关单	进口报关单	海关规定的货物进境时申报内容报表
出口货物报关单	出口报关单	海关规定的货物出境时申报内容报表
报关单录入凭单	原始报关单	申报单位按海关规定格式填写凭单并盖章后交海关报关
预录入报关单	报关预录单	由预录入公司录入打印并联网将数据传到海关以申报
EDI 报关单	电子报关单	申报单位采用 EDI 方式向海关申报的电子报关形式
报关单证明联	海关证明联	海关核实货物实际出、入境后按报关单格式提供的海关证明

3. 进出口货物报关单各联的用途

纸质进口货物报关单一式四联，分别是：海关作业联、企业留存联、海关核销联、进口付汇证明联；纸质出口货物报关单一式五联，分别是：海关作业联、企业留存联、海关核销联、出口收汇证明联、出口退税证明联。

1) 进出口货物报关单海关作业联

进出口货物报关单海关作业联是报关员配合海关查验、缴纳税费、提取或装运货物的重要单据，也是海关查验货物、征收税费、编制海关统计以及处理海关事务的重要依据。

2) 进口货物报关单付汇证明联、出口货物报关单收汇证明联

进口货物报关单付汇证明联和出口货物报关单收汇证明联，是海关对已实际进出境的货物所签发的证明文件，是银行和国家外汇管理部门办理售汇、付汇和收汇及核销手续的重要依据之一。

对需办理进口付汇核销或出口收汇核销的货物，进出口货物的收发货人或其代理人应当在海关放行货物或结关以后，向海关申领进口货物报关单进口付汇证明联或出口货物报关单出口收汇证明联，凭以向银行或国家外汇管理部门办理付汇、收汇核销手续。

3) 进出口货物报关单加工贸易核销联

进出口货物报关单海关核销联是指接受申报的海关对已实际申报进口或出口的货物所签发的证明文件，是海关办理加工贸易合同核销、结案手续的重要凭证。该联在报关时与海关作业一并提供。加工贸易的货物进出口后，申报人凭以向主管海关办理加工贸易合同核销手续。

4) 出口货物报关单出口退税证明联

出口货物报关单出口退税证明联是海关对已实际申报出口并已装运离境的货物所签发的证明文件，是国家税务部门办理出口货物退税手续的重要凭证之一。

对可办理出口退税的货物，出口货物发货人或其代理人应当在载运货物的运输工具实际离境、海关办理结关手续后，向海关申领出口退税证明联，有关出口货物发货人凭以向国家税务管理部门申请办理出口货物退税手续。对不属于退税范围的货物，海关均不予签发该联。

4. 进出口货物报关单的法律效力

进出口货物报关单及其他进出境报关单(证)在对外经济贸易活动中具有十分重要的法

律效力,是货物的收发货人向海关报告其进出口货物实际情况及适用海关业务制度、申请海关审查并放行货物的必备法律文书。它既是海关对进出口货物进行监管、征税、统计以及开展稽查、调查的重要依据,又是出口退税和外汇管理的重要凭证,也是海关处理进出口货物走私、违规案件及税务、外汇管理部门查处骗税、逃套汇犯罪活动的重要凭证。因此,申报人对所填报的进出口货物报关单的真实性和准确性承担法律责任。

8.3.2 进出口货物报关单填制的一般要求

进出口货物报关单由海关统一印制,共有 47 个栏目(见样单 8-2、样单 8-3),除"税费征收情况"和"海关审单及放行日期"栏目外,其余均由收发货人或其代理人填写。具体要求如下:

(1) 申报人必须按照《海关法》《中华人民共和国海关进出口货物申报管理规定》《中华人民共和国海关报关单填制规范》《统计商品目录》《规范申报目录》等有关规定要求向海关如实申报,并对申报内容的真实性、准确性、完整性和规范性承担相应的法律责任。

(2) 报关单的填报应做到"两个相符":一是单证相符,即所填报报关单各栏目的内容必须与合同、发票、装箱单、提单及批文等随附单据相符;二是单货相符,即所填报关单各栏目的内容必须与实际进出口货物的情况相符,不得伪报、瞒报、虚报。

(3) 报关单的填报要准确、齐全、完整、字迹清楚,不得用铅笔或红色复写纸填写;若有更正,更正项目上加盖"校对章"。一般用计算机或打字机打印。

(4) 不同批文的货物、不同合同的货物、同一批货物中不同贸易方式、同一批货物使用不同运输方式、同一批货物使用相同运输方式但航次不同,均应分单填报。

(5) 一份原产地证书只能对应一份报关单。同一份报关单上的商品不能同时享受协定税率和减免税。

(6) 一份报关单最多填报 20 项商品。超过 20 项商品时,必须分单填报。一张纸质报关单上最多打印 5 项商品,一份纸质报关单最多允许联单 4 张。

(7) 分栏填报。反映进出口商品本身情况的项目中,须以不同的项号进行分栏填报的主要有几种情况:商品编号不同、商品名称不同的情形;商品编号和名称相同,但规格型号不同的情形;商品编号和名称相同,但价格不同的情形;商品编号和名称相同,原产国不同的情形;等等。

(8) 分行填报。按报关单填写规范,以下情形应分行(在一栏内)填报:商品名称、型号栏第一行填中文名称,第二行填商品规格型号,必要时加注原文;项号栏第一行填商品排列序号,第二行专用于填加工贸易中手册的序号;数量及计量单位栏第一行填第一法定计量单位和数量,第二行填第二法定计量单位和数量,第三行填成交计量单位和数量。

(9) 对已向海关申报的进出口货物报关单,如原填报内容与实际进出口货物不一致而有正当理由的,申报人应向海关递交书面更正申请,海关核准后,对原报关单进行更改或撤销。

(10) 报关单的份数和颜色。使用电子数据报关的,填写一份报关单作为录入原始单据即可。不同的贸易方式和不同性质的报关人使用不同颜色的报关单。

(11) 申报企业在填完的报关单上加盖与企业名称一致的报关专用章和报关员章后才有效。

8.3.3 进出口货物报关单的缮制

1. 预录入编号

预录入编号是指预录入单位录入报关单的编号,用于申报单位与海关之间引用其申报后尚未接受申报的报关单。预录入编号由接受申报的海关决定编号规则,由计算机自动打印。

2. 海关编号

海关编号是指海关接受申报时给予报关单的 18 位顺序编号。海关在接受申报环节确定,应标识在报关单的每一联上。一般来说,海关编号就是预录入编号,由计算机自动打印,不需填写。

3. 进口口岸/出口口岸

根据货物实际进出境的口岸海关,填报海关规定的"关区代码表"中相应的口岸海关的名称及代码。

4. 备案号

填报加工贸易的《登记手册》编号以及保税仓库进出口货物的《登记手册》编号。一份报关单只允许填报一个备案号,其余号填备注栏。无备案审批文件的报关单,本栏目免予填报,如一般贸易。

5. 进口日期/出口日期

进口日期是指运载所申报进口货物的运输工具申报进境的日期。

出口日期是指运载所申报出口货物的运输工具办结出境手续的日期。

本栏目为 8 位数,顺序为年(4 位)、月(2 位)、日(2 位)。例如,2015 年 8 月 10 日申报进口一批货物,运输工具申报进境日期为 2015 年 8 月 8 日,"进口日期"栏填报为:"20150808"。

6. 申报日期

申报日期是指海关接受进出口货物收发货人或受其委托的报关企业向海关申报货物进出口的日期。

以电子数据报关单方式申报的,申报日期为海关计算机系统接受申报数据时记录的日期。以纸质报关单方式申报的,申报日期为海关接受纸质报关单并对报关单进行登记处理的日期。

本栏目在申报时免予填报。

7. 经营单位

经营单位是指在海关注册登记的对外签订并执行进出口贸易合同的中国境内法人、其他组织或个人。本栏目应填报其中文名称及经营单位海关注册编码(10 位数字),缺一不可。

特殊情况下确定经营单位原则如下:

(1) 存在代理进出口关系的,填报对外签订并执行进出口贸易合同的企业,即代理方的中文名称及编号。但属外商投资企业委托其他企业进口投资设备、物品的,"经营单位"栏仍填报该外商投资企业的中文名称及编码,并在"标记唛码及备注"栏注明"委托×××公司进口"。

(2) 进出口货物合同的签订者和执行者非同一企业的,填报执行合同的企业。

(3) 援助、赠送、捐赠的进口货物,"经营单位"栏填报直接接收货物的单位的中文名称及编码。

(4) 经营单位编码第6位数为"8"的单位是只有报关权而没有进出口经营权的企业,不得作为经营单位填报。

8. 运输方式

此栏应根据货物实际进出境的运输方式或货物在境内流向的类别按海关规定的"运输方式代码表"选择填报相应的运输方式名称或代码(见表8-3)。

表8-3 运输方式代码表及说明

代码	名称	运输方式说明
0	非保税区	境内非保税区运入保税区和保税区退区(退运境内)货物
1	监管仓库	境内存入出口监管仓库和出口监管仓库退仓
2	水路运输	
3	铁路运输	
4	公路运输	
5	航空运输	
6	邮件运输	
7	保税区	保税区运往境内非保税区
8	保税仓库	保税仓库转内销
9	其他运输	人扛、驮畜、输水管道、输油管道、输送带和输电网等方式实际进出境货物,部分非实际进出境货物
H	边境特殊海关作业区	境内运入深港西部通道港方口岸区
W	物流中心	从境内保税物流中心外运入保税物流中心或从保税物流中心运往境内非保税物流中心
X	物流园区	从境内特殊监管区域之外运入园区内或从保税物流园区运往境内
Y	保税港区	保税港区(不包括直通港区)运往区外和区外运入保税港区
Z	出口加工区	出口加工区运往加工区外和区外运入出口加工区(区外企业真报)

9. 运输工具名称

运输工具名称是指载运货物进出境的运输工具的名称或运输工具编号。一份报关单只允许填报一个运输工具名称。

10. 提运单号

提(运)单号是指进出口货物提单或运单的编号。报关单"提运单号"栏所填报的运输单证编号,主要包括海运提单号、海运单号、铁路运单号、航空运单号。提(运)单号必须与舱单数据一致。

一份报关单只允许填报一个提单或运单号,一票货物对应多个提单或运单时,应分单填报。

11. 收货单位/发货单位

收货单位是指已知的进口货物在境内的最终消费、使用单位,包括自行从境外进口货物的单位、委托进出口企业进口货物的单位等。

发货单位是指出口货物在境内的生产或销售单位名称,包括自行出口货物的单位、委托进出口企业出口货物的单位等。一般为国内供应商,也可填出口商。

12. 贸易方式

此栏填报相应的贸易方式简称或代码。常见的贸易方式有:"一般贸易"(0110)"补偿贸易"(0513)、"来料加工"(0214)、"进料对口"(0615)、"对外承包出口"(3422)等。一份报关单只允许填报一种贸易方式,一种以上应分单填报。

13. 征免性质

征免性质是指海关对进出口货物实施的征、减、免税管理的性质类别。此栏填报相应的征免性质简称或代码。常见的征免性质有"一般征税"(101)、"加工设备"(501)、"来料加工"(502)、"进料加工"(503)、"中外合资"(601)等。一份报关单只允许填报一种征免性质,涉及多个征免性质的,应分单填报。

14. 征税比例/结汇方式(见表 8-4)

征税比例用于原"进料非对口"贸易方式下的进口报关单,现征税比例政策已取消,进口报关单本栏目免予填报。

结汇方式是指出口货物的发货人或其代理人收结外汇的方式。出口报关单应按照海关规定的"结汇方式代码表"选择填报相应的结汇方式名称或代码。本栏目不得为空,出口货物不需结汇的,填报"其他"。

表 8-4 结汇方式代码表

代码	结汇方式名称	英文缩写	英文名称
1	信汇	M/T	Mail Transfer
2	电汇	T/T	Telegraphic Transfer
3	票汇	D/D	Remittance by Banker's Demand Draft
4	付款交单	D/P	Documents against Payment
5	承兑交单	D/A	Documents against Acceptance
6	信用证	L/C	Letter of Credit
7	先出后结		
8	先结后出		
9	其他		

15. 许可证号

应申领进(出)口许可证的货物,必须在本栏目填报商务部及其授权发证机关签发的进(出)口货物的编号,不得为空。一份报关单只允许填报一个许可证号。

16. 起运国(地区)/运抵国(地区)

起运国(地区)指进口货物起始发出的国家(地区)。

运抵国(地区)指出口货物直接运抵的国家(地区)。

对发生运输中转的货物，如中转地未发生任何商业性交易，则起、抵地不变，如中转地发生商业性交易，则以中转地作为起运/运抵国(地区)填报。

本栏目应按海关规定的国别(地区)代码表选择填报相应的起运国(地区)或运抵国(地区)中文名称或代码。

无实际进出境的，本栏目填报"中国"(代码"142")。

17. 装货港/指运港

装货港指进口货物在运抵我国关境前的最后一个境外装运港。

指运港指出口货物运往境外的最终目的港；最终目的港不可预知的，可按尽可能预知的目的港填报。

本栏应根据实际情况按海关规定的港口航线代码表选择填报相应的港口中文名称或代码。

无实际进出境的，本栏目填报"中国"(代码"142")。

18. 境内目的地/境内货源地

境内目的地指已知的进口货物在国内的消费、使用地或最终运抵地。

境内货源地指出口货物在国内的产地或原始发货地。

本栏目应根据进口货物的收货单位、出口货物生产厂家或发货单位所属国内地区，并按海关规定的国内地区代码表选择填报相应的国内地区名称或代码。

19. 批准文号

进口货物报关单本栏目免予填报。

出口货物报关单填报《出口收汇核销单》编号。目前报关已不需要核销单，此栏留空。

20. 成交方式

本栏目应根据实际成交价格条款，按照海关"成交方式代码表"选择填报相应的成交方式代码(见表8-5)。

表8-5 成交方式代码表

成交方式代码	成交方式名称	成交方式代码	成交方式名称
1	CIF	4	C&I
2	CFR(C&F/CNF)	5	市场价
3	FOB	6	垫仓

应注意的是，海关规定的"成交方式"与国际贸易术语解释通则中的贸易术语内涵并非完全一致。"CIF""CFR""FOB"等常见的成交方式，并不仅限于水路，而适用于任何国际货物运输方式，主要体现成本、运费、保险费等成交价格构成因素(见表8-6)。

表8-6 《2010通则》11种贸易术语与报关单"成交方式"栏一般对应关系

组别	E组	F组			C组				D组		
术语	EXW	FCA	FAS	FOB	CFR	CPT	CIF	CIP	DAT	DAP	DDP
成交方式		FOB			CFR				CIF		

无实际进出境的货物,进口成交方式为CIF或其代码,出口成交方式为FOB或其代码。

21. 运费

本栏用于成交价格中不包含运费的进口货物或成交价格中含有运费的出口货物,应填报该份报关单所含全部货物的国际运输费用。可按运费单价、总价或运费率三种方式之一填报,同时注明运费标记,并按海关规定的《货币代码表》选择填报相应的币种代码。常见的币种有美元(代码"502")、港币(代码"110")、日本元(代码"116")、英镑(代码"303")等。运保费合并计算的,运保费填报在本栏目。运费标记:"1"表示运费率,"2"表示每吨货物的运费单价,"3"表示运费总价。

例如:5%的运费率填报为5/1;

24美元的运费单价填报为502/24/2;

7000美元的运费总价填报为502/7000/3。

22. 保费

保费是指实际支付的保险费金额或保险费率。运保费合并计算的,运保费填报在运费栏目中。保险费标记:"1"表示保险费率,"3"表示保险费总价。

例如:0.3%的保险费率填报为0.3/1;

10000港元保险费总价填报为110/10000/3。

23. 杂费

杂费指成交价格以外的、应计入完税价格或应从完税价格中扣除的费用,如手续费、佣金、回扣等费用。可按杂费总价或杂费率两种方式之一填报,同时注明杂费标记,并按海关规定的货币代码表选择填报相应的币种代码(见表8-7)。

应计入完税价格的杂费填报为正值或正率,应从完税价格中扣除的杂费填报为负值或负率。杂费标记:"1"表示杂费率,"3"表示杂费总价。

例如:应计入完税价格的1.5%的杂费率填报为1.5;

应从完税价格中扣除的1%的回扣率填报为-1;

应计入完税价格的500英镑杂费总价填报为303/500/3。

表8-7 运费、保费、杂费填写例表

项目	费率"1"	单价"2"	总价"3"
运费	5% → 5/1	USD500/MT → 502/500/2	HKD5000 → 110/5000/3
保费	0.27% → 0.27/1	/	EUR5000 → 300/5000/3
杂费	1% → 1/1	/	GBP5000 → 303/5000/3
-杂费	-1% → -1/1	/	-JPY5000 → 116/-5000/3

24. 合同协议号

本栏目应填报进(出)口货物合同(协议)的全部字头和号码。

25. 件数

件数是指有外包装的单件进出口货物的实际件数,货物可以单独计数的一个包装称为一件。

报关单件数栏目不得为空,件数应大于或等于 1,不得填报 "0"。舱单件数为集装箱的,填报集装箱个数;舱单件数为托盘的,填报托盘数。散装、裸装货物填报 "1"。

26. 包装种类

本栏目应根据进出口货物的实际外包装种类选择,选择填报相应的包装种类,如木箱、纸箱、铁桶、散装、裸装、托盘、包、捆、袋等。

27. 毛重

毛重指货物及其包装材料的重量之和。填报进(出)口货物实际毛重,计量单位为千克,不足 1 千克的填报为 1。

28. 净重

净重指商品本身的实际重量。填报进(出)口货物实际净重,计量单位为千克,不足 1 千克的填报为 1。

29. 集装箱号

本栏目用于填报集装箱编号和数量,按"集装箱号/规格/自重"格式填写。多个集装箱,在本栏中填任一个,其余填标记唛码及备注栏。

例如:TEXU3605231/20/2275,表明这是一个 20 英尺集装箱,箱号为 TEXU3605231,自重 2 275 千克。非集装箱货物,填报 "0"。

30. 随附单证

随附单据指随进出口货物报关单一并向海关递交的单证或文件。合同、发票、装箱单、许可证等必备的随附单证不在本栏目填报。

31. 用途/生产厂家

用途是指进口货物在境内实际应用的范围。应根据进口货物的实际用途,按海关规定的"用途代码表"选择填报相应的用途名称或代码(见表 8-8)。

表 8-8 用途代码表

代码	名称	代码	名称	代码	名称
1	外贸自营内销	2	特区内销	3	其他内销
4	企业自用	5	加工返销	6	借用
7	收保证金	8	免费提供	9	作价提供
10	货样,广告品	11	其他		

生产厂家是指出口货物的中国境内生产企业的名称,该栏仅供必要时填报。

32. 标记唛码及备注

此栏填报标记唛码、备注说明和集装箱号等与进出口货物有关的文字或数字。

33. 项号

本栏目分两行填报及打印。

第一行打印报关单中的商品排列序号。

第二行专用于加工贸易等已备案的货物,填报和打印该项货物在《登记手册》中的项号。

34. 商品编号

商品编号指按海关规定的商品分类编码规则确定的进(出)口货物的商品编号。

35. 商品名称、规格型号

本栏目分两行填报及打印。

第一行打印进(出)口货物规范的中文商品名称,第二行打印规格型号,必要时可加注原文。

36. 数量及单位

数量及单位指进(出)口商品的实际成交数量及计量单位。

37. 原产国(地区)/最终目的国(地区)

原产国(地区)指进口货物的生产、开采或加工制造国家(地区)。

最终目的国(地区)指已知的出口货物的最终实际消费、使用或进一步加工制造国家(地区)。

38. 单价

本栏目填报同一项号下进(出)口货物实际成交的商品单位价格的数字部分。无实际成交价格的,填报单位货值。

39. 总价

本栏目填报同一项号下进(出)口货物实际成交的商品总价的数字部分。无实际成交价格的,填报单位货值。

40. 币制

币制是指进(出)口货物实际成交价格的计价货币的名称。本栏根据实际成交情况按海关规定的"货币代码表"选择填报相应的货币名称或代码(见表8-9)。

表8-9 常用货币代码表

货币代码	货币符号	货币名称	货币代码	货币符号	货币名称	货币代码	货币符号	货币名称
110	HKD	港币	116	JPY	日本元	132	SGD	新加坡元
142	CNY	人民币	133	KRW	韩国元	300	EUR	欧元
302	DKK	丹麦克朗	303	GBP	英镑	330	SEK	瑞典克朗

续表

货币代码	货币符号	货币名称	货币代码	货币符号	货币名称	货币代码	货币符号	货币名称
331	CHF	瑞士法郎	344	RUB	俄罗斯卢布	501	CAD	加拿大元
502	USD	美元	601	AUD	澳大利亚元	609	NZD	新西兰元

41. 征免

征免指海关对进(出)口货物进行征税、减税、免税或特案处理的实际操作方式。

本栏目应按照海关核发的征免税证明或有关政策规定，对报关单所列每项商品选择填报海关规定的"征减免税方式代码表"中相应的征减免税方式代码或名称(见表8-10)。

表8-10 征减免税方式代码表

代码	名称	代码	名称
1	照章征税	5	随征免性质
2	折半征税	6	保证金
3	全免	7	保函
4	特案		

加工贸易报关单应根据登记手册中备案的征免规定填报。加工贸易手册中备案的征免规定为"保金"或"保函"的，不能按备案的征免规定填报，而应填报"全免"。

42. 税费征收情况

本栏由海关经办人员填写，主要批注对该份(批)进出口货物税、费征收和减免的情况，包括税率、税额的情况。

43. 录入员及录入单位

录入员，由负责将该份报关单内容的数据录入海关计算机系统并打印预录入报关单的实际操作人员签名确认。

录入单位，填报经海关核准，允许其将有关报关单内容输入海关计算机系统的单位。

44. 申报单位

对本报关单内容的真实性直接向海关负责的单位及报关专用章，同时盖上经海关核准的报关员章，填写该申报单位的地址、邮编、电话号码等。

45. 填制日期

缮制本报关单的日期。本栏目为8位数，顺序为年(4位)、月(2位)、日(2位)。

46. 海关审单批注栏

本栏目指供海关内部作业时签注的总栏目，由海关关员手工填写在预录入报关单上。其中"放行"栏填写海关对接受申报的进出口货物做出放行决定的日期。

样单 8-2：出口货物报关单

中华人民共和国海关出口货物报关单

预录入编号：6990005500111　　　　　　　　　海关编号：332020130507669501

出口口岸 上海吴淞海关		备案号		出口日期 20130510		申报日期 20130507
经营单位　3320110010 浙江省对外贸易有限公司		运输方式 水路运输		运输工具名称 WANG HAI		提运单号 COS1306670
发货单位　3320110010 浙江省对外贸易有限公司		贸易方式 一般贸易		征免性质 一般征税		结汇方式 信用证
许可证号		运抵国(地区) 泰国		指运港 曼谷		境内货源地 浙江杭州
批准文号		成交方式 CIF	运费 502/875/3	保费 502/180/3		杂费
合同协议号 ZJ130316		件数 400	包装种类 纸箱	毛重(千克) 10000		净重(千克) 9200
集装箱号 COSU345433/20/2275		随附单证 出境货物通关单			生产厂家	
标记唛码及备注　GAMES ZJ130316 BANGKOK NOS.1-400						

项号	商品编号	商品名称、规格型号	数量及单位	最终目的国(地区)	单价	总价	币制	征免
1	6209.2000	100%棉儿童外套 100PCT COTTON CHILDREN'S COATS	8000 件	泰国	5.1875	41500.00	(502)美元	照章征税

税费征收情况

录入员	录入单位	兹声明以上申报无讹并承担法律责任	海关审单批注及放行日期(签章)	
			审单	审价
报关员 沈良			征税	统计
单位地址：杭州市天目山路168号			查验	放行
邮编：310000　　电话：0571-88004111		填制日期：2013.05.07		

样单8-3：进口货物报关单

中华人民共和国海关进口货物报关单

预录入编号：0505569453121　　　　　　　　海关编号：332020130507453690

进口口岸 上海吴淞海关	备案号	进口日期 20131105	申报日期 20131107
经营单位 3320110010 浙江省对外贸易有限公司	运输方式 水路运输	运输工具名称 MSC VICTORY/087	提运单号 MSC43090
收货单位 3320110010 浙江省对外贸易有限公司	贸易方式 一般贸易	征免性质 一般征税	征税比例 0%
许可证号	起运国(地区) 沙特阿拉伯	装货港 达曼	境内目的地 浙江杭州
批准文号	成交方式 CFR	运费	保费 502/150/3	杂费
合同协议号 ZK0993020	件数 35	包装种类 托盘	毛重(千克) 14200	净重(千克) 14000
集装箱号 MSC395341/20/2275	随附单证		用途	
标记唛码及备注 N/M				

项号	商品编号	商品名称、规格型号	数量及单位	原产国(地区)	单价	总价	币制	征免
1	39011000	高压聚乙烯 LT130FC	7100.00 千克	沙特阿拉伯	1800.00	25200.00	502 美元	照章征税

税费征收情况				
录入员　　录入单位	兹声明以上申报无讹并承担法律责任	海关审单批注及放行日期(签章)		
		审单	审价	
报关员		征税	统计	
单位地址： 邮编：　　　电话：	申报单位(签章) 填制日期：20131107	查验	放行	

样单8-4：进口货物报关单

JG08 　　　　　　　　　　　　　　　　　　　　　　　　　　　　　**付汇证明联**

报关单证明联第 1 次打印

中华人民共和国海关进口货物报关单

主页

预录入编号：884932430	海关编号：02022013102026 3929		
进口口岸 新港海关 0202	进口日期 2013-04-30	申报日期 2013-05-17	
经营单位 天津商品交易市场有限公司	运输方式 水路运输	运输工具名称 KARMEN/106W	征免性质 征税
收货单位 0261008 天津商品交易市场有限公司	贸易方式 一般贸易	征税比例 0.0	提运单号 U130323475
许可证号 0261008	启运国(地区) 美国	装货港 0 一般征税 (101)	境内目的地 0.0
批准文号	成交方式 CIF	运费 (502)	保费 (3151) 杂费 天津其他 (12909)
合同协议号	件数	包装种类	毛重(千克) 净重(千克)
集装箱号 ex-CM-Merlot201	随附单证 156	其它	19254 10404

标记唛码及备注 A
合同号:TJComex-CM-Merlot201302A
随附单证号:120000113053474000

项号 商品编号 CPSU5 10150 8 名称、规格型号	数量及单位	原产国(地区)	单价	总价	币制	征免
1.22042100 干红葡萄酒 莫尔塞特庄园干红葡萄酒/2009	10404.0000升 10404.0000千克 10404.0000升	美国 (502)			USD 美元	照章征税 用途:企业自用

税费征收情况

录入员 录入单位	兹声明以上申报无讹并承担法律责任	海关审单批注及放行日期(签章)	
报关员		审单	审价
单位地址	申报单位(签章)	征税	统计
邮编 电话	天津鑫诚伟业国际货运代理有限公司 申报日期	查验	放行

签发关员 王学智
签发日期 2013-05-23

项目 8
缮制报关单据

项目小结

报关是指进出口货物的收发货人、进出境运输工具负责人、进出境物品的所有人或代理人向海关办理货物、物品或运输工具进出境手续及相关海关事务的过程。一般进出口货物报关程序包括：进出口申报、配合查验、缴纳税费、提取或装运货物。在实际业务中，进出口企业通常自己不办理报关，而是委托报关企业(货代或报关行)办理有关货物的进出口报关手续。进出口货物报关单是指按照海关规定的格式对进出口货物的实际情况做出的书面申明，要求海关对其货物办理报关手续的法律文书。报关单可以按货物的进出口状态、表现形式、使用性质的不同进行分类。本项目着重介绍了如何办理进出口货物报关，以及进出口报关单的内容和缮制规范。

复习思考题

一、单项选择题

1. 出口人得到托运确认后，应填制(　　)连同发票等相关单据向海关申报出口货物。
   A. 汇票　　　　　　　　　　　B. 入境货物报检单
   C. 出口货物报关单　　　　　　D. 装货单

2. 海关规定进口货物的进口日期是指(　　)。
   A. 申报货物办结海关进口手续的日期
   B. 向海关申报货物进口的日期
   C. 运载货物的运输工具申报进境的日期
   D. 所申报货物进入海关监管场地或仓库的日期

3. 某进出口公司向某国出口 500 吨散装小麦，该批小麦分装在一条船的三个船舱内。海关报关单上的"件数"和"包装种类"两个项目填报正确的应是(　　)。
   A. 件数为 500，包装种类为"吨"
   B. 件数为 1，包装种类为"船"
   C. 件数为 3，包装种类为"船舱"
   D. 件数为 1，包装种类为"散装"

4. 美国生产的产品，中国购自新加坡，经中国香港转运至中国内地，填写报关单的起运国是(　　)。
   A. 美国　　　　　　　　　　　B. 新加坡
   C. 中国香港　　　　　　　　　D. 中国

5. 海关规定对在海关注册登记的企业给予十位数代码编号，称为"经营单位代码"。下列选项中十位代码的正确组成顺序是(　　)。
   A. 地区代码、企业性质代码和顺序代码
   B. 企业详细地址代码、特殊地区代码、企业性质代码和顺序代码
   C. 企业所在省、直辖市代码、特殊地区代码、企业性质代码和顺序代码
   D. 企业所在省、直辖市代码及省辖市、县、计划单列市、沿海开放城市代码，企业性

质代码，特殊地区代码和顺序代码

6. 某服装进出口公司自日本进口一批工作服样装，在向海关申报时，其申报单"贸易方式"栏应填报为(   )。

   A. 一般贸易   B. 货样广告
   C. 货样广告品 A   D. 货样广告品 B

7. 马来西亚生产的橡胶在韩国制成汽车轮胎并出口到中国香港，在中国香港使用报废后，回收并出口到中国内地作为再生产原料，中国国内公司向海关申报进口该批产品时，原产地应填报为(   )。

   A. 马来西亚   B. 日本
   C. 中国香港   D. 中国

8. 大连某中日合资企业委托辽宁省机械设备进出口公司与日本三菱重工签约进口工程机械，并委托大连外运公司代理报关，在填制进口报关单时，"经营单位"一项应填写(   )。

   A. 该中日合资企业   B. 辽宁省机械设备进出口公司
   C. 日本三菱重工   D. 大连外运公司

9. 根据《中华人民共和国海关法》的规定，进口货物的收货人其代理人向海关申报的时间是(   )。

   A. 自运输工具进境之日起 17 日内   B. 自运输工具进境之日起 7 日内
   C. 自运输工具进境之日起 14 日内   D. 自运输工具进境之日起 15 日内

10. 根据《海关法》规定，进出口货物的纳税义务人，应当自海关填发税款缴款书之日起(   )内缴纳税款，逾期缴纳的，由海关征收滞纳金。

    A. 10 天   B. 15 天
    C. 20 天   D. 30 天

二、多项选择题

1. 报关程序按时间先后分为三个阶段：前期阶段、进出境阶段、后续阶段。其中对进出口货物的收发货人而言，在进出境阶段包括(   )等环节。

   A. 进出口申报   B. 缴纳税费
   C. 备案、销案   D. 配合查验

2. 进出口货物收发货人进口货物可采用的报关方式是(   )。

   A. 自理报关
   B. 委托报关行以委托人的名义代理报关
   C. 委托已在海关办理报关注册的货代公司以委托人的名义代理报关
   D. 委托报关公司以报关公司的名义代理报关

3. 出口货物报关单是由海关总署统一格式印制的，由出口企业或其代理人在装运前填制向海关申报通关，经海关审核并签发的法律文件，其作用是(   )。

   A. 海关依法监管货物出口的法律证书
   B. 海关征收关税、税费的重要凭证
   C. 出口货物核销、退税的重要依据
   D. 海关编制海关统计的原始凭证

4. 进口货物报关单是进口货物到达进口国后，由进口企业向海关申报进口的单据，根据其性质可分为(　　)。

A．一般进口货物报关单

B．进料加工专用进口货物报关单

C．来料加工及补偿贸易进口货物报关单

D．报关单证明联

5. 随附单据是指随进出口货物报关单一并向海关递交的单证，应该填制(　　)。

A．发票　　　　　　　　　　　　B．入境货物通关单

C．原产地证书　　　　　　　　　D．提单

三、判断题

1. 在我国所有的进出口企业都必须亲自向海关办理报关手续。（　　）
2. 每一个企业、每一家公司只要有进出口经营权，就可以进行报关业务。（　　）
3. 预录入报关单是指申请单位按海关规定的格式填写的凭单，用作报关单预录入的依据。（　　）
4. 海关接受申报的方式有两种：纸质(书面)申报和电子数据交换申报，但两种申报方式的法律效力是不同的。（　　）
5. 报关单上的"收货单位"应为进口货物在境内的最终消费、使用的单位名称，"发货单位"应为出口货物在境内的生产或销售的单位名称。（　　）
6. 报关单上"商品名称、规格型号"栏目，正确地填写内容应有中文商品名称、规格型号，商品的英文名称和品牌，缺一不可。（　　）
7. 某外贸公司与境外贸易商以 FOB 价、即信用证方式结算订立出口棉麻衬衣的一般贸易出口合同，按规定申报时应填写一式四联报关单，分别是海关留存联、海关统计联、企业留存联、出口退税专用联。（　　）
8. 经海关批准，从保税仓库内提取一批货在国际市场上销售，由于该批货原进入保税仓库时是空运进口的，故该货出仓库时在报关单上"运输方式"栏应填报"航空运输"。（　　）
9. 一批精密仪表在大连机场海关申报出口并转关运输至北京出境，其出口报关单"出口口岸"栏应按实际申报海关所在地填为"大连机场"。（　　）
10. 某仪器出口公司从日本购得分属三个合同的同样规格、不同数量的精密仪器，并同一船同时运达。这些货物品种单一且数量不大，申报时可用一份进口报关单，准备、真实、齐全地向海关填报。（　　）

四、简答题

1. 简述报关的基本流程。
2. 报关时应提交哪些相关单证？
3. 进出口报关单的分类有哪些？
4. 进出口报关单填制的一般要求是什么？

国际商务单证实务

项 目 实 训

实训 8-1：根据下列相关资料缮制出口货物报关单。
SELLER: ZHEJIANG FOREIGN TRADE CO., LTD.
BUYER: TOKYO TRADE CORPORATION
NAME OF COMMODITY: FROZEN PEAPODS
QUANTITY: 60M/T
UNIT PRICE : CIF OSAKA USD 1100.00 PER M/T
AMOUNT : USD66000.00
SHIPMENT : FROM NINGBO, CHINA TO OSAKA, JAPAN NOT LATER THAN JUNE 15,2013
PACKING: BY SEAWORTHY CARTONS
N.W: 20KGS/CTN
G.W: 21KGS/CTN
PAYMENT: BY IRREVOCABLE LETTER OF CREDIT AT SIGHT
SHIPPING MARKS: TOKYO/ MADE IN CHINA/ NO.1-UP
出口口岸：宁波海关
出口单位编码：3320110010
贸易方式：一般贸易
运输工具名称：ROSE V.123
配舱回单号码：COSU341
境内货源地：宁波
运费总价为 3400 美元，保险费总价为 350 美元。
商品编码：0710.2900
集装箱号码：COSU331539、COSU331546、COSU331569

中华人民共和国海关出口货物报关单

预录入编号： 　　　　　　　　　　　　　海关编号：

出口口岸	备案号		出口日期	申报日期
经营单位	运输方式		运输工具名称	提运单号
发货单位	贸易方式		征免性质	结汇方式
许可证号	运抵国(地区)		指运港	境内货源地
批准文号	成交方式	运费	保费	杂费

合同协议号		件数	包装种类	毛重(千克)	净重(千克)
集装箱号		随附单证		生产厂家	
标记唛码及备注					
项号 商品编号 商品名称、规格型号		数量及单位	最终目的国(地区)	单价 总价	币制 征免
税费征收情况					
录入员 录入单位		兹声明以上申报无讹并承担法律责任		海关审单批注及放行日期(签章) 审单 审价	
报关员		申报单位(签章)		征税 统计	
单位地址： 邮编：		电话：	填制日期：	查验 放行	

实训 8-2：根据下列相关资料缮制进口货物报关单。

浙江省对外贸易有限公司与美国一家公司签订购买一台 400 千瓦日本产直流发电机。

合同号：2013-MU-090

成交价格：CIF 上海 15 600 美元

唛头：2013-MU-090/SHANGHAI

船期：2013 年 6 月 10 日

装运港：TOKYO

目的港：上海

提单号：COSC-1239

包装：一个木箱

毛量：1 500KGS

净重：1 400KGS

报关时间：2013 年 6 月 15 日

随附单证：发票、装箱单、提单、商检证

总运费：780 美元

经营单位代码：3320110010

商品编码：85013300

中华人民共和国海关进口货物报关单

预录入编号：　　　　　　　　　　　　　　　　海关编号：

进口口岸	备案号		进口日期	申报日期
经营单位		运输方式	运输工具名称	提运单号
收货单位		贸易方式	征免性质	征税比例
许可证号		起运国(地区)	装货港	境内目的地
批准文号		成交方式	运费	保费	杂费
合同协议号		件数	包装种类	毛重(千克)	净重(千克)
集装箱号		随附单证		用途	
标记唛码及备注					

项号	商品编号	商品名称、规格型号	数量及单位	原产国(地区)	单价	总价	币制	征免

税费征收情况

录入员	录入单位	兹声明以上申报无讹并承担法律责任	海关审单批注及放行日期(签章)	
			审单	审价
报关员		申报单位(签章)	征税	统计
单位地址：				
邮编：	电话：	填制日期：	查验	放行

项目 9　缮制其他单据

项目介绍

《跟单信用证统一惯例》将信用证项下的单据分为运输单据、保险单据、商业发票和其他单据。其他单据包括：包装单据、产地证、检验检疫证书、装运通知、受益人证明、船公司证明等。运输单据、保险单据和商业发票、包装单据、产地证、检验检疫证书等单据在前面项目里都已做介绍，因此，本项目的任务是学会制作装运通知、受益人证明和船公司证明等其他单据。

学习目标

通过本项目的学习，了解装运通知、受益人证明及船公司证明等其他单据的基本知识；熟悉装运通知、受益人证明及船公司证明等其他单据的不同格式、主要内容；掌握装运通知、受益人证明及船公司证明等其他单据的缮制规范、缮制技巧及应注意的问题。

任务 9.1　缮制装运通知

9.1.1　装运通知概述

1. 装运通知的概念

装运通知(Shipping Advice)也称装船通知，是出口商在货物装运后发给进口商的电讯(电传、传真、电子邮件)通知，目的是让进口商了解货物已经装船发运，准备付款接货。议付时，该电传副本、传真副本或电子邮件打印件可以作为提交银行结汇的单据之一。

在 FOB、CFR 条件下成交的合同，需进口商自行办理货物保险，装运通知应该在货物装运或交承运人后立即发出，以便进口商办理投保手续。在 CIF、CIP 条件下成交的合同，为了让买方了解货物装运情况、准备接货或筹措资金赎单，出口商也要及时发送装运通知。

2. 装运通知的作用

1) 以便进口商办理保险手续

在 CFR 和 CPT 条件下，出口商安排运输，进口商负责办理保险，进口商是根据出口商发送的装船通知来办理货物保险。如果出口商不能及时地给予进口商充分的装船通知，则进口商无法及时办理货运保险，甚至有可能漏保货运险。因此，要求出口商一定要在货物离开装运港后及时向进口商发出装船通知；否则，出口商应承担货物在运输途中的风险和损失。

有时，进口商在货物尚未发运前预先在保险公司办理预约保险，并要求出口商将装运通知直接发送至保险公司，以便保险及时生效。

2) 以便进口商作好接货和付款准备

货物装船后，出口商应及时向国外进口商发出装运通知，以便对方准备付款、赎单，办理进口报关和接货手续。

3) 作为议付货款的单据之一

为避免出口商因疏忽未及时发出装运通知，进口商往往在来证中明确规定出口商必须在规定的时间内发出装运通知，并以装运通知作为议付货物的单据之一。

9.1.2 装船通知的缮制

装运通知(见样单 9-1、样单 9-2)没有统一格式，主要是给予进口方关于货物已按规定交至船上(或交承运人)的充分通知。该装运通知在时间上是毫不迟延的，在内容上是详尽的，可满足进口方为在目的港收取货物采取必要的措施(包括办理保险)的需要。如果合同或信用证对装运通知已有具体规定，必须按合同或信用证的规定办理。装运通知由出口商自行缮制，其主要内容和缮制规范如下所述。

1. 出口公司的名称和地址

此内容一般由出口商提前印就于单据信头位置，包括出口公司的中英文名称、地址及联系方式等内容，信用证结算方式下，应注意要与信用证中的受益人一致。

2. 单据名称

单据名称即"Shipping Advice"或"Advice of Shipment"字样。信用证方式下，应注意装运通知的名称应与信用证的规定一致。

3. 编号和日期(No. & Date)

编号一般填写发票号码，日期指的是装运通知的签发日期，此日期不能超过合同或信用证约定的时间。常见的有以小时为准，如"within 24/48 hours"；或以天为准，如"one day before the shipment date"。如果信用证规定"immediately after shipment"(装船后立即通知)，应掌握在提单日期后的 3 天之内；如果信用证规定"within 2 days after shipment(装运后两天之内)"，应掌握在提单日期后的 2 天之内。

4. 通知对象(To…/To Messrs)

一般按信用证要求填写，具体可以是开证申请人、申请人的指定人或保险公司等。若信用证规定通知开证申请人或××保险公司，则在 To 后面填写开证申请人的名称或××保险公司名称；若信用证没有规定抬头人，则可填写开证申请人名称即可。一般有以下几种情况：

(1) 填写保险公司的名称和地址，即与买方签发了预约保险单的保险人名称与地址，便于对方收到本通知后，将预约保险单及时生效。

(2) 填写开证申请人名称与地址，便于对方在未办预约保险的情况下及时投保并准备收货。

(3) 填写信用证申请人的代理人的名称与地址，便于代理人收到本通知后，可及时通知保险公司或收货人办理后继相关业务。

5. 事由(Re)

一般可填写商品的名称、件数、合同号、信用证号和预约保险单号。在 FOB 和 CFR 条件下，买方在办理保险手续时，信用证往往要求装运通知预约保险单号"Open Policy No."或"Cover Note No."，此时应该按信用证规定填写。

6. 声明或证明文句(Statement)

一般声明或证明文句的含义为"我们特此通知你方，上述信用证项下货物已经装运，运输货物的详情如下所述"，此内容也可省略不写。

7. 通知内容(Details)

通知内容主要包括所发运货物的合同号或信用证号、品名、数量、金额、运输工具名称、开航日期、启运港(地)、目的港(地)、提单号码和运输标志等，并且与其他单据保持一致，如果信用证提出具体项目要求，则应严格按规定出单。此外通知中还可能出现包装说明、ETD(预计船舶离港时间)、ETA(预计船舶到达时间)等内容，也应该在装运通知里一一显示。

8. 激励性的文句(Good Wish)

一般填写希望产品质量令对方满意并期盼收到续订单之类的文句，不是装运通知必需的部分，此内容也可省略不写。

9. 签署(Signature)

通常在装运通知的右下角加盖受益人条形章。

样单 9-1：装运通知

ZHEJIANG FOREIGN TRADE CO., LTD.
168 TIANMUSHAN ROAD, HANGZHOU, CHINA
SHIPPING ADVICE

20-Feb-2014

Messrs: BDE Company
Dear Sirs,

Re: Invoice No.:ZJ20140033   L/C No.:CMK142436

We hereby inform you that the goods under the above mentioned credit have been shipped. The details of the shipment are stated below.

Commodity: BOBBING HEAD DOLL
Quantity: 560CARTONS
Amount: USD35030.00
Ocean Vessel: Per s.s. HANJIANG HE Voy. 168
Bill of Lading No.:   14COS25621
E.T.D.:   On/or about 20-Feb-2014
Port of Loading: SHANGHAI
Destination: BREMEN

We hereby certify that the above content is true and correct.

浙江省对外贸易有限公司
ZHEJIANG FOREIGN TRADE CO., LTD.

样单 9-2：装运通知

ZHEJIANG HONGYUAN INTERNATIONAL TRADE CO., LTD.
NO.191 ZHONGDONG STREET LISHUI CITY, ZHEJIANG, CHINA
SHIPPING ADVICE

TO: JOHNSON TRADING COMPANY LTD., DAMASCUS, SYRIA.

No.: 2013000442
DATE: JAN.13,2013

Dear Sir or Madam:

    We are please to advice you that the following mentioned goods has been shipped out, full details were shown as follows:

Invoice Number:	929AK11005
Bill of loading Number:	MSC2003948
Ocean Vessel:	WANFU V. 098W
Port of Loading:	SHANGHAI, CHINA
Date of Shipment:	JAN.11,2013
Port of Destination:	DAMASCUS, SYRIA
Estimated date of arrival:	FEB.20,2013
Containers/Seals Number:	MSC906343/07321
Description of goods:	CLUTCH MOTOR FOR INDUSTRIAL SEWING MACHINE
Shipping Marks:	N/M
Quantity:	850CTNS
Gross Weight:	16150KGS
Net Weight:	14875KGS
Total Value:	USD21250.00

Thank you for your patronage. We look forward to the pleasure of receiving your valuable repeat orders.

Sincerely yours,

浙江宏远国际贸易有限公司
ZHEJIANG HONGYUAN INTERNATIONAL TRADE CO., LTD.

9.1.3 装运通知条款示例

1. 装运通知条款解析

信用证中对装运通知条款的表述方法很多，通常由几个部分组成：

<u>Shipping advice</u>　<u>stating</u>　L/C No., quantity shipped, name of vessel, total amount…
　　　①　　　　　②

<u>within 48 hours</u> after shipment.
　　③

说明：①表示对装运通知单据名称的规定；②表示对装运通知具体通知内容的规定；③表示对装运通知发送时间的规定。

2. 信用证装运通知条款示例

例1. Beneficiary's certified copy of cable/telex dispatched to applicant within 48 hours after shipment advising L/C no., name of vessel/flight number, date, quantity, weight and value of the shipment.

该条款要求交单时须向银行提交受益人签字证明的电传副本。该电传必须在货物装船后48小时内发给开证申请人，告知信用证号码、船名/航次、开航日期、货物的数量、重量和金额。

例2. Shipment advice in full details including shipping marks, carton numbers, vessel name, B/L number, value and quantity of goods must be sent on the date of shipment to the following parties：①Consignee, ②Applicant, ③Notify party. Copy of this telex required for negotiation.

该条款要求提供的装船通知必须具备详细内容，包括唛头、箱号、船名、提单号码、货值和货量，于装船日以电传告知：①收货人；②开证人；③被通知人。凭电传副本议付。

例3. Shipment advice must be sent by telex to ×××　Ins.Co.(Telex No.11488 Sanaa)with details of shipment including value, name of vessel and date of shipment quoting their Policy No.H/MAR/23456.Copy of this telex to be presented with documents upon negotiation.

该条款要求装船通知以电传方式将货物装运情况及预约保单号码通知保险公司，并在议付时提交电传抄本。

例4. A certificate from the beneficiary stating that they have advised the applicant by TLX the Date of shipment, Number of packages, Name of commodity, Total net and gross weight, Name of vessel and Number of voyage within 2 days after shipment effected.

该条款要求受益人签发一份证明，证明受益人在装运后的两天之内，通过电传向开证申请人提供装运细节，包括装运日期、件数、品名、总净重和总毛重、船名航次等。

例5. Original FAX from beneficiary to our applicant evidencing B/L No., Name of ship,Shipment date, Quantity and Value of goods.

该条款要求受益人发正本传真给开证申请人，内容包括提单号、船名、装运时间、货物数量和金额。

例6. Shipment advice showing the name of the carrying vessel, date of shipment, amount and the number of this Documentary Credit must be sent by registered airmail to the applicant.

The relative postal registration receipt and a copy of the shipping advice must be attached to the documents.

该条款要求注明承运船只的船名、开航日期、跟单信用证的金额和号码的装运通知必须通过航空挂号信寄给开证申请人。提交的单据应附上有关的挂号邮件收据和装运通知副本。

9.1.4 缮制装运通知应注意的问题

缮制装运通知应注意以下几个问题。

第一，出口方应及时缮制装运通知，并严格按合同或信用证要求的时间发送装运通知。

第二，装运通知应该充分，以便进口商或保险公司及时办理保险手续。信用证要求通知的内容必须一一列出，可以比信用证详尽，但不能与其他单据相同的信息相矛盾。

第三，装运通知要按照合同或信用证的要求发送给相关方，如买方和保险公司等。

第四，如果信用证要求装运通知的副本作为议付单据之一，最好在结尾处加注"This is the true copy of shipping advice sent to applicant or Insurance Co."之类的文句。

任务9.2 缮制受益人证明

9.2.1 受益人证明概述

1. 受益人证明概念

受益人证明(Beneficiary's Certificate)通常是指信用证受益人根据信用证的要求出具的证明受益人已经履行了合同或信用证规定义务的证明，是信用证付款方式下要求的常见单据之一。

2. 受益人证明书的种类

1) 寄单证明

寄单证明指卖方在货物装运前后的一定时期内，向买方或指定人做出的某项证明，证明卖方已把合同和信用证规定的单据邮寄给了买方。

2) 寄样证明

寄样证明是由卖方根据合同和信用证的规定，签发已寄出船样、样卡和码样的证明。

3) 包装证明

包装证明是指卖方所交货物的包装符合合同、信用证及进口国有关法规的规定的证明。

3. 受益人证明的作用

(1) 向有关方面证实某件事实。
(2) 证明已经发行某种义务或完成某项工作。
(3) 作为议付单据之一。

9.2.2 受益人证明的缮制

受益人证明(见样单9-3、样单9-4、样单9-5)的内容视信用证的具体规定而定，内容和格式无统一格式。由出口商自行缮制，其主要内容和缮制规范如下。

1. 受益人名称和地址

此内容一般由出口商提前印就于单据信头位置，包括出口公司的中英文名称、地址及联系方式等内容，应注意与信用证中规定的受益人名称、地址一致。

2. 单据名称(Name of Document)

单据名称位于单据正上方，应根据信用证要求标注，如受益人证明(Beneficiary's Certificate)、受益人声明(Beneficiary's Statement)、受益人申明(Beneficiary's Declaration)等。

3. 编号及日期(No & Date)

编号一般填写发票号码。日期是指受益人证明的签发日期，需要注意日期应与证明内容相吻合，并符合信用证的要求。

例如，提单日期是3月12日。受益人证明的有关内容是"We hereby certify that one set of non-negotiable shipping documents has been airmailed to the Applicant within 2 days after the shipment date."则受益人证明的日期不能早于3月12日，也不能晚于信用证规定的交单日期。

4. 抬头人(To)

除非信用证另有规定，通常可笼统地填写为"To whom it may concern"(致有关方面)。

5. 事由(Re)

一般可填写商品的名称或信用证号码或合同号。在非信用证付款方式下，可填写商品的名称或合同号。

6. 声明或证明文句(Statement)

此内容是该单据的关键，受益人证明的内容应根据信用证要求的内容缮制，其中的人称、时态和语态有时需要作适当变化，不能照抄照搬信用证原句。

例如，信用证条款规定："Beneficiary's certificate certify that all the packages to be lined with waterproof paper and bound with two iron straps outside."则受益人证明应为："…packages have been lined…"

7. 签署(Signature)

在受益人证明的右下角，填写卖方的名称和法人代表或经办人的签字。注意作为证明函无论信用证是否要求受益人签字都要签署。

8. 正本(Original)

在受益人原始信笺上出具的或是经签章的受益人证明，均可被视为正本，也可直接在其名称下方标注"Original"字样。

样单 9-3：受益人证明(寄单证明)

ZHEJIANG FOREIGN TRADE CO., LTD.
168 TIANMUSHAN ROAD, HANGZHOU, CHINA

BENEFICIARY'S CERTIFICATE

Feb.20,2014

To whom it may concern:

Re: Invoice No.: ZJ20140033   L/C No.:CMK142436

We hereby certify that one complete set of non-negotiable shipping documents have been sent directly to applicant by express airmail within 2 days after shipment.

浙江省对外贸易有限公司
ZHEJIANG FOREIGN TRADE CO., LTD.

样单 9-4：受益人证明(寄样证明)

ZHEJIANG FOREIGN TRADE CO., LTD.
168 TIANMUSHAN ROAD, HANGZHOU, CHINA

CERTIFICATE

May.16,2013

To whom it may concern:

Re: Invoice No.: ZJ20130163   L/C No.:AHS1903344

We hereby certify that in compliance with the terms of the relative letter of credit, we have sent requisite shipment samples by registered airmail to the ABC Company.

浙江省对外贸易有限公司
ZHEJIANG FOREIGN TRADE CO., LTD.

样单 9-5：受益人证明(包装证明)

ZHEJIANG FOREIGN TRADE CO., LTD.
168 TIANMUSHAN ROAD, HANGZHOU, CHINA

CERTIFICATE

Jun.09,2013

To whom it may concern:

Re: Packing requirement

We hereby certify that:

1. All drums are neutral packing.

2. No Chinese words or any hints to show the products made in China.

3. No any printing materials are allowed to fill in drums.

浙江省对外贸易有限公司
ZHEJIANG FOREIGN TRADE CO.,

9.2.3 受益人证明条款示例

1. 受益人证明条款解析

信用证中对受益人证明条款的表述方法很多，通常由几个部分组成：

<u>Beneficiary's certificate</u>　<u>certify</u>　that the full set of shipping documents must be sent to
　　　　①　　　　　　　②

applicant immediately after shipment.

说明：①表示受益人证明的单据名称；②表示受益人证明的具体内容。

2. 信用证受益人证明条款示例

例 1. Beneficiary's Certificate Certifying that full set of non-negotiable copies of documents to be sent to Applicant immediately after shipment.

该条款要求出具受益人证明，证明受益人在装运后立即把全套非流通单据副本寄给了开证申请人。

例 2. Beneficiary's Statement indicates that cable copy of shipping advice dispatched to the accountee immediately after shipment.

该条款要求出具受益人声明，声明受益人在装运后立即把装运通知的电报副本发给了开证申请人。

例 3．Beneficiary's Declaration stating that one complete set of non-negotiable shipping documents sent directly to the opener by express airmail within 2 days after shipment.

该条款要求出具受益人声明，声明受益人在装运后 2 天内，将一整套非流通运输单据用航空快递邮件直接寄给了开证申请人。

例 4．Beneficiary's Certificate certifying that each export package to be marked with "MADE IN CHINA".

该条款要求出具受益人证明，证明每件出口包装上都注明"中国制造"。

例 5．A statement from the beneficiary evidencing that: Packing effected in 25kgs/ctn box.

该条款要求出具一份受益人声明书，证明货物包装在每只 25 千克的箱内。

例 6．A certificate from beneficiary stating that the following documents have been sent to the applicant by speed post after shipment effected: 1. 1/3 original bill of lading; 2. certificate of quality issued by CCIB/CCIC in duplicate.

该条款要求出具一份受益人证明，证明以下单据已经在装船后，用快递邮寄给开证申请人：① 1/3 的正本提单；② 一式两份由 CCIB/CCIC 出具的质量证明书。

例 7．Beneficiary's declaration certifying that the original of export licence has been sent to the applicant by express courier before shipment effected.

该条款要求出具受益人证明，证明正本出口许可证已在装船前用快递邮寄给开证申请人了。

9.2.4 缮制受益人证明应注意的问题

缮制受益人证明应注意以下两个问题。

第一，受益人证明的措辞往往信用证已经给出，在填制时不能原封不动照抄照搬，应在人称、时态或语态上进行相应的调整，例如，一般将 Beneficiary 替换成 We，把将来时变成完成时，表明信用证规定的义务受益人已经完成。

第二，受益人证明本身的性质决定该单据需要由受益人签署。

任务 9.3　缮制船公司证明

9.3.1　船公司证明概述

1. 船公司证明的概念

船公司证明(Shipping Company's Certificate)是指卖方应买方要求由船公司或其代理人出具的，用以证明船龄、船籍、航程、集装箱船和运费等内容的书面文件。

2. 船公司证明的种类

1) 船籍证明(Ship's Nationality Certificate)

船籍证明是船公司说明载货船舶国籍的证明文件。有时买方出于政治原因，对载货船舶的国籍予以限制，要求卖方仅装某些国家的船或不装某些国家的船，并要求卖方提供相应证明。

2) 船龄证明(Ship's Age Certificate)

船龄证明是船公司出具的说明载货船舶船龄的文件。一般 15 年以上的船为超龄船，许多保险公司不予承保。买方为保障船只和货物在运输途中的安全，要求卖方不装超过 15 年船龄的船舶。

3) 船级证明(Ship's Classification Certificate)

船级证明是船公司出具的说明载货船舶符合一定船级标准的证明。有时来证要求提供英国劳合氏船级社签发的船级证明，因为我国班轮以及在我国各港口航行的船只很少有劳合氏船级社注册的船，所以无法出具该证明。

4) 黑名单证明(Black List Certificate)

黑名单证明是船公司出具的、说明载货船舶未被列入黑名单的证明文件。

黑名单是阿拉伯国家将与以色列有往来的船舶列出的名单，若船舶被列入黑名单，阿拉伯国家将不再允许与本国发生运输业务关系。因此，阿拉伯国家进口业务或开出的信用证通常都要求载货的船公司出具黑名单证明。

5) 航程证明(Ship's Itinerary Certificate)

航程证明是用以说明载货船舶在航程中停靠港口的证明。有时买方出于政治原因或为了避免航行途中货船被扣的风险，对载货船舶的航行路线、停靠港口予以限制，要求船只不能经过某些地区，或不在某些港口停靠，并要求卖方提供相应的证明。

红海和波斯湾一带地区常要求船公司或船方出具这样的证明书。在国际贸易中，对于去阿拉伯国家的货物，进口商常要求出具"三不证明"(Three-No Certificate)，即载货船舶不是以色列籍的船、在航程中不停靠以色列港口、不是阿拉伯国家黑名单上的船只的证明文件。

6) 班轮公会证明(Conference Line Certificate)

班轮公会证明是用以说明载货船舶属于班轮公会的证明。

有时来证规定货物须装班轮公会船只时，向银行所交单据中应包括船公司或船代出具的证明。例如，信用证要求 "A certificate issued by the carrier, shipping Co or their agents certifying that shipment has been effected by conference line and/or regular line vessels only covered by institute classification clause to accompany the documents." 其意思是由承运人、船公司或他们的代理签发证明，证实货物业已装运在符合伦敦协会船级条款的班轮公会船只或定期船上，该船证随单据提交。

7) 集装箱船只证明(Container Ship Certificate)

集装箱船只证明是用以说明货物已装在集装箱船上的证明。有时来证规定货物必须装集装箱船上，如果提单上能表明货物是集装箱运输，就不需要提供该证明；但如果信用证条款有特别规定要求单独出具此证明，则必须单独出具集装箱船只证明。

8) 运费收据(Freight Note)

运费收据是船公司出具的用以说明运费支付情况的证明。通常买方请卖方代办运输时，国外买方往往来证要求提供运费收据，以便了解已付运费的实际情况，并作为双方结算运费的依据。

9) 船长收据(Master's Receipt)

船长收据是由船长出具的用以说明收到了托运人委托随船转交单据的证明。有些来证要求发货人在货物装运后将一套正本或副本单据委托装货船只的船长带交给收货人，以便收货人在货到目的港后能及时提货或办理其他手续。议付时以船长收据为证，收据上须有船长转递单据的承诺。

9.3.2 船公司证明的缮制

船公司证明的内容视信用证的具体规定而定，内容和格式无统一格式(见样单 9-6、样单 9-7、样单 9-8)。由船公司或其代理人缮制，其主要内容和缮制规范如下。

1. 单据名称(Name of Document)

按照信用证要求提供不同种类的证明，如 Shipping Company's Certificate。

2. 编号及日期(No)

编号一般填写发票号码，日期应该与提单日期相同。

3. 抬头人(To)

一般笼统填写"To whom it may concern"(致有关方面)。

4. 证明的内容(Contents)

按照信用证要求并结合实际情况做出证明。

5. 签署(Signature)

应该与提单签单人一致。

样单 9-6：船公司证明(航龄证明)

CERTIFICATE

Date: Apr.09,2014

To whom it may concern:

　　This is to certify that M.S./S.S_____(name of vessel)was built in year and has therefore not been in operation for more than 15 years at time of cargo loading.

×× Shipping Company
(Signature)

样单 9-7：船公司证明(船籍和航程证明)

CERTIFICATE

Date: May 10,2014

To whom it may concern:

　　This is to certify that M.S./S.S_____(name of vessel)flying_____(name of country)flag, from ××to Kuwait calling at following ports during this present voyage according to the schedule, and so far as we know that she is not black listed by the Arabian countries.

　　Name of calling port during voyage
(1)××(具体港口名称)
(2)
(3)

××Shipping Company
(Signature)

样单 9-8：船公司证明(集装箱船只证明)

CERTIFICATE

Date: Jan.15,2014

To whom it may concern:

　　Re:Invoice NO. covering ×× bags of ××

　　This is to certify that shipment of the captioned invoice has been effected by the container vessel.

××Shipping Company
(Signature)

9.3.3　船公司证明条款示例

1. 船公司证明条款解析

信用证中对船公司证明条款的表述方法很多，通常由几个部分组成：

<u>Shipping company's certificate</u>　　<u>certify</u>　that　the　goods　shipped　per　S.S××
　　　　　　①　　　　　　　　　②

which is 15 years old.

说明：①表示船公司证明的单据名称；②表示船公司证明的具体内容。

2. 信用证船公司证明条款示例

例1. Shipping company's certificate certify that carrying vessel flying the flag of P.R. of China from any Chinese port to Kuwait calling at following ports ××× during this present voyage according to the schedule, and that the carrying vessel is not black listed by Arabian countries.

该条款要求提交船公司证明，证明载货船舶悬挂中华人民共和国国旗，按照目前的航行计划载货船舶从任何中国港口驶向科威特港途中停靠以下港口，该船舶没有被阿拉伯国家列入黑名单。

例2. Full set of non-negotiable shipping documents to be sent to the captain of the carrying vessel and handed over to Messrs. ××× and captain's receipt accompanied by the original documents for negotiation.

该条款要求全套不可议付的装运单据将寄给载货船舶的船长由其转交给 Messrs ×××，船长收据随正本单据议付货款。

例3. Certificate from the shipping company to certify that shipment to be effected by container vessel.

该条款要求提交船公司证明，证明货物将通过集装箱轮出运。

9.3.4　缮制船公司证明应注意的问题

缮制船公司证明应注意以下几个问题。

第一，船公司证明的种类很多，应依照合同或信用证的规定，要求船公司出具相关证明。如果要求船龄证明，就必须签发船龄证明，而不能以船籍证明替代。

第二，不能完全照抄信用证条款内容，应具体化并在人称、时态等方面作相应变化。

第三，船公司证明签发日期一般与运输单据签发日期相同，或略晚些。

第四，船公司证明本身的性质决定其必须要签署。

项 目 小 结

装运通知是指按信用证或合同规定，发货人通常在装船后将装船情况通知进口商，以便及时办理保险或准备提货租仓等。受益人证明是指进口商在信用证中要求受益人开出证明，证明其办理了某项工作或证实某件事实的单据。船公司证明是船公司出具的单据，是进口商为了满足政府需要或为了解货物运输情况等要求出口商提供的单据。本项目着重介绍了装运通知、受益人证明和船公司证明等其他单据的主要内容及缮制规范。

复习思考题

简答题
1. 装运通知的概念及其作用是什么？
2. 受益人证明的概念是什么？通常有几种形式？
3. 缮制受益人证明应注意哪些问题？
4. 船公司证明有哪些种类？
5. 缮制船公司证明应注意哪些问题？

项 目 实 训

实训 9-1：作为浙江省对外贸易有限公司的单证员，请根据下述信用证及其他资料，出具一份装运通知。

1. 信用证条款

Date of issue:	20130701
Form of Doc. Credit:	IRREVOCABLE
Doc.Credit Number:	MSK4560AK00045
Expiry:	Date 131115 Place IN BENEFICIARY'S COUNTRY
Applicant:	SE BANG TRADING CO. , LTD.
	148 NAMCHEON-2 DONG , SUYOUNG-KU
	PUSAN , KOREA
Beneficiary:	ZHEJIANG FOREIGN TRADE CO., LTD.
	168 TIANMUSHAN ROAD, HANGZHOU, CHINA
Partial Shipments:	ALLOWED
Transhipment:	ALLOWED
Loading in Charge:	NINGBO, CHINA
For Transport to…:	PUSAN , KOREA
Latest Date of Ship.:	20131031
Descript. of Goods:	CHINA ORIGIN ARTIFICIAL FLOWERS
	AN-0010　　　　5,184DOZ@USD2.50/DOZ
	AC-0020　　　　2,880DOZ@USD2.80/DOZ
	AS PER S/C NO. ZJ20130235 DATE . JUNE 25,2013
	CIF PUSAN

Documents Required: SHIPMENT ADVICE IN FULL DETAILS INCLUDING SHIPPING MARKS,CONTAINER NUMBERS, VESSEL NAME, B/L NUMBER, VALUE AND QUANTITY OF GOODS MUST BE SENT ON THE DATE OF SHIPMENT TO APPLICANT.

2. 其他资料

INV. NO.：ZJLS2013045　　　　B/L DATE：OCT. 28, 2013
B/L NO.：DSA2013-1102　　　　SHIPPING MARKS：SE BANG/PUSAN
PACKING：
AN-0010　36DOZ/CTN　G. W.：23KGS/CTN　N. W.：18KGS/CTN
　　　　AC-0020　36DOZ/CTN　G. W.：19KGS/CTN　N. W.：13KGS/CTN
MEASUREMENT：(40×50×80) CM/CTN
DATE OF ADVICE：OCT. 28, 2013
CONTAINER NO. MSCU 4097561 (20') MSCU 4097615 (40')
NAME OF STEAMER：　SUI 345/NORASIA V. 78-3 W/T HONGKONG

ZHEJIANG FOREIGN TRADE CO., LTD.
168 TIANMUSHAN ROAD, HANGZHOU, CHINA
SHIPPING ADVICE

实训 9-2：作为浙江省对外贸易有限公司的单证员，请根据下述信用证所提供的信息，出具一份受益人证明。

1. 信用证条款

BENEFICIARY：ZHEJIANG FOREIGN TRADE CO., LTD.
　　　　　　　168 TIANMUSHAN ROAD, HANGZHOU, CHINA
L/C NO.：2014007
DOCUMENTS REQUIRED:
+ BENEFICIARY'S CERTIFICATE CERTIFYING THAT COMMERCIAL INVOICE, PACKING LIST AND ORIGINAL EXPORT LICENCE HAVE BEEN DESPATCHED BY COURIER DIRECTLY TO MASS TRADING COMPANY.

2. 其他资料

INVOICE NO.：ZJ20140104
DATE OF ISSUING THE BENEFICIARY'S CERTIFICATE: FEB. 8, 2014

ZHEJIANG FOREIGN TRADE CO., LTD.
168 TIANMUSHAN ROAD, HANGZHOU, CHINA

BENEFICIARY'S CERTIFICATE

实训 9-3：请根据下述信用证及提供的其他资料，出具一份船公司证明。

1. 信用证条款

BENEFICIARY： ZHEJIANG FOREIGN TRADE CO., LTD.
168 TIANMUSHAN ROAD, HANGZHOU, CHINA

L/C NO.：2014122

DOCUMENTS REQUIRED:

+A CERTIFICATE FROM THE SHIPPING CO. OR ITS AGENT CERTIFYING THAT THE CARRYING VESSEL IS ALLOWED BY ARAB AUTHORITIES TO CALL AT ARABIAN PORTS AND IS NOT SCHEDULED TO CALL AT ANY ISRAELI PORTS DURING ITS TRIP TO ARABIAN COUNTRIES

2. 其他资料

INVOICE NO.：ZJ20140454

DATE OF ISSUING THE CERTIFICATE: MAR. 12, 2014

SHIPPING COMPANY：COSCO

CERTIFICATE

项目 10 缮制汇票

项目介绍

汇票是国际结算业务中最重要的支付票据,一项进出口业务只有最终顺利结汇,才能代表该项业务的完成。本项目的任务是学习汇票的有关知识和内容,掌握制作汇票的方法。

学习目标

通过本项目的学习,了解汇票的概念、内容及当事人,熟悉汇票的种类;掌握汇票的缮制规范及汇票条款的处理方法。

任务 10.1　认识汇票

10.1.1　汇票概述

1. 汇票的概念

汇票(Bill of Exchange,简称 Bill 或 Draft)是出票人签发的,要求受票人在见票时或在指定的日期无条件支付一定金额给其指定的受款人的书面命令。简言之,它是一方开给另一方无条件支付的一种票据。

一般汇票有两张正本,即 First Exchange 和 Second Exchange,根据票据法的规定,两张正本汇票具有同等效力,但付款人付一不付二,付二不付一,先到先付,后到无效。银行在寄送单据时,一般也要求将两张汇票分为两个邮次向国外寄发,以防在邮寄途中丢失。

在我国出口贸易中,出口商(外贸公司)通常在货物出口后,以签发汇票的方式要求进口商或进口商所在地银行付款。

2. 汇票的基本当事人

根据汇票定义,汇票的基本当事人一般有三个:出票人、受票人和收款人。

1) 出票人(Drawer)

出票人即签发汇票的人,也是汇票的债务人。在进出口业务中,出票人通常是出口商。信用证结算方式下,开证行只接受受益人出具的汇票。

2) 受票人(Drawee)

受票人即接受汇票的人,也是汇票的付款人。远期汇票的付款人承兑汇票后,便成了汇票的主债务人。在进出口业务中,付款人通常是进口商(托收结算方式下)或开证行指定的银行(信用证结算方式下)。在信用证结算方式下,若信用证没有指定付款人,根据《UCP600》规定,开证行即是付款人。

3) 收款人(Payee)

收款人即汇票规定的可受领金额的人,也称为汇票的抬头人。在进出口业务中,若信用证没有特别指定,受款人通常是出口商本人或其指定的银行。

除此之外,汇票在使用中还可能出现一些非基本当事人,如背书人(Endorser)、持票人(Holder)、保证人(Guarantor)等。

3. 汇票的内容

1) 汇票的必要记载项目

根据我国《票据法》规定,汇票必须记载下列事项:①注明"汇票"字样;②无条件的支付委托;③确定的金额;④付款人的名称;⑤收款人的名称;⑥汇票的出票日期;⑦出票人签章。汇票上未记载规定事项之一者,汇票无效。

2) 汇票的相对记载项目

汇票除了以上形式要项外,还可以有票据法允许的其他记载项目。现列举如下:①出票地点;②付款地点;③付款期限。

3) 汇票的任意记载项目

任意记载项目是指除以上两类项目以外的项目,它是由出票人等根据需要记载的限制或免除责任的内容。这些项目一旦被接受,即产生约束力。如①出票条款;②"付一不付二"条款;③担当付款人和预备付款人;④必须提示承兑(Presentment for Acceptance Required)和不得提示承兑(Acceptance Prohibited)。

样单 10-1:商业汇票

4. 汇票的种类

从不同的角度来划分，汇票可分为许多种类。

1) 按其出票人不同，汇票分为银行汇票和商业汇票

银行汇票(Banker's Bill)是一家银行向另一家银行签发的书面支付命令，其出票人和受票人都是银行。银行汇票由银行签发后交汇款人，由汇款人带往或寄往收款人，收款人持汇票向付款行请求付款，付款行在审核无误后即予付款。银行汇票的信用基础是银行信用。

商业汇票(Commercial Bill)是由公司、企业或个人签发的汇票(见样单 10-1)，其付款人可以是公司、企业、个人，也可以是银行。商业汇票的信用基础是商业信用，其收款人或持票人承担的风险较大。

2) 按有无附属单据可分为光票和跟单汇票

光票(Clean Bill)是指无须附带任何单据即可收付票款的汇票。这类汇票全凭票面信用在市面上流通而无物资(货权单据)做保证。银行汇票多为光票。

跟单汇票(Documentary Bill)是指附带有货运单据的汇票。跟单汇票一般为商业汇票。跟单汇票的流通转让及资金融通，除与当事人的信用有关外，更取决于附属单据所代表货物的价值及单据质量。

3) 按其付款时间的不同，汇票可分为即期汇票和远期汇票

即期汇票(Sight Bill)是注明付款人在见票或持票人提示时，立即付款的汇票。未载明具体付款日期的汇票一般视为即期汇票。

远期汇票(Time Bill)是在一定期限或特定日期付款的汇票。根据付款期限的表示或确定方法不同，有以下几种情况：① 见票后若干天付款(At 30days after sight)；② 出票后若干天付款(At 30days after date)；③ 提单签发日后若干天付款(At 30days after date of Bill of Lading)；④ 指定日期付款(Fixed date)。

4) 按其承兑人的不同，汇票可分为商业承兑汇和银行承兑汇票

商业承兑汇票(Commercial acceptance Bill)是以公司、企业或个人为付款人，并由公司、企业、个人进行承兑的远期汇票。商业承兑并不能改变汇票的信用基础。

银行承兑汇票(Banker's acceptance Bill)是以公司、企业或个人开立的以银行为付款人并经付款银行承兑的远期汇票。银行对商业汇票加以承兑改变了汇票的信用基础，使商业信用转换为银行信用。汇票经过银行承兑后，持票人通常能按期得到票款，从而增强了汇票的可接受性和流通性。

10.1.2 汇票的使用

汇票的使用也称票据行为，是以行为人在汇票上进行必备事项的记载，完成签名并交付为要件，以发生或转移票据权利、负担、票据债务为目的的法律行为。汇票的使用程序随其是即期汇票还是远期汇票有所不同。即期汇票一般需经过出票、提示和付款几个程序；远期汇票则还需要承兑，如需转让，通常要经过背书，如遭拒付，还涉及做成拒绝证书、依法行使追索权等问题。

1. 出票(Issue)

出票即汇票的签发，是指出票人写成汇票经签署后交付给收款人的票据行为。它包括两个动作：一是写成汇票(Issue)，即在汇票上写明有关内容，并签名；二是交付(Deliver)，将汇票交给收款人。只有经过交付，才真正建立了债权，完成出票手续。

在出票时，对受款人(Payee)通常有以下三种写法。

1) 限制性抬头

例如"仅付××公司"(Pay ×× Co. only)，"付××公司不准转让"(Pay ×× Co. not negotiable)。这种抬头的汇票不能流通转让，由记名收款人收取款项。

2) 指示性抬头

例如"付××公司或其指定人"(Pay ×× Co. or order；Pay to the order of ×× Co.)。这种抬头的汇票经过背书，可以转让给第三者。

3) 持票人或来人抬头

例如"付给来人"(Pay Bearer)或付持票人。这种抬头的汇票无须持票人背书，仅凭交付即可以转让。

2. 提示(Presentation)

提示是指持票人将汇票提交付款人要求承兑或付款的行为。付款人看到汇票叫"见票"。如果是即期汇票，付款人见票后立即付款，若是远期汇票，付款人见票后办理承兑手续，到期才付款。

远期汇票的提示承兑和即期汇票的提示付款均应在法定期限内进行。我国《票据法》规定，即期和见票后定期付款的汇票自出票日后一个月内；定日付款和出票后定期付款汇票应在到期日前向付款人提示承兑。已承兑的远期汇票的提示付款期限为到期日起10日内。

3. 承兑(Acceptance)

承兑是指汇票付款人承诺在远期汇票到期日支付汇票金额的票据行为。承兑手续一般由承兑人(付款人)在汇票正面写上"承兑"(Accepted)字样，注明承兑日期并签名。汇票一经承兑，承兑人就成了主债务人，出票人成为从债务人。

根据我国《票据法》规定，汇票付款人应当自收到提示承兑的汇票之日起3日内承兑或者拒绝承兑；付款人承兑汇票时不能附有条件，否则视为拒绝承兑。

4. 付款(Payment)

付款是指汇票付款人按票面金额付清款项的行为。即期汇票在持票人提示时即付；远期汇票于到期日在持票人提示时由承兑人付款。

在汇票的付款人付清款额后，持票人在汇票上要记载"收讫"字样并签名交出汇票，汇票上的一切债务责任即告结束。

5. 背书(Endorsement)

背书是一种以转让票据权利为目的的票据行为，是票据转让的一种重要方式。在国际金融市场上，汇票又是一种流通工具，经过背书可以不断地转让下去。对于受让人来说，所有在他以前的背书人和原出票人都是他的"前手"(Prior party)，而对于出让人来说，所有在他出让以后的受让人都是他的"后手"(Sequent party)，"前手"对"后手"负有保证汇票必然会被承兑或付款的担保责任。

背书的方式主要有以下几种。

1) 限制性背书(Restrictive Endorsement)

限制性背书即不可转让背书，是指在背书人对支付给被背书人的指示中带有限制性的词语，如"仅付××公司"(Pay ××Co. only)、"付××公司不准转让"(Pay ××Co. not transferable)。做成限制性背书的汇票只能由指定的被背书人凭票取款，而不能另行转让或流通。

2) 空白背书(Endorsement in Blank)

空白背书又称不记名背书，是指背书人只在票据背面签字，不指定被背书人，这种汇票可交付任何持票人，可与来人抬头的汇票一样，仅凭交付即可转让。

3) 特别背书(Special Endorsement)

特别背书又称记名背书，是指背书人在票据背面签名外，还写明被背书人的名称或其指定人，如"付给××银行或其指定人"(Pay ××bank or order; Pay to the order of ×× bank)。这种背书可进一步凭背书交付进行转让。

6. 拒付与追索(Dishonor and Recourse)

持票人提示汇票要求付款时遭到付款人拒绝付款，或持票人提示汇票要求付款人承兑时遭到拒绝承兑，付款人逃匿、破产、死亡等，或者付款人是虚构人物，以致付款成事实上不可能时，均称为"拒付"(Dishonor)，又叫"退票"。

追索(Recourse)是指汇票被拒付后，持票人要求其前手、出票人、承兑人清偿汇票金额及有关费用的行为。行使追索权时，应将拒付事实书面通知前手，并提供被拒绝承兑或被拒绝付款的证明和退票理由书。

任务 10.2 缮制汇票

10.2.1 汇票的缮制

汇票是国际贸易中使用频率最高的支付工具，各银行印制的汇票格式不尽相同，但其内容大体相同(见样单 10-2)，一般包括以下内容。

1. 出票根据(Drawn under)

(1) 信用证项下，出票根据是表示汇票起源交易是允许的。一般内容要具备三项，即开证行名称、信用证号码和开证日期。例如，"Drawn under the HongKong and Shanghai banking corporation，L/C No. Whd00134 dated march 20，2013."。

(2) 托收项下，一般应填写发运货物的名称、数量和合同号等。例如，"200 cartons of shirt under S/C No. 6789 for collection."，也可简单地填写成"For collection"。

2. 汇票号码(No.)

汇票号码由出票人自行编号填写,一般填写商业发票的号码,以便与发票核对相关内容及查阅和引用整套单证。

3. 出票地点与日期(Place and Date)

汇票上必须注明出票地点和日期。信用证项下汇票出票地点一般为议付行所在地和出票人所在地。在我国出口贸易中,汇票地点一般都已印好,无须另填。

汇票出票日期,关系到汇票的提示、承兑、付款期限及利息的计算,故必不可少。信用证方式下,汇票出票日期一般为议付日期,通常由出口商委托议付行办理议付时代填(不应早于各种单据的出单期,也不得迟于信用证有效期及交单日期)。

4. 汇票小写金额(Amount in Figure)

汇票小写金额由支付货币名称缩写和阿拉伯数字构成(保留至小数点后两位)。如USD20 000.00。除非信用证金额、数量允许溢短装,汇票金额不得超过信用证规定最高限额。若信用证中的规定"按发票金额的100%开立汇票"(For full invoice value)文句或类似词语时,汇票金额须与发票金额一致。

5. 付款期限(At…Sight)

汇票付款期限分即期和远期,在信用证方式下,具体填写方式见表10-1。

表 10-1 信用证方式下汇票付款期限及填写方式

种类	汇票条款举例	填写方式
即期付款	Draft payable at sight	在 At…sight 之间填写 "﹡﹡﹡" 或 "------" 或 "====="
见票后××天付款	Draft payable 30 days after sight	在 At…sight 之间填写 "30 days after"
出票后××天付款	Draft payable 30 days after date	在 At…sight 之间填写 "30 days after date" 并删除印就的 sight 字样
提单日后××天付款	Draft payable 30 days after B/L date(P.S. actual B/L date: May 12, 2013)	在 At…sight 之间可按下列任何一种方式填写: (1) 60 days after bill of lading date 12 May 2013; (2) 60 days after 12 May 2013; (3) 60 days after bill of lading date 同时在汇票的空白处显示具体的提单日为 bill of lading date 12 May 2013; (4) 汇票的出票日期与提单日期相同则填写 60 days date; (5) 11 July 2013,即提单日后 60 天具体的日期
指定日期付款	Nov 10,2013	在 At…sight 之间直接填写 "Nov 10,2013"

在托收方式下,如果是即期付款交单,则应在汇票的 At 之前加注 D/P,在 At 和 Sight 之间填写 "﹡﹡﹡" 或 "------" 或 "=====" 等,如果是远期付款交单,在汇票的 At 之前加注 D/P,在 At 和 Sight 之间填写具体天数,同样的方法也适用于承兑交单(D/A)。

在电汇方式下，一般不需要汇票，因此无须填写。

6. 收款人(Pay to)

受款人又称为收款人(Payee)是汇票的抬头人，是收取汇票金额的人。

在汇票中一般用"Pay to the order of …"或"Pay to …or order"来表示。目前，在我国出口合同履行中，无论是信用证支付还是托收支付，均以托收行或议付行(多为中国银行)为汇票的受款人。填写时注意应具体至分行，例如，"Pay to the order of Bank of China Shanghai Branch"。

7. 汇票大写金额(The Sum of)

大写金额由货币名称和数额两部分组成，缺一不可。大写金额一般将货币名称填写在数额之前以"Say"开始表示"计"的意思，大写金额之后应加"Only"表示"整"的意思。例如：USD20 000.00，可以写成"U.S. DOLLARS TWENTY THOUSAND ONLY."如果金额中有小数，如 H.K.22 358.50，可以填写成：

(1) SAY HONGKONG DOLLARS TWENTY TWO THOUSAND THREE HUNDRED AND FIFTY EIGHT AND CENTS FIFTY ONLY.

(2) SAY HONGKONG DOLLARS TWENTY TWO THOUSAND THREE HUNDRED AND FIFTY EIGHT AND POINT FIFTY ONLY.

(3) SAY HONGKONG DOLLARS TWENTY TWO THOUSAND THREE HUNDRED AND FIFTY EIGHT AND 50/100 ONLY.

8. 付款人(To)

付款人也称为受票人，包括付款人名称和地址。

信用证条件下，汇票付款人的填写要按照信用证的要求，在信用证汇票条款中付款人往往是用"drawn on …"或直接用"on …"表示的。例如：

(1) 汇票条款中规定"…Drawn on us"或"…On ourselves"，则付款人为开证行。

(2) 汇票条款中规定"…Drawn on ××bank"(非开证行)，则付款人为该银行(信用证的付款行)。

(3) 汇票条款中规定"… On yourselves"，则付款人为通知行，而此时，通知行往往又是信用证的保兑行。

托收条件下，填写买卖合同中的买方。

9. 出票人签字

出票人(Drawer)即签发汇票的人，在进出口业务中，通常是卖方(信用证的受益人)。按照我国的习惯，出票人一栏通常打上出口公司的名称，并由公司经理签署，也可以盖上出口公司包括有经理签字模的印章。

样单 10-2：汇票

凭 Drawn under	KRUNG THAI BANK PUBLIC CO., LTD. BANGKOK		信用证 第 L/C No.	号 HI-2013056	
日期 Dated	25 MAR., 2013		支取 Payable with interest @ 款	% per annum 按年息 付	
号码 No.	ZJ2013356	汇票金额 Exchange for USD41500.00	中国杭州 Hangzhou China	年 月 日 12 MAY, 2013	

见票 sight of this **FIRST** of Exchange (Second of

At ****** exchange 金额

being unpaid) Pay to the order of BANK OF CHINA, HANGZHOU BRANCH The sum of

SAY U. S. DOLLARS FORTY ONE THOUSAND FIVE HUNDRED ONLY.---------

款已收讫
Value received

此致
To:
KRUNG THAI BANK PCL
SUANMALI IBC
BANGKOK

浙江省对外贸易有限公司
ZHEJIANG FOREIGN TRADE CO., LTD

金玺

10.2.2 汇票条款示例

1. 汇票条款解析

信用证中对汇票条款的表述方法很多，通常由几个部分组成：

This credit is <u>available with</u> Bank of China Tianjin Branch <u>by</u> negotiation
　　　　　　　　　　①　　　　　　　　　　　　　　　　　　　②

<u>against</u> beneficiary's drafts <u>at</u> sight <u>in</u> duplicate <u>drawn on us</u> <u>bearing the clause</u> "drawn
　③　　　　　　　　　　　④　　⑤　　　　　　　⑥　　　　　⑦

under The Hongkong and Shanghai Banking Corporation Ltd., Shanghai L/C No.1956717

dated 20130810" <u>for</u> full invoice value.
　　　　　　　　⑧

说明：①表示对信用证的兑用范围的规定；②表示信用证兑用方式的类型；③表示对汇票支付凭证的规定；④表示对汇票种类的规定；⑤表示对汇票份数的要求；⑥表示对汇票付款人的规定；⑦表示对汇票出票依据的规定；⑧表示对汇票金额的规定。

2. 信用证汇票条款示例

例 1. Drafts in duplicate at sight bearing the clause "Draw under DBS Bank Singapore Documentary Credit No. 876331 dated Aug. 23, 2013".

该条款要求出具即期汇票一式两份，其上注明"根据新加坡 DBS 银行 2013 年 8 月 23 日开出的第 876331 号跟单信用证开立"。

例 2. Credit available with any bank, by negotiation, against presentation of Beneficiary's Draft(s) at sight, drawn on applicant in duplicate to order of ourselves.

该条款要求出具的即期汇票，做成以开证人为付款人，并进行记名指示背书。填制汇票时，应在汇票的背面填写"议付行名称、地址 + to order of + 开证行名称、地址"。

例 3. Drafts at 90 days sight drawn on Saitama Bank Ltd., Tokyo Office. Usance drafts drawn under this L/C are to be negotiated at sight basis. Discount charges and acceptance commission are for account of accountee.

该条款由日本银行开来，汇票开立远期见票 90 天付款，但可即期议付，其承兑费和贴现费均由开证人负担。对受益人来说是即期信用证，通常称为假远期信用证。

例 4. Documentary Credit available with yourselves by payment against presentation of the documents detailed herein…

该条款说明该信用证可由通知行凭受益人提供证内所规定的单据付款，不必提供汇票。

例 5. We hereby establish this Irrevocable Credit which is available against Beneficiary's Drafts drawn in duplicate on applicant at 30 days sight free of interest for 100% of invoice value. "Document against acceptance".

该条款见于新加坡来证中，是真远期，见票 30 天付款，不计利息，承兑交单(D/A)信用证。此承兑交单是开证和与开证人之间的事，与受益人无关。汇票到达开证行后经开证人承兑，银行即交付单据。至于信用证项下货款，开证行保证在 30 天到期时偿付与议付行。

例 6. We open this irrevocable documentary credit favoring yourselves for 97% of the invoice value available against your draft at sight by negotiation on us.

该条款说明我公司开立以你公司为受益人的不可撤销跟单信用证，97%发票金额凭你公司出具的以我行为付款人的即期汇票议付有效。填制汇票时注意：①付款人填写我行，即开证行名称；②汇票金额为发票金额的 97%，其余 3%的差额为佣金；③付款期限见票即付。

例 7. This credit is available with any bank by negotiation of beneficiary's drafts after 60 days date drawn on issuing bank.

该条款说明在任何银行凭受益人开具的以开证行为付款人，出票后 60 天付款的远期汇票议付有效。填制汇票时，付款人应填写开证行具体的名称。

10.2.3 填制汇票应注意的问题

1. 是否开具汇票

有的国外来证，证内没有注明要求受益人议付时提交汇票的词句，有的仅注明凭单据支付货款，在这种情况下，可以不开列汇票。例如，"Available by payment against presentation of the following documents"或"Available at sight against surrender of the following documents"(意为：凭下列单据支付货款)。来证有类似词句，也可以不提供汇票。例如，"Available against receipt of beneficiaries with the following documents"(意为：凭受益人收据及下列单据支付货款)，但受益人须提供收据(Receipt)。收据必须具备以下内容：金额、出具收据的日期及地点、出具收据的依据(根据××开证行××月××日开出的第××号信用证开出此收据)以及出口公司签章。

如果来证规定由中国银行或其他中国方面的银行付款，如 Drawn on you(指通知行——中国银行或其他国内银行)，Drawn on Bank of China，Tianjin 等，则可以不开具汇票。因为来证指定款项由中国银行或其他国内银行支付，而出口公司与中国银行或中国方面银行之间是兄弟单位，只需内部转账，便可将款项划归到出口公司账户，因此必使用汇票。

2. 关于出票条款

出票条款(Drawn clause)又称出票依据，在信用证上通常均有具体规定。如果来证有具体规定的，在缮制汇票时，必须按来证规定的具体条文填写，不能简写或省略(包括标点符号都不能省略)。

如果来证内未列明出票条款，或系电开信用证，则在缮制汇票时由出票人自行编写出票条款，内容包括开证行名称、地点、信用证号及开证日期。

项 目 小 结

> 汇票是国际贸易中普遍使用的一种支付工具，它可从各种不同的角度分类。汇票的使用有一定的程序，包括出票、提示、承兑(仅限于远期汇票)和付款。它可经过背书转让，如系远期汇票，还可拿到市场贴现。当汇票遭到拒付时，持票人可以行使追索权。本项目着重介绍了汇票的主要内容及缮制规范。

复习思考题

一、单项选择题

1. 汇票的抬头有三种填写方式，根据我国票据法规定，签发(　　)的汇票无效。
   A. 限制性抬头　　　　　　　　　　B. 指示性抬头
   C. 持票人或来人抬头　　　　　　　D. 记名抬头

2. 若信用证规定货物装船后 30 天付款，在信用证中的汇票付款期限栏则应填写(　　)。
   A. At 30 days after sight
   B. At 30 days after B/L date，并在汇票上注明提单日期
   C. At 30 days after drafts date
   D. At ****** sight

3. 信用证上若未注明汇票的付款人，根据国际惯例，汇票的付款人应是(　　)。

A. The Applicant   B. The Issuing Bank
C. The Negotiation Bank   D. The Beneficiary

4. 汇票的号码一般填写(   )。

   A. 汇票号码   B. 商业发票号码
   C. 提单号码   D. 银行指定号码

5. 汇票的抬头人是汇票的(   )。

   A. 出票人   B. 受票人
   C. 付款人   D. 受款人

6. 如果信用证显示 Available with any bank，在缮制汇票时，受款人栏目(   )。

   A. 只能填写 ANY BANK   B. 可以由受益人指定
   C. 只能由开证行指定   D. 可以由进口商指定

7. 托收汇票一般在出票条款栏内加注(   )。

   A. COLLECTNG   B. FOR COLLECTION
   C. COLLECTION   D. ON COLLECTION

8. 当信用证规定"DRAWN ON US"，那么汇票应该(   )。

   A. 在付款人栏目处填写"US"
   B. 在受款人栏目处填写"US"
   C. 在付款人栏目处填写"开证行名称"
   D. 在付款人栏目处填写"开证申请人名称"

9. 汇票的抬头做成指示样式，说明(   )。

   A. 汇票不能通过背书转让   B. 汇票无须通过背书即可转让
   C. 仅能由银行转让   D. 须经过背书方能转让

10. 出口商开立的汇票如遭拒付，则(   )。

    A. 开证申请人有权行使追索权   B. 通知行有权行使追索权
    C. 议付行有权行使追索权   D. 受益人有权行使追索权

二、多项选择题

1. 信用证结算方式项下，出口商用于结汇的汇票可以是(   )。

   A. 即期汇票   B. 远期汇票
   C. 商业汇票   D. 银行汇票

2. 以下情况属于拒付的是(   )。

   A. 付款人破产
   B. 付款人虽不拒绝付款，但承诺延缓一个月付款
   C. 付款人拒绝付款
   D. 付款人虽不拒绝付款，但承诺到期付款，并办理了承兑手续

3. 如果信用证没有规定出票依据，那么一般要填写的内容有(   )。

   A. 开证行号码   B. 开证申请人名称
   C. 信用证号码   D. 开证日期

4. 汇票小写金额为 58 673.56 美元，那么汇票大写正确的是(   )。

   A. U.S. DOLLARS FIFTY EIGHT THOUSAND SIX HUNDRED AND SEVENTY

THREE CENTS FIFTY SIX ONLY.

B. U.S. DOLLARS FIFTY EIGHT THOUSAND SIX HUNDRED AND SEVENTY THREE 56/100 ONLY.

C. U.S. DOLLARS FIFTY EIGHT THOUSAND SIX HUNDRED AND SEVENTY THREE POINT FIFTY SIX ONLY.

D. U.S. DOLLARS FIFTY EIGHT THOUSAND SIX HUNDRED AND SEVENTY THREE 56% ONLY.

5. 常见的规定远期汇票起算日期的方法有( )。

A. 自出票日起算　　　　　　　　B. 自见票日起算
C. 自开证日起算　　　　　　　　D. 自提单日起算

三、判断题

1. 汇票是出票人承诺在见票时或在未来某一对定的或可以确定的时间,对持票人或其指定人支付一定金额的书面文件。（　）

2. 承兑是指持票人将汇票提交付款人要求承兑的行为。（　）

3. 汇票的受款人又称受票人,也就是汇票出票人的命令对汇票付款的人。（　）

4. 如果一张汇票未注明"汇票"字样,并不影响此汇票的使用。（　）

5. 出口人开具的汇票,如开证行付款后向开证人提示遭拒付时,开证行有权行使追索权。（　）

6. 汇票的出票依据,在信用证和托收支付条件下,都是买卖合同。（　）

7. 一般汇票有两张正本,根据票据法规定,两张正本汇票具有同等效力,都可以同时收取款项。（　）

8. 如果汇票上加注"货物到达后支付",则构成支付的附加条件,根据我国《票据法》,该汇票无效。（　）

9. 一张汇票的收款人写成"Pay to John only"或者"Pay to order",此汇票可以经过背书转让。（　）

10. 远期汇票只有经过承兑才能转让。（　）

四、简答题

1. 什么是汇票？其当事人有哪几个？

2. 在什么情况下,汇票的金额与发票金额不一致？

3. 远期汇票起算日有哪几种？以哪一种对卖方最有利？

4. 信用证项下的汇票的出票条款,应表示什么内容？

5. 信用证金额为 USD12755.00,实际装运后,缮制发票时才发现发票面值为USD12765.00,应该怎样缮制汇票金额？

项目实训

实训 10-1：根据下列资料缮制一份汇票。

INVOICE NO：ZJ20132109
ISSUING BANK：KUWAIT REAL ESTATE BANK
L/C NO.：KREB2013056   DATED：MAR. 21,2013
INVOICE AMOUNT：USD 29,785.00
BENEFICIARY：ZHEJIANG FOREIGN TRADE CO., LTD.
APLLICANT：ABC COMPANY
NEGOTIATING BANK：THE INDUSTRIAL & COMMERCIAL BANK OF CHINA
DATE OF NEGOTIATION：APR. 18, 2013

……..AVAILABLE WITH YOUR DRAFT AT SIGHT DRAWN ON US FOR THE FULL INVOICE VALUE. ALL DRAFTS MUST BE MARKED "DRAWN UNDER KUWAIT REAL ESTATE BANK."

凭 **Drawn under** _____	信用证 第 号 **L/C No.** _____
日期 **Dated** _____	支取 Payable with interest @ % per annum 按年息 付款
号码 汇票金额 **No.** _____ **Exchange for** _____	中国杭州 年 月 日 **Hangzhou China**
见票	日 后(本 汇 票 之 副 本 未 付)付 交
At _____	sight of this **FIRST** of Exchange(Second of exchange)
being unpaid) **Pay to the order of**	金额 **The sum of**

款已收记
Value received
此致
To:

实训 10-2：根据下列资料缮制一份汇票。

COVERING 3,000 DOZ OF GARMENTS AT JPY20.2 PER DOZ. UNDER CONTRACT NO. 2013PT1456

国际商务单证实务

THE BUYERS SHALL DULY ACCEPT THE DOCUMENTARY DRAFT DRAWN BY THE SELLERS AT 90 DAYS SIGHT UPON FIRST PRESENTATION AND MAKE PAYMENT ON ITS MATURITY. THE SHIPPING DOCUMENTS ARE TO BE DELIVERED AGAINST PAYMENT ONLY.

    REMITTING BANK: THE BANK OF TOKYO, LTD
    P.O BOX 156, NAGOYA-NAKA, NAGOYA, 340-81 JAPAN
    PRINCIPAL：ZHEJIANG FOREIGN TRADE CO., LTD.
        168 TIANMUSHAN ROAD, HANGZHOU, CHINA
    PAYER：TOYOHANM AND CO. LTD
        58 NISHIKI 6- CHOME, NAKAKU
    INVOICE NO. ZJLS20130045
    DATE OF NEGOTIATION: APR.14, 2013

凭		信用证 第 号
Drawn under _____		**L/C No.** _____
日期 **Dated** _____	支取 Payable with interest @ % per annum 按年息 付款	
号码 **No.** _____	汇票金额 **Exchange for** _____	中国杭州 年 月 日 **Hangzhou China**
见票 **At** _____	日 后（本 汇 票 之 副 本 未 付）付 交 sight of this **FIRST** of Exchange (Second of exchange	金额
being unpaid) **Pay to the order of**		**The sum of**
款已收记 Value received 此致 **To:**		

项目 11 单据审核

项目介绍

单据审核是对已经缮制、备妥的单据对照信用证或合同的有关条款内容进行单单、单证的及时检查和核对，发现问题及时更正，以达到安全收汇的目的。因此，单据审核这一环节必不可少，也是顺利收汇的保证。本项目的任务是学习单据审核的原则和方法，掌握常见单据的审核要点。

学习目标

通过本项目的学习，熟悉银行审单的原则，掌握单据审核的方法，熟悉结汇单据的常见差错，掌握对不符点单据的灵活处理方法。

任务 11.1 熟悉银行审单的原则

11.1.1 合理谨慎地审单的原则

《跟单信用证统一惯例(UCP600)》第 14 条 a 款中明确规定："按照指定行事的被指定银行、保兑行(如有)以及开证行必须对提示的单据进行审核，并仅以单据为基础，以决定单据在表面上看来是否构成相符提示。"根据这条规定，要求银行有审单过程中合理谨慎地审核信用证下单据是否表面上符合信用证条款的要求。

所谓"合理谨慎地审单"，可以理解为一个具有本专业知识的普通审单人员在审单时，人们能够期望他应做到的注意和谨慎，这一审单尺度为同行业人们普遍认可，做到"公平""诚信"，符合行业习惯，这是银行审单的一个基本原则之一。

由于银行审单人员不是承运人或保险公司或贸易商，不能拥有各方面的专业知识，所以，必须客观地看待"合理谨慎地审单"的原则。同时，银行在为客户办理信用证业务时，也要合理谨慎从事，否则将给自己和客户带来不必要的麻烦。审单人员应根据自己所掌握的国际贸易结算知识，对各种单据的完整性和准确性，做出合乎情理的判断。

11.1.2 遵循单据表面相符原则

在信用证结算方式中,银行付款前必须以"单证一致、单单一致""表面相符"为原则严格审核单据,看整套单据与信用证条款是否表面相符,单据与单据之间是否保持表面一致。

《跟单信用证统一惯例》UCP600 第 14 条 a 款中指出受益人提交的单据名称及其内容等表面上必须与信用证规定完全一致,单据在表面上符合信用证条款应从以下几个方面加以解释。

1. 单证必须符合国际惯例的规定

由于规范信用证业务的跟单信用证统一惯例对信用证的许多问题,包括单据的问题均有规定,因而银行审单时判断单据是否在表面上与信用证条款相符的另一依据是,单据还必须与跟单信用证统一惯例的规定相符。例如,若信用证没有规定单据的最晚期限,则晚于运输单据签发日后 21 天才提交的单据属于单证不符。

2. 单证必须与信用证条款相符

单证一致就是按信用证规定于限期以内提交所需的单据。提交的单据必须在表面上完全符合信用证的要求,即信用证的条款必须在单据上体现;信用证的要求必须从单据上得到已经照办的证实。例如,信用证规定货物应使用木箱包装(goods packed in wooden cases),而包装单却表明货物装于木条箱(goods packed in wooden cartons),这即属于单证不符。

3. 单据之间表面相符

《跟单信用证统一惯例》强调单据要与信用证条款、使用的惯例条款以及国际银行标准实务相符合。各种单据的主要内容,如货物名称、数量、金额、包装、唛头等,必须在表面上相同或一致,不得相互矛盾。特别是发票、提单、保险单等单据之间关于货物的主要内容必须保持一致。

4. 单据必须与既成事实相符

受益人所制作的单据必须与已完成的事实相符,而不能完全照搬信用证的文句,否则就是表面上不符信用证规定。例如,信用证规定"shipment from A(港口)or B(港口)",而提单"装货港"(port of loading)栏也照填了"A or B",则属于表面上不符合信用证规定。又如,信用证规定"goods must be packed in cartons which effect to be indicated in the invoice",而发票上仍然填写"goods must be packed in cartons",则也属于表面上不符合信用证规定。

审核单据所要达到的一致,有严格相符的原则和实质一致的原则两种。所谓严格相符原则(doctrine of strict compliance),是指单据就像是信用证的"镜子影像"(mirror image)一样,单据中的每个字、每个字母皆必须与信用证中的写法相同,否则即构成单证不符。这种做法的结果是造成大量的不符问题和激增的诉讼案件。所谓实质一致的原则(principle of substantial compliance)是指允许受益人所交的单据与信用证有差异,只要该差异不损害进口商或不违反法庭的"合理、公平、善意"的概念即可。换言之,单据有与信用证不一致的实质不符,则构成单证不一致;若没有实质不符,则达到单证一致。故而要求达到单证实质一致是比较适用的。然而,要区分一般的不符合实质的不符是比较困难的,主要原因是缺乏具体标准，致使银行之间在认定上存在一定的差异。

11.1.3 银行审单单据化原则

在日常信用证操作中，经常会碰到一些"非单据条件"。根据《跟单信用证统一惯例(UCP600)》第14条h款的规定，如果信用证含有某些条件但并未叙明需提交与之相符的单据，银行将认为未列明此条件，而对此不予理会。由此，我们可以看出，对于未列明条件的单据可以不予理会，反之则一定要出具。例如，信用证出现一个条件说到货物产地德国，没有要求产地证，仅就"德国产地"本身而言，可视为"非单据条件"，可对此不予理会。

《跟单信用证统一惯例》明确禁止开证行超出单据本身的范围去决定是否相符。这一规定在实践中具有重要意义。"仅以单据为依据"的重要含义在于银行审核单证是否相符时，不得以单证以外的理由或因素为依据，也不得与其他任何人，尤其是开证申请人商量或征求其意见，而应自行作出判断和决定。

11.1.4 银行独立审单原则

《跟单信用证统一惯例》规定开证行应以单据为依据，确定单据是否表面与信用证条款相符。如果单据表面与信用证条款不符，银行可拒受单据。这一规定的重要意义之一是确立了银行在审单中不可替代和独立的主体责任；其次，银行应对单证是否相符自行作出判断和决定，而不是与其他任何人，尤其是开证申请人协商决定或共同决定，更不能只让其他人单独决定。

根据《跟单信用证统一惯例》的规定，开证行的银行工作人员审查单据以决定银行是否付款，不必也不应该到现场调查并确定基础合同是否已经履行。

11.1.5 合理时间审单原则

国际商会规定银行审单应有一个时间限制，《UCP600》第14条规定：按照指定行事的被指定银行、保兑行(如有)以及开证行，自其收到提示单据的翌日起算，应各自拥有最多不超过5个银行工作日的时间以决定提示是否相符。该期限不因单据提示日适逢信用证有效期或最迟提示期或在其之后而被缩减或受到其他影响。

以上规定表明，5个银行工作日是审单的最长时间限制，开证行、保兑行(若有)或代其行事的指定银行均享有自收到单据次日起5个银行工作日的合理时间审核单据，以决定接受或拒受单据并通知寄送单据的一方。若超过5个银行工作日仍未做出是否接受单据，开证行或保兑行将失去拒受单据的权利，即使单据存在不符点，开证行或保兑行只能接受单据。因此，5个工作日对银行而言，既是一种权利，也是一种义务。

任务 11.2 掌握单据审核的方法

单证审核的方法概括起来为纵横交错法，即先进行以信用证为依据的各项单据的审核，保证单证相符，然后进行以商业发票为中心的其他单据的审核，保证单单相符。审单的具体操作方法，常常因人而异，下面将审单工作大致情况加以概括说明，仅供参考。

11.2.1 审单顺序

将审单记录放在桌面右边,把单据放在桌面中间,单据的顺序是汇票、商业发票、包装单……,保险单、提单。要在固定的开头次序和固定的末尾次序,中间次序任意,然后信用证放在桌面左边(见图11.1)。

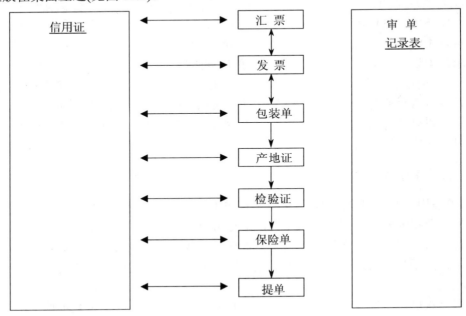

图 11.1 各种单据摆放顺序

11.2.2 查看信用证的要点

(1) 它是本套单据联系到的信用证。
(2) 它是致受益人的正本信用证通知书。
(3) 它是仍然有效没有过期的。
(4) 它的未用余额足够这笔出口业务使用。
(5) 如有修改,是否完整无缺地附在信用证后面。

11.2.3 纵向审核法

纵向审核法是指以信用证条款为基础,对规定的各项单据进行逐字逐句的审核,要求有关单据的内容严格符合信用证的规定,做到"单证相符"。

在进行纵向审核时,应注意以下几点。

(1) 信用证如有修改,首先查看受益人对于修改通知书确无书面表示拒绝接受,然后以修改条款核对有关单据,若是符合修改条款,表明受益人接受修改。
(2) 将信用证从头到尾地阅读一遍,每涉及一种单据,立即与那一种单据核对,以达到单证一致。
(3) 阅读信用证文句,并与单据核对,发现不符点立刻记录在审单记录表上。
(4) 审完的单据反转放置在桌面中间未审单前面,待全套单据审完,将已经反转放置单据翻过来即可恢复原状。

11.2.4 横向审核法

横向审核法是在纵向审核的基础上,以商业发票为中心审核其他规定的单据,使单据与单据之间所共有的项目相互一致,做到"单单相符"。

在进行横向审核时,应注意以下几点。

(1) 以发票为中心,与其他单据挨个核对,先将被核对的单据全部阅读一遍,将涉及发票的相同资料核对是否一致。

(2) 将提单与保险单核对。

(3) 横审的目的是要达到单单相符。

(4) 经过横审和纵审没有发现不符点,或发现不符点已经改妥,即可确定单据全部相符。

11.2.5 背书

有的信用证在下方印有:议付行必须在信用证背面背书汇票金额。背书应注明:议付日期、BP 号码、金额、余额、审单员签章。如系自由议付信用证最后写上议付银行名称。已用完的信用证,可以加盖"用罄"(Exhausted)戳记。

 知识链接

各种单证出单的时间顺序

各种单据的签发日期应符合逻辑关系和国际惯例,通常提单日期是确定各单据日期的关键,各单据日期关系如下:

(1) 发票的签发日期应在全套单据、各单据签发日期之首。
(2) 提单的签发日期不能迟于 L/C 规定的装运期,也不得早于 L/C 的最早装运期。
(3) 保险单的签发日期应早于或等于提单日期(一般早于提单两天),不能早于发票。
(4) 装箱单应等于或迟于发票日期,但必须在提单日之前。
(5) 原产地证的签发日期不要早于发票日期,也要不迟于提单日。
(6) 检验证书的签发日期不能晚于提单日期,但也不能过分早于提单日,尤其是鲜货等容易变质的商品。
(7) 受益人证明的签发日期应等于或晚于提单日。
(8) 装船通知的签发日期应等于或晚于提单日期后三天内。
(9) 船公司证明的签发日期应等于或早于提单日。
(10) 汇票日期应是一套单据中最晚的日期,但不能晚于 L/C 的有效期和交单期。

任务 11.3 学会单据审核的处理要点

11.3.1 单据审核的要点

1. 汇票的审核要点

汇票作为支取信用证金额的凭证,附在汇票下面的是全套单据,故也称为跟单汇票,它不是单据,而单据却是汇票的附件。因此,银行需要审核汇票,就像审核其他单据一样,必须符合信用证的规定。跟单托收及跟单信用证中的汇票除了要满足一般汇票的形式内容要求外,在审核时还要注意以下几点。

(1) 汇票的出票日期和付款日期。汇票的出票日期不得迟于信用证的有效日期,也不得早于提单等其他单据的出单日期。汇票的付款日期应与信用证要求相一致。

(2) 汇票金额大小写须一致。如果信用证金额前有"about"或"circa"字样,则汇票金额须超过信用证金额10%。

(3) 货币名称与信用证规定一致。汇票上所用的货币名称应与信用证要求一致,而且不能用不规范的缩写,如用£、$来表示英镑、美元,而应用ste£和U.S.$表示英镑和美元。

(4) 利息条款。利息条款须与信用证要求相一致。

(5) 出票人及其签章。出票人应是信用证中的受益人。在可转让信用证中,出票人可能不是原证受益人。汇票应由出票单位的有权签字人员签字,还需注明其职位。

(6) 付款人。付款人应与汇票上要求相一致。

(7) 收款人。收款人也即汇票的抬头人。抬头人应与信用证中的要求相一致,一般为议付行,也可以做成出票人自己,然后背书给议付行,或以开证行为收款人。

(8) 出票条款。信用证如规定须有出票条款时,则汇票应加以记载。出票条款通常包括开证银行名称、信用证号码、开证日期以及一些特殊字样,如"irrevocable""without recourse"等等,对于这些,出票条款均应和信用证保持一致。

2. 商业发票的审核要点

商业发票是全套单据的中心,其他单据如运输单据、保险单据、包装单据等都是支持商业发票的货物而开立的。因此,在审核商业发票时应格外小心谨慎。

(1) 发票的抬头。除非信用证另有规定,发票应做成以开证申请人为抬头人。

(2) 发票金额是否超过信用证金额。发票金额不论什么情况,都不应超过信用证金额。如来证金额去掉了尾数,发票没有;或来证金额扣除了百分之几的佣金或利息,而发票没有,则都被认为单证不符。此外,如发票金额超过信用证规定金额的波动幅度,也被视为单证不符。

(3) 发票上所列货物数量应与信用证一致。发票上货物数量不能超过信用证货物数量。

(4) 发票金额。发票总金额应在信用证规定的范围内,而且应与汇票相符。银行对单价乘数量得出的总金额,不负核算的责任。但银行对于一些价格条件(如 CIF 价格条件)中的价格、运费、保险费分列的部分应核对,看其运保费和价格之和是否超过信用证的规定。

(5) 发票份数。发票份数应与信用证规定相符,如信用证未作规定,则至少需提供两份发票。

(6) 发票上有关货物的毛重、皮重、净重、包装和件数是否和信用证一致。

(7) 发票上是否有分批装运。如信用证禁止分运,则发票上不能有分批装运字样。

(8) 发票上签字。信用证要求签字时必须签字,不能以盖章代替。

3. 海运提单的审核要点

国际结算大都通过信用证或托收项下的运输单据的转移来实现的。因此这些单据具体地反映了与货物有关的当事人,如发货人、承运人和收货人之间的权利、义务关系,因此对运输单据的审核就构成了单据审核的另一重要内容。

(1) 提单的签发人必须是轮船公司或其代理人。

(2) 提单的托运人在信用证无特殊规定的情况下，可以是受益人，也可以是受益人以外的第三者。

(3) 提单上有无银行不能接受的字样。提单上必须注明已装船，并注明日期。如提单上有不清洁批注，银行不应接受。

(4) 提单上的装运港、卸货港是否与信用证规定的一致。提单上有关货物唛头、重量的描述和信用证及其他单据必须一致。

(5) 提单的交单日期必须在提单签发日后 21 天内及在信用证有效期内。

(6) 提单必须是全套正本。如银行需要，则还须交副本。

(7) 有关转运的规定。除非信用证另有规定，否则即使信用证禁止转运，银行也将接受注明货物已被转运的提单，但同一运单须包括运输全程及标有承运人有权转运的条款。

(8) 提单上如有修改的地方，需有承运人签章更正。

(9) 提单上必须注明运费的支付方式。须标明"运费已付"、"运费预付"或"在目的港支付运费"的字样。

(10) 收货人或被通知人，必须和信用证保持一致。

(11) 提单的抬头与背书。通常提单应做成指示式提单，因记名抬头不能转让，银行不能掌握物权，而来人抬头风险较大，因此，银行不愿接受。如是指示式抬头，则议付行应有背书。

4. 保险单的审核要点

买卖双方总把保险作为价格条件的一个因素，在合同中规定由谁来投保。保险的作用在于货物所有人在支付一定的保险费后，如遇被保货物受损，在合乎保险条款规定的范围内应向保险公司取得经济补偿。这对于确保开证行的利益也是至关重要的，所以仍然要严格审核保险单据。

(1) 保险单据类别必须符合信用证的要求。如信用证规定大保单，则不能以小保单代替。此外，暂保单和预约保险单，银行不应接受。

(2) 保险单出单日期。除非信用证另有规定，或保险单据上写明保险责任最迟于货物装船或发运或接受监管之日起开始，银行不能接受出单日期比装船或发运或接受监管的提单晚的保险单据。

(3) 保险金额或货币应与信用证要求一致。保险金额应符合信用证要求，通常为发票金额的 110%。此外保险金额大小写要一致，币别和信用证上的要求一致。

(4) 应确定检验代理人和赔款偿付地点。检验代理人一般为保险公司在目的地的代理检验人，赔款偿付地点如信用证未规定，则为货物运抵的目的地或其邻地。

(5) 保险人抬头和背书。通常以出口商作为被保险人，然后背书转让给进口商或其指定人。

(6) 保险单之唛头、货物名称及数量、件数均应与信用证的要求一致。

(7) 保险区间。保险区间应为装运港与卸货港之间，如信用证另有要求，则应与此一致。

(8) 保险单的全套正本，出口商均应提供，除非无须出口商投保。

(9) 保险单应由保险公司或保险商或其代理人签字。

5. 产地证书的审核要点

产地证书是证明商品原产地的文件,简称产地证。对于产地证的审核要点可简单归纳为以下几点。

(1) 产地证就由信用证指定的机构签署。如果信用证规定由主管当局(Competent Authority)出具产地证明,应申请检验检疫局或贸促会或国际商会发出正式的产地证明书。当然,如果信用证没有规定,则由受益人出具的单据也是可以接受的。

(2) 按照信用证要求,确保其已被签字、公证人证实、合法化、签证等。确保产地证上面的进口商名称、唛头、货名、件数等资料与信用证条款相符,并与发票和其他单据一致。

(3) 确保产地证上载明的产地国家应符合信用证的要求。如果信用证规定产地国家,产地证应予注明;如果信用证规定产地为中国某地(如上海),则产地证应填写"上海,中国",而不应只写"中国"。

(4) 除非信用证规定,否则应提供独立的产地证明,不要与其他单据联合使用。在信用证只要求证明商品的产地时,则可以在商业发票上加注:"兹证明装运货物原产地是中国" (We hereby certify that the goods shipped are of Chinese Origin),这就是产地证明与商业发票的联合格式。但是,当信用证要求提供产地证明书时,就不能在商业发票上加注证明货物产地的联合格式而要出具单独的产地证,并应签字,加注日期和地点。

(5) 产地证和签发日不得迟于提单日期,但是可以迟于发票日期。

6. 检验证书的审核要点

进出口商品检验证书是商检机构对进出口商品进行检验鉴定后出具的证明文件,是国际贸易中不可缺少的重要凭证。因此,检验证书也是构成银行审核的重要单据之一。

(1) 检验证书应由信用证规定的检验机构检验、出具。常见的商品检验证的签发机构为政府设立的商品检验机构或国际性的民间公证机构,如我国的商品检验检疫局、瑞士通用鉴定公司(SGS)等。

(2) 检验证书的出证日期就略早于提单日期,表示是在货物装船之前检验的结果。由于检验单位对于各种商品都规定了检验的有效期限,如出证日期太早,交单时就要超过有效期限,则将遭到收货人的异议甚至要求重新检验。

(3) 检验证书的内容必须与发票或其他单据的记载保持一致,并符合信用证的规定,检验结果只要符合信用证的要求就算合格。

(4) 检验证书应有检验机构及人员签字盖章及注明日期。

(5) 除非信用证准许,确保它没有包含关于货物、规格、品质包装等不利的声明。

7. 包装单据的审核要点

包装单据是用来补充商业发票表面内容的不足,便于国外买方在货物到达目的港时,供海关检查和核对货物的单据。因此,包装单据也是构成银行审核的重要单据之一。

(1) 单据名称和份数应与信用证要求的一致。

(2) 包装单据应是独立的单据,不要与其他单据联合使用,除非信用证准许。

(3) 确保该单据上记载的货物、规格、唛头和数量等资料与其他单据所记载的一致。

(4) 数量、重量及尺码的小计与合计须加以核对，并须与信用证、提单及发票所记载的内容相符。

(5) 应由制单人签字。

11.3.2 单证不符的处理办法

1. "单证不符"的概念

不符点单据，是指信用证受益人向银行提交的结汇单据存在着不符合信用证条款规定的内容。其表现形式有单证不符和单单不符两种。

2. "单证不符"的处理办法

1) 修改单证

如时间充裕，或货物尚未出运，应尽快修改单据。如果必须修改信用证，则应立即联系开证人改证。信用证未修改之前，受益人绝不能出运货物。

2) 表提结汇

当议付行向开证行交单收款时，在随附单据的表盖(Covering Schedule)上指出单据不符点，并注明"凭保议付"字样，这种做法又称作"表盖提出"（即在表盖上将不符点提出来），简称"表提"，也称"担保议付"。如果是非实质性的、一般性的单证不符，则受益人估计对方接受不符点时，往往考虑采取"表提"方式。

3) 电提结汇

如果受益人交单金额较大，则议付行应先向开证行拍发电传、传真或邮件列明不符点，征求开证行确认同意接受单证不符的单据后，再将单据寄出。如不同意，则议付行即告知受益人，以便受益人采取相应措施，如将货物转卖或将货物中途卸下等。这种做法被称为"电报提出"，简称"电提"。对于实质性的单证不符，受益人往往采取"电提"方式。

4) 随证托收

在"单证不符"的情况下，如货物已经装运，而议付行又不愿采用"表提"或"电提"方法时，出口公司只能采用托收方式，委托银行寄单收款。由于与原来信用证有关，为了使进口商易于了解该项托收业务的由来，托收行仍以原信用证的开证行作为代收行，请其代为收款，这种做法被称为"随证托收"，以表示与"无证托收"的区别。

在信用证业务中，一旦出现单证不符，无论采用"表提""电提"或"随证托收"，事实上已将出口收汇由银行信用变成了商业信用。从这个意义上说，受益人已经失去了开证行的付款保证。在此情况下，即使有进口商的函电担保，也仅是商业信用而已。没有开证人的授权，银行会拒绝付款。

11.3.3 对不符点单据的善后处理

受益人应谨慎做好不符点结汇单据的善后工作，密切注意出口货物的流向，采取相应，切忌只关心货款，不关心货物。

(1) 如果货物未被提走，则应立即与进口商联系，要求其履行合同义务，催促其尽快办理付款赎单手续。

(2) 如果货物被以担保方式提走，则应与船公司联系，以货主身份，要求其出示正本提单。在这种压力下，船公司会向进口商追索提单，迫使进口商到银行付款赎单。

(3) 如果货物被进口商凭正本提单提走，应立即与银行联系，告知开证行我方已获悉开证行未收货款就放单，这一错误做法使进口商已将货物提走，请银行立即付款。此时，开证行考虑到自己的信誉，定会要求进口商付款。

知识链接

信用证不符点的扣费

在 L/C 业务中，银行收取名目繁多的费用，诸如开证费、改证费、通知费、保兑费、承兑费、议付费、寄单费、单据处理费、偿付费和电传费等。但近年来银行还收取其他的一些费用，如"不符点扣费"。

所谓"不符点扣费"，意为 L/C 受益人所提交的单据与 L/C 不符，为此，开证行要扣除不符费。L/C 中典型的关于不符点扣费的条款如下："A discrepancy fee of a minimum of USD60.00 or its equivalent plus cost of cable and other applicable charges, if any, shall be deducted from the proceeds of each presentation of discrepant documents under this credit." 更有甚者，有的银行规定按所提交单据每个不符点扣 USD50(A discrepancy fee of USD50.00 will be deducted for each discrepancy.)。

时至今日，绝大多数 L/C 都有此类条款，不符点扣费这种典型的乱收费现在倒成了一种国际结算惯例了。

项 目 小 结

在信用证业务中，有关各方处理的是单据，而不是货物。因此，理解和掌握单据审核的要点，就成为国际商务单证工作中的重要内容。单据的审核原则要遵循合理谨慎审单原则、单据表面相符原则、银行独立审单原则和合理时间审单原则，银行应该对各种单据的完整性和准确性，做出合乎情理的判断。审单的具体操作方法因人而异，一般采用纵横交错法。单证不符的情况主要表现为单证不符和单单不符。本项目着重介绍了审单的原则和方法，各种单据的审单要领以及单证不符的处理办法。

复 习 思 考 题

简答题：
1. 银行审单的原则有哪些？
2. 银行审单常用的方法是什么？
3. 审核商业发票时应注意哪些审核要点？
4. 请举例说明各种单据出单的时间顺序？哪几个时间是关键的时间点？
5. 对于单证不符的情况通常采用什么方法处理？

项 目 实 训

实训 11-1：根据已知材料和惯例，更正你认为错误的 单据签发日期。
已知资料：
卖方：YONG INTERNATIONAL TRADE CO. LTD.
买方：MAT COMPANY

合同号：JUXD0083

成交价格：CIF OSAKA

信用证规定的交货期：不晚于 2013 年 5 月 30 日

信用证有效期：2013 年 6 月 15 日

各单据的签发日期见下表。

单据名称	签发日期
出口货物许可证	2013 年 5 月 30 日
商业发票	2013 年 5 月 31 日
装箱单	2013 年 5 月 23 日
汇票	2013 年 5 月 23 日
商检证书	2013 年 5 月 31 日
原产地证书	2013 年 5 月 31 日
保险单	2013 年 6 月 1 日
海运提单	2013 年 5 月 31 日
出口货物报关单	2013 年 5 月 31 日
装船通知	2013 年 5 月 31 日

实训 11-2：请你本着"单证一致、单单相符"的原则，对下列全套单据进行认真审核，并写出你的审单意见。

1. 信用证实例及装运情况

```
MT S700                        issue of a documentary credit
FORM OF DOC. CREDIT  *40A： IRREVOCABLE
DOC. CREDIT NUMBER   *20： 20130708
DATE OF ISSUE         *31C： JUNE 16,2013
EXPIRY               *31D： DATE 130731 PLACE AT THE NEGO BANK
APPLICANT             *50： ABC TRADING
                            P.O.BOX2567, 30078 OSAKA, JAPAN
BENEFICIARY           *59： ZHEJIANG FOREIGN TRADE CO., LTD.
                            168 TIANMUSHAN ROAD, HANGZHOU,CHINA.
AMOUNT               *32B： CURRENCY USD AMOUNT 10800.00
AVAILABLE WITH/BY    *41D： ANY BANK
                            BY NEGOTIATION
DRAFTS AT…           *42C： SIGHT
DRAWEE               *42A： HOCK HUA BANK BERHAD
                            OSAKA, JAPAN
PARTIAL SHIPMENTS     43P： ALLOWED
TRANSSHIPMENT         43T： ALLOWED
LOADING IN CHARGE     44A： CHINA
FOR TRANSPORT TO…    44B： OSAKA, JAPAN
LATEST DATE OF SHIP.  44C： JULY 16,2013
DESCRIPT. OF GOODS    45A：
                            AGRICULTURAL IMPLEMENT：
```

	MT07 SHOVEL 300 DOZEN
	MT08 SHOVEL 100 DOZEN
	MT09 SHOVEL 100 DOZEN
	AT USD 21.60 PER DOZEN CIF OSAKA
DOCUMENTS REQUIRED 46A:	
	* SIGNED COMMERCIAL INVOICE IN THREE FOLD
	* PACKING LIST IN THREE FOLD
	* FULL SET OF CLEAN ON BOARD OCEAN BILLS OF LADING MADE OUT TO ORDER OF HOCK HUA BANK BERHAD AND ENDORSED IN BLANK MARKED FREIGHT PREPAID AND NOTIFY ACCOUNTEE
	* MARINE INSURANCE POLICY/CERTIFICATE ENDORSED IN BLANK FOR FULL CIF VALUE PLUS 10 PERCENT SHOWING CLAIMS IF ANY PAYABLE AT DESTINATION IN THE CURRENCY OF THE DRAFT COVERING ALL RISKS AND WAR RISK AS PER CIC
	* CERTIFICATE OF ORIGIN
	* COPY OF FAX SENT BY BENEFICIARY TO THE APPLICANT ADVISING DESPATCH WITH SHIP'S NAME BILL OF LADING NUMBER AND DATE AMOUNT AND DESTINATION PORT
ADDITIONAL COND. 47A:	
	* DOCUMENTS MUST BE NEGOTIATED IN CONFORMITY WITH THE CREDIT TERMS
	* A FEE OF USD 50 OR EQUIVALENT IS TO BE DEDUCTED FROM EACH DRAWING FOR THE ACCOUNT OF BENEFICIARY IF DOCUMENTS ARE PRESENTED WITH DISCREPANCY(IES)
	* ALL DOCUMENTS MUST BEAR OUR CREDIT NUMBER
	* ONE FULL SET OF NON-NEGOTIABLE SHIPPING DOCUMENTS MUST BE FORWARDED TO THE APPLICANT IMMEDIATELY AFTER SHIPMENT A BENEFICIARY'S CERTIFICATE TO THIS EFFECT IS REQUIRED
DETAILS OF CHARGES 71B:	
	ALL BANKING CHARGES INCLUDING REIM CHARGE OUTSIDE
	MALAYSIA ARE FOR ACCOUNT OF BENEFICIAY
PRESENTATION PERIOD 48:	
	WITHIN 15 DAYSAFTER THE DATE OF SHIPMENT BUT

WITHIN THE
VALIDITY OF THE CREDIT

REIMBURSING BANK   53A:
UNION BANK OF CALIFORNIA
INTERNATIONAL
NEW YORK, U.S.A

SEND. TO REC. INFO.   72:
THIS CREDIT IS SUBJECT TO UCP(2007 REV)I.C.C. PUB 600
REIMBURSENTS UNDER THIS CREDIT ARE SUBJECT TO THE URR.NO.525

实际装运情况：

Invoice No. ZJLS0056
B/L NO.CPS5501
Packed in CARTON of 1 DOZEN
Total Gross Weight: 12000kgs@24kgs
Measurement: 28m^3
S/C NO. 2013AG018
C.O. No. 567801

Invoice Date: JULY 02,2013
Shipping Date: JULY 16,2013
Vessel/Voy No.:DONG FENG V.122
Net Weight: 11000kgs@22kgs
Shipping Mark: ABC/OSAKA/NOS1-500
Container. Seal No.STIC865734/5689
H.S. CODE NUMBER: 5460.1020

2. 汇票

凭   信用证

Drawn under HOCK HUA BANK BERHAD, OSAKA JAPAN   L/C NO. 20130708

日　期

Dated JUNE 16,2013   支取 Payable with interest @   %   按   息   付款

号码   汇票金额   杭 州

No. ZJLS0056   Exchange for   USD10,800.00   HANGZHOU   JULY 02, 2013

见票   日后(本汇票之副本未付)付交 中国银行杭州分行   金额

At ****** sight of this FIRST of Exchange (Second of Exchange being unpaid)

Pay to the order of BANK OF CHINA, HANGZHOU BRANCH the sum of

SAY U.S. DOLLARS TWENTY THOUSAND EIGHT HUNDRED ONLY.

款已收讫

Value received

此致：

To: HOCK HAU BANK BERHAD   浙江省对外贸易有限公司
    OSAKA, JAPAN   ZHEJIANG FOREIGN TRADE CO., LTD.

金玺

3. 商业发票

Issuer ZHEJIANG FOREIGN TRADE COMPANY. 168 ZHONG HE ROAD, HANGZHOU, CHINA	商 业 发 票 COMMERCIAL INVOICE	
To ABC TRADING P.O. BOX2567, 30078 OSAKA, JAPAN		
	No: ZJLS0056	Date JULY 02,2013
Transport details SHIPMENT FROM CHINA TO OSAKA, JAPAN BY SEA.	S/C No 2013AG018	L/C No 20130708
	Terms of payment L/C	
Marks & numbers	Number and kinds of packages; description of goods	Quantity	Unit price	Amount
---	---	---	---	---
ABC OSAKA NOS1-500	AGRICULTURAL IMPLEMENT MT07 SHOVEL MT08 SHOVEL MT10 SHOVEL TOTAL:	PER DOZEN 300DOZEN 100DOZEN 100DOZEN 500DOZEN	USD21.60 USD21.60 USD21.60	CIF OSAKA USD6480.00 USD2160.00 USD2160.00 USD20800.00

浙江省对外贸易有限公司
ZHEJIANG FOREIGN TRADE CO., LTD.

4. 装箱单

Issuer ZHEJIANG FOREIGN TRADE COMPANY. 168 TAINMUSHAN ROAD, HANGZHOU, CHINA	装箱单 PACKING LIST	
To ABC TRADING P.O. BOX2567, 30078 OSAKA, JAPAN	Invoice No. ZJLS008	Date JULY 02,2003
Marks and numbers	Number and kind of packages; description of goods; Quantity GR.WT(@, Total) NT. WT (@, Total) MEA.(m³)	
ABC OSAKA NOS1-500	AGRICULTURAL IMPLEMENT MT07 SHOVEL 300CTNS/300DOZEN 7200KGS 6600KGS MT08 SHOVEL 200CTNS/200DOZEN 2400KGS 2200KGS MT09 SHOVEL 100CTNS/100DOZEN 2400KGS 2200KGS	
	TOTAL: 600CTNS/600DOZEN 12000KGS 11000KGS 28m³ L/C NUMBER: 20130708 浙江省对外贸易有限公司 ZHEJIANG FOREIGN TRADE CO.,	

5. 海运提单

SITC CONTAINER LINES CO., LTD.

B/L No.: CPS5501

BILL OF LADING

Shipper ZHEJIANG FOREIGN TRADE COMPANY. 168 TAINMUSHAN ROAD, HANGZHOU, CHINA	
Consignee TO ORDER	
Notify Party ABC TRADING P.O.BOX 2567, 30078 OSAKA, JAPAN	

Pre-carriage by	Place of Receipt
Vessel/Voy No. DONGFENG V.122	Port of Loading SHANGHAI
Port of Discharge TOKYO	Place of Delivery

Received in apparent good order and condition, unless otherwise States herein for shipment on the vessel mentioned herein (or on apre-carrying vessel or other means of transport if the Place of receipt is named herein, for forwarding subject to Clause 23 on the reverse side of the Bill of Lading) the cargo specified herein, weight, measure, marks, numbers, quality, contents and value unknown, for carriage from the Port of Loading mentioned herein, and discharge at the Port of Discharge mentioned herein, (or other port as is provided in Clause 19 hereof) or so near thereunto as she may safely get and lie, always afloat where the Carrier's responsibility and liabilities shall finally cease for delivery unto the Consignee named herein ot to his or their Assigns, he or they paying the agreed freight plus other charges incurred in accordance with the provisions contained in this Bill of Lading. If the Place of delivery is named herein, the goods shall be forwarded in accordance with and subject to Clause 23 hereof for delivery unto the Consignee named herein or to his or their Assigns, he or they paying the agreed freight puls other charges incurred in accordance with the provisions contained in this Bill of Lading.

In accepting this Bill of Lading, the Merchant expressly accepts and agrees to all its stipulations on both pages, whether written, printed, stamped or otherwise incorporated as fully as if they were all signed by the Merchant. One Original Bill of Lading must be surrended duly endorsed in exchange for the goods or delivery order.

In Witness whereof the Master of the said vessel has signed the number of Original Bill of Lading stated herein, all of this tenor and date, one of which being accomplished, and the other(s) to stand void.

PARTICULARS ARE FURNISHED BY THE MERCHANT

Container No./Seal No. Marks and Number ABC OSAKA NOS1-500 STIC865734/5689	Number and Kind of packages; description of goods 500 CTNS AGRICULTURAL IMPLEMENT L/C NUMBER: 2013078	Gross Weight 12,000KGS	Measurement 28M^3

Total No. of Containers Or Packages (in words): FIVE HUNDRED GUNNY BAGS ONLY.

Freight & Charges FREIGHT COLLECT	Rate	Unit	Prepaid	Collect

Prepaid at Payable at SHANGHAI Place of Issue SHANGHAI	Number of Original B(s)/L THREE(3) Date JULY 15,2013

AS AGENT FOR THE CARRIER
SITC ONTAINER LINES CO., LTD.

6. 保险单

中国人民保险公司 浙江省分公司
The People's Insurance Company of China Zhejiang Branch

总公司设于北京　　一九四九年创立
Head Office Beijing　　Established in 1949

货物运输保险单　　ORINGINAL
CARGO TRANSPORTATION INSURANCE POLICY

发票号(INVOICE NO.): ZJLS0056　　　　　　　　保险单号次
信用证号(L/C No.)2013078　　　　　　　　　　POLICY NO.ZC32/20021865

被保险人
INSURED:　ZHEJIANG FOREIGN TRADE COMPANY.

中国人民保险公司(以下简称本公司)根据被保险人的要求，由被保险人向本公司缴付约定的保险费，按照本保险单承保险别和背面所载条款与下列特款承保下述货物运输保险，特立本保险单。

THIS POLICY OF INSURANCE WITNESSES THAT THE PEOPLE'S INSURANCE COMPANY OF CHINA (HEREINAFTER CALLED "THE COMPANY") AT THE REQUEST OF THE INSURED AND IN CONSIDERATION OF THE AGREED PREMIUM PAID TO THE COMPANY BY THE INSURED, UNDERTAKES TO INSURE THE UNDERMENTIONED GOODS IN TRANSPORTATION SUBJECT TO THE CONDITIONS OF THIS POLICY AS PER THE CLAUSES PRINTED OVERLEAF AND OTHER SPECIAL CLAUSES ATTACHED HEREON.

标记 MARKS & NOS	包装及数量 QUANTITY	保险货物项目 DESCRIPTION OF GOODS	保险金额 AMOUNT INSURED
ABC SIBU NOS1-500	500CTNS	AGRICULTURAL IMPLEMENT L/C NUMBER:2013078	USD10800.00

总保险金额
TOTAL AMOUNT INSURED:　SAY U.S.DOLLARS TEN THOUSAND EIGHT HUNDRED ONLY.

保费：　　　　　费率：　　　　　装载运输工具：
PREMIUM :　AS　ARRANGED　　RATE :　AS　ARRANGED　　PER　CONVEYANCE :
"DONGFRENG" V.122

开航日期　　　　　　　　　　　　　自　　　　　　　　　　　至
SLG. ON OR ABT.　AS PER B/L　　FROM　SHANGHAI　　TO TOKYO

承保险别：
CONDITIONS:　COVERING FPA AND WAR RISKS AS PER OCEAN MARINE CARGO CLAUSES AND
　　　　　　　WAR RISKS CLAUSES (1/1/1981)OF THE PEOPLE'S INSURANCE COMPANY OF CHINA.

所保货物，如发生本保险单项下可能引起赔偿的损失或损坏，应立即通知本公司下属代理人查勘。如有索赔，应向本公司提交保险单正本(本保险单共有正本　　份)及有关文件。如一份正本已用于索赔，其余正本自动失效。

IN THE EVENT OF LOSS OR DAMAGE WHICH MAY RESULT IN A CLAIM UNDER THIS POLICY, IMMEDIATE NOTICE MUST BE GIVEN TO THE COMPANY'S AGENT AS MENTIONED HEREUNDER. IN THE EVENT OF CLAIMS, IF ANY, ONE OF THE ORIGINAL POLICY WHICH HAS BEEN ISSUED IN ORIGINAL(S) TOGETHER WITH THE RELEVANT DOCUMENTS SHALL BE SURRENDERED TO THE COMPANY. IF ONE O THE ORIGINAL POLICY HAS BEEN ACCOMPLISHED, THE OTHERS SHALL BE VOID.

赔款偿付地点：　　　　　　　　　　中国人民保险公司浙江省分公司
CLAIM PAYABLE AT:　CHINA　　　　　THE PEOPLE'S INSURANCE COMPANY OF CHINA
出单日期：　　　　　　　　　　　　ZHEJIANG BRANCH
ISSUING DATE:　JULY 12,2013

Authorized Signature

7. 一般原产地证

1.Exporter ZHEJIANG FOREIGN TRADE COMPANY. 168 TAINMUSHAN ROAD, HANGZHOU, CHINA		Certificate No. 567801 **CERTIFICATE OF ORIGIN** **OF** **THE PEOPLE'S REPUBLIC OF CHINA**			
2.Consignee ABC TRADING, P.O.BOX 2567, 30078 OSAKA, JAPAN					
3.Means of transport and route FROM SHANGHAI, CHINA TO TOKYO, JAPAN BY SEA.		5.For certifying authority use only			
4.Country/region of destination TOKYO, JAPAN					
6.Marks and number ABC OSAKA NOS1-500	7.Number and kind of packages;description of goods 500 CTNS (FIVE HUNDRED CARTONS ONLY)OF AGRICULTURAL IMPLEMENT. ********************************* L/C NO.: ZJLS2013056 AS PER S/C NO.2013AG018	8.H.S.Code 5460.1020	9.Quantity 500 DOZEN	10.Number and date of invoices 20130708 JULY 02, 2013	
11.Declaration by the exporter 　　The undersigned hereby declares that the above details and statements are correct, that all the goods were produced in China and that they comply with the Rules of Origin of the People's Republic of China.		12.Certification 　　It is hereby certified that the declaration by the exporter is correct.			

浙江省对外贸易有限公司 ZHEJIANG FOREIGN TRADE CO., 李平 HANGZHOU, CHINA JULY 17, 2013 Place and date, signature and stamp of authorized signatory	中国贸促会单据 证明专用章 姚莉 HANGZHOU, CHINA JULY 17, 2013 Place and date, signature and stamp of certifying authority

8. 装运通知

ZHEJIANG FOREIGN TRADE CO., LTD.
168 TIANMUSHAN ROAD, HANGZHOU, CHINA

SHIPPING ADVICE

JULY 14, 2013

Messrs: ABC TRADING
Dear Sirs,

RE: INVOICE NO.:ZJLS0056   L/C NO.:2013078

WE HEREBY INFORM YOU THAT THE GOODS UNDER THE ABOVE MENTIONED CREDIT HAVE BEEN SHIPPED. THE DETAILS OF THE SHIPMENT ARE STATED BELOW.

COMMODITY: AGRICULTURAL IMPLEMENT
QUANTITY: 560CARTONS
AMOUNT: USD10800.00
OCEAN VESSEL: DONG FENG V.122
B/L NO.:   CPS6501
PORT OF LOADING: SHANGHAI
DESTINATION PORT: TOKYO

WE HEREBY CERTIFY THAT THE ABOVE CONTENT IS TRUE AND CORRECT.

浙江省对外贸易有限公司
ZHEJIANG FOREIGN TRADE CO., LTD.

9. 受益人证明

ZHEJIANG FOREIGN TRADE CO., LTD.
168 TIANMUSHAN ROAD, HANGZHOU, CHINA

BENEFICIARY'S CERTIFICATE

JULY 14, 2013

To whom it may concern:

Re: Invoice No.: ZJLS056   L/C No.: 20130708

WE HEREBY CERTIFY THAT ONE FULL SET OF NON-NEGOTIABLE SHIPPING DOCUMENTS MUST BE FORWARDED TO THE APPLICANT IMMEDIATELY AFTER SHIPMENT.

浙江省对外贸易有限公司
ZHEJIANG FOREIGN TRADE CO., LTD.

单据审核记录

	存在问题	修改意见
汇票		
	1	
	2	
	3	
商业发票		
	1	
	2	
	3	
装箱单		
	1	
	2	
	3	
海运提单		
	1	
	2	
	3	

续表

		存在问题	修改意见
保险单			
	1		
	2		
	3		
原产地证明			
	1		
	2		
	3		
装运通知			
	1		
	2		
	3		
受益人证明			
	1		
	2		
	3		
其他单据			
	1		
	2		
	3		

项目 12 综合制单训练

请根据下列信用证实例及相关制单资料，缮制全套的结汇单据。
信用证实例
27：Sequence of Total：
    1/1
40A：Form of Documentary Credit：
    IRREVOCABLE
20：Documentary Credit Number：
    14236009
31C：Date of Issue：
    140301
40E：Applicable Rules：
    UCP LATEST VERSION
31D：Date and Place of Expiry：
    140531 IN BENEFICIARY'S COUNTRY
51A：Applicant bank：
    UTBLBDDHA449
    UTTARA BANK LIMITED
    (BANGABADNDHU AVENUE BRANCH)
    12, BANGABANDHU AVENUE
    DHAKA, BANGLADESH
50：Applicant：
    SURPRISE TRADING COMPANY.
    28, S.B. AVENUE, DHAKA, BANGLADESH.
59：Beneficiary：
    ZHEJIANG FOREIGN TRADE CO., LTD.
    168 TIANMUSHAN ROAD, HANGZHOU, CHINA.
32B：Currency Code, Amount：
    USD16800,
41D：Available With… By…：
    ANY BANK IN CHINA BY NEGOTIATION

42c: Drafts at…:
AT SIGHT

42a: Drawee:
UTBLBDDHA449
UTTARA BANK LIMITED
(BANGABADNDHU AVENUE BRANCH)
12, BANGABANDHU AVENUE
DHAKA, BANGLADESH

43P: Partial Shipments:
ALLOWED

43T: Transhipment:
ALLOWED

44E: Port of Loading /Airport of Departure:
ANY PORT OF CHINA

44F: Port of Discharge/Airport of Destination:
DHAKA, BANGLADESH

44C: Latest Date of Shipment:
140516

45A: Description of Goods and/or Services
FOOT BALL:
QUANTITY, QUALITY ,UNIT PREIC AND AMOUNT STRICTLY AS PER PROFORMA INVOICE NO.ZJ20131219 DATED 19,12,2013 OF THE ABOVE BENEFICIARY.
TERMS OF DELIVERY: CFR DHAKA, BANGLADESH.

46A: Documents Required:
01. DRAFT(S)DRAWN UNDER UTTARA BANK LTD. BANGABANDHU AVENUE BRANCH DHAKA, BANGLADESH MENTIONING LC NO.14236009 DTD 01.03, 2014
02. SIGNED COMMERCIAL INVOICE IN OCTUPLICATE CERTIFYING MERCHANDISE TO BE OF CHINA ORIGIN QUOTING H.S. CODE NO.9506.62.00.
03. VAT REGISTRATION NO.(BIN NO.39146075674)SHOULD BE MENTIONED COMMERCIAL INVOICE, PACKING LIST, BILL OF LADING/AIR WAY BILL AND ALL OTHER DOCUMENTS.
04. H.S. CODE SHOULD BE MENTIONED BILL OF LADING AND ALL OTHER SHIPPING DOCUMENTS.
05. FULL SET OF CLEAN "SHIPPED ON BOARD" NEGOTIABLE ORIGINAL OCEAN BILLS OF LADING AND 3 NON-NOGOTIABLE COPY OF B/L SHOWING FREIGHT PREPAID MADE OUT/ENDORSED TO THE ORDER

OF UTTABA BANK LTD. NOTIFYING THE ISSUING BANK WITH FULL NAME AND ADDRESS GOODS MUST NOT BE SHIPPED BY ANY ISRAELI FLAG BEARING VESSEL. SHIPMENT MUST BE MADE THROUGH REGULAR LINER VESSEL IN CONTAINER AND A CERTIFICATE FROM CONCERN SHIPPING CO. IN THIS RESPECT MUST ACCOMPANY THE ORIGINAL DOC'S. IN BILL OF LADING SHIPPED ON BOARD NOTATION MUST BE AUTHENTICATED BY THE ISSUER OF BILL OF LADING.

06. ISSURANCE IS COVERED BY THE APPLICANT. DECLARATION OF SHIPMENT TO BE MADE TO MEGHNA INSURANCE COMPANY LTD., TOYENBEE MOTIJHEEL SQUARE, SUITE-501, 1/B, DIT AVENUE, MOTIJHEEL C/A DHAKA-1000, BANGLADESH QUOTING INSURANCE COVER NOTE NO. MIC0945/03/2014 DATED 01.03.2014

07. BENEFICIRAY'S CERTIFICATE TO THE EFFECT THAT ALL TERMS AND CONDITIONS OF THE CREDIT HAVE BEEN COMPLIED WITH.

08. CERTIFICATE OF ORIGIN ISSUED BY CHAMBER OF COMMERCE OF ANY SIMILAR INSTITUTION OF THE EXPORTING COUNTRY REQUIRED WITH ORIGINAL DOCUMENTS.

09. PACKING LIST IN TRIPLICATE REQURIED.

47A：Addition Conditions:

10. DOCUMENTS WITH DISCREPANCY(IES)MUST NOT BE NEGOTIATED.

11. BILLS OF LADING MUST NOT BE DATED EARLIER THAN THE DATE OF THE CREDIT.

12. ALL DOCUMENTS MUST BEAR THE CREDIT NUMBER AND DATE.

13. SHORT FORM/BLANK BACK BILLS OF LADING ARE NOT ACCEPTABLE.

14. BENEFICIARY MUST CERTIFY ON THE INVOICE TH THE EFFECT THAT THE GOODS SHIPPED ARE IN ACCORDANCE WITH THE SPECIFICATION, QUALITY, QUANTITY, PACKING, MARKING N THE PRICE OF ABOVE MENTIONED PROFORMA INVOICE QUOTING SUPPLIER'S NAME N H.S. CODE NO.

15. BENEFICIARY MUST CERTIFY ON THE INVOICE THAT THEY HAVE NO AGENT IN BANGLADESH THE INVOICE PRICE IS NET AND DOES NOT INCLUDE ANY COMMISSION OR DISCOUNT.

16. THE NAME AND ADDRESS WITH TELEPHONE/FAX NO. OF LOCAL AGENT OF THE SHIPPING COMPANY IN BANGLADESH MUST BE MENTIONED ON BILLS OF LADING.

17. IN CASE OF DISCREPANT DOCUMENTS AND AMOUNT OF USD 90.00 WILL BE DEDUCTED FROM THE BILL VALUE IN ADDITION TO OUR CABLE CHARGES.

18. A SET OF COPY DOCUMENTS MUST BE SENT TO THE APPLICANT WITHIN 7(SEVEN)DAYS FROM THE DATE OF SHIPMENT AND A CERTIFICATE IN THE RESEPCT WITH ORIGINAL COURIER RECEIPT MUST ACCOMPANY WITH ORIGINAL DOCUMENTS.

19. PACKING: EXPORT STANDARD PACKING.

20. ALL DOCUMENTS SHOULD BE MANUALLY SIGNED.

71B：Charges:

21. ALL BANK CHARGES OUTSIDE BANGLADESH INCLUDING REIMBURSEMENT CHARGES ARE ON BENEFICIARY'S ACCOUNT.

48：Period of Presentation

22. 15 DAYS FROM THE DATE OF SHIPMENT

49：Confirmation Instructions

23. WITHOUT

其他相关资料：

Invoice No. ZJLS20140305　　　　　Invoice Date: MAR.05, 2014
B/L NO.CS05669　　　　　　　　　Shipping Date: APR. 16, 2014
Packed in 1 CARTON of 50PCS　　　Vessel/Voy No.:YUNFENG V.088
Total Gross Weight: 7200kgs@15kgs　Net Weight: 6240kgs@13kgs
Measurement: 59.40CBM　　　　　 Shipping Mark: STC/ DHAKA /NOS1-480
PROFORMA INVOICE NO.ZJ20131219　Container. Seal No.STIC845611/5989
C.O. No. 20147801　　　　　　　　H.S. CODE NUMBER: 95066210

Description of Goods:

SIZE A	800DOZEN (192CTNS)	USD7.50/DOZEN	@50x45x55CM
SIZE B	1200DOZEN (288CTNS)	USD9.00/DOZEN	@50x45x55CM

客户交单联系单

致：中国银行

信用证无证托收	\multicolumn{8}{l	}{兹随附下列出口单据一套，信用证业务请按国际商会现行《跟单信用证统一惯例》办理，跟单托收业务请按国际商会现行《托收统一规则》办理。}
	开证行：				信用证号：			
	通知行号：		提单日期：		有效期：		交单期限	天
	付款人全名和详址：							
	代收行外文名称及详址(供参考)：							
	交单方式： □D/P　□D/A				付款期限：			
发票编号：					核销单编号：		金额：	

国际商务单证实务

单据	汇票	发票	海关发票	装箱/重量单	产地证	GSP FORM A	数量/质量/重量证	检验/分析证	出口许可证	保险单	运输单据	受益人证明	船公司证明	其他

委办事项：(打"×"者)

( ) 上述单据请按我司与贵行签订之总质押书办理押汇。
( ) 上述单据系代理出口项下业务，收妥后请原币划_____。
( ) 开户行：_____，账号：_____。
( ) 如付款人拒绝付款/承兑，不必做成拒绝证书，但须以电传通知我司。
( ) 附信用证寄修改书共_____页。
( ) 单据中有下列不符点：( )请向开证行寄单，我司承担一切责任。
( ) 请电询开证行同意后再寄单。

( ) _____
( ) _____
( ) _____

公司联系人：　　　　　　　联系电话：　　　　　　　公司盖章：

银行审单记录：	银行接单日期：			
	索汇金额：		BP NO.	
	寄单日期：		OC NO.	
	银行费用	通知/保兑：		索汇方式：
		议/承/付：		
		邮　费：		
		电　传：		寄单方式：
		小　　计：		
	费用由　　　　承担。			
退单记录：	银行经办：		银行复核：	

综合制单训练 项目12

1. 汇票

凭		信用证 第 号
Drawn under		**L/C No.**

日期
Dated _____ 支取 Payable with interest @ ____ % per annum 按年息
付款

号码　　　　　汇票金额　　　　　中国杭州　　　　年　　月　　日
No. _____ **Exchange for** _____ **Hangzhou China**

见票　　　日 后(本 汇 票 之 副 本 未 付)付 交
sight of this **FIRST** of Exchange (Second of
At _____ exchange　　　　　　　　　　　　金额
(being unpaid) **Pay to the order of**　　　　　　　　　　　**The sum of**

款已收讫
Value received
此致
To:

2. 商业发票

浙江省对外贸易有限公司
ZHEJIANG FOREIGN TRADING CO., LTD.
168 TIANMUSHAN ROAD, HANGZHOU, CHINA
TEL: 0571-83452345　　FAX: 0571-83452346

COMMERCIAL INVOICE

To:　　　　　　　　　　　　　　　　　　**Invoice No.:** _____
　　　　　　　　　　　　　　　　　　　　　Invoice Date: _____
　　　　　　　　　　　　　　　　　　　　　S/C No.: _____

From: _____　　**To:** _____
Letter of Credit No.: _____

Marks & Numbers	Number and kind of package Description of goods	Quantity	Unit Price	Amount

TOTAL:

SAY TOTAL:

3. 装箱单

浙江省对外贸易有限公司
ZHEJIANG FOREIGN TRADING CO., LTD.
168 TIANMUSHAN ROAD, HANGZHOU, CHINA
TEL: 0571-83452345   FAX: 0571-83452346

PACKING LIST

To: Invoice No.: _____
                                             Invoice Date: _____
                                             S/C No.: _____
                                             S/C Date: _____

From: _____ To: _____ By _____
Letter of Credit No.: _____ Date of Shipment: _____

Marks & Numbers	Description of goods	Quantity	Package	G.W	N.W	Meas.

TOTAL:
SAY TOTAL:

4. 海运提单

1. Shipper Insert Name, Address and Phone		B/L No.
2. Consignee Insert Name, Address and Phone		中远集装箱运输有限公司 COSCO CONTAINER LINES TLX: 33057 COSCO CN FAX: +86(021) 6545 8984 **ORIGINAL** Port-to-Port or Combined Transport **BILL OF LADING**
3. Notify Party Insert Name, Address and Phone (It is agreed that no responsibility shall attach to the Carrier or his agents for failure to notify)		RECEIVED in external apparent good order and condition except as other-Wise noted. The total number of packages or unites stuffed in the container, the description of the goods and the weights shown in this Bill of Lading are furnished by the Merchants, and which the carrier has no reasonable means of checking and is not a part of this Bill of Lading contract. The carrier has Issued the number of Bills of Lading stated below, all of this tenor and date, One of the original Bills of Lading must be surrendered and endorsed or signed against the delivery of the shipment and whereupon any other original Bills of Lading shall be void. The Merchants agree to be bound by the terms and conditions of this Bill of Lading as if each had personally signed this Bill of Lading. SEE clause 4 on the back of this Bill of Lading (Terms continued on the back hereof, please read carefully)
4. Combined Transport * Pre - carriage by	5. Combined Transport* Place of Receipt	
6. Ocean Vessel Voy. No.	7. Port of Loading	
8. Port of Discharge	9. Combined Transport * Place of Delivery	

Marks & Nos. Container / Seal No.	No. of Containers or Packages	Description of Goods (If Dangerous Goods, See Clause 20)	Gross Weight kgs	Measurement
		Description of Contents for Shipper's Use Only (Not part of This B/L Contract)		
10. Total Number of containers and/or packages (in words) Subject to Clause 7 Limitation				

11. Freight & Charges Declared Value Charge	Revenue Tons	Rate	Per	Prepaid	Collect
Ex. Rate:	Prepaid at		Payable at		Place and date of issue
	Total Prepaid		No. of Original B(s)/L		Signed for the Carrier, COSCO CONTAINER LINES

LADEN ON BOARD THE VESSEL
DATE   BY

5. 一般原产地证书

ORIGINAL

1.Exporter	Certificate No.
	CERTIFICATE OF ORIGIN
2.Consignee	**OF**
	THE PEOPLE'S REPUBLIC OF CHINA
3.Means of transport and route	5.For certifying authority use only

4.Country / region of destination	
6.Marks and numbers 7.Number and kind of packages; description of goods	8.H.S.Code 9.Quantity 10.Number and date of invoices
11.Declaration by the exporter The undersigned hereby declares that the above details and statements are correct, that all the goods were produced in China and that they comply with the Rules of Origin of the People's Republic of China. -- Place and date, signature and stamp of authorized signatory	12.Certification It is hereby certified that the declaration by the exporter is correct. -- Place and date, signature and stamp of certifying authority

6. 受益人证明

ZHEJIANG FOREIGN TRADE CO., LTD.
168 TIANMUSHAN ROAD, HANGZHOU, CHINA

BENEFICIARY'S CERTIFICATE

7. 受益人证明

ZHEJIANG FOREIGN TRADE CO., LTD.
168 TIANMUSHAN ROAD, HANGZHOU, CHINA

BENEFICIARY'S CERTIFICATE

8. 受益人证明

ZHEJIANG FOREIGN TRADE CO., LTD.
168 TIANMUSHAN ROAD, HANGZHOU, CHINA

BENEFICIARY'S CERTIFICATE

9. 装运通知

ZHEJIANG FOREIGN TRADE CO., LTD.
168 TIANMUSHAN ROAD, HANGZHOU, CHINA

DECLARATION

10. 船公司证明

CERTIFICATE

附 录

本书附录内容请扫描下方二维码进行在线阅读。

附录一 英汉国际商务单证术语表		
附录二 世界主要港口一览表		
附录三 跟单信用证统一惯例（UCP 600）	Article 1~Article 10	
	Article 11~Article 19	
	Article 20~Article27	
	Article 28~Article 39	

参 考 文 献

[1] 余世明. 国际商务单证实务[M]. 5版. 广州：暨南大学出版社，2010.
[2] 杨金玲. 国际商务单证实务[M]. 北京：首都经济贸易大学出版社，2008.
[3] 张东庆. 外贸单证实务[M]. 北京：人民邮电出版社，2012.
[4] 龚玉和，齐朝阳. 外贸单证实训精讲[M]. 北京：中国海关出版社，2013.
[5] 许博，陈明舒. 国际商务单证实务[M]. 北京：机械工业出版社，2013.
[6] 孟祥年. 国际贸易实务操作教程[M]. 北京：对外经济贸易大学出版社，2002.
[7] 何剑，郑淑媛. 国际商务单证[M]. 北京：北京理工大学出版社，2012.
[8] 潘韧. 国际商务单证业务[M]. 北京：电子工业出版社，2007.
[9] 童宏祥. 外贸单证实务 [M]. 2版. 上海：上海财经大学出版社，2010.
[10] 陈岩. 国际贸易单证教程[M]. 北京：高等教育出版社，2008.
[11] 李雁玲，韩之怡，任丽明. 国际贸易实务实验教程[M]. 北京：机械工业出版社，2014.
[12] 祝卫，程洁，谈英. 出口贸易模拟操作教程[M]. 3版. 上海：上海人民出版社，2008.
[13] 韩玉军. 国际贸易实务[M]. 北京：中国人民大学出版社，2007.
[14] 吴百福，徐小薇. 进出口贸易实务教程[M]. 5版. 上海：上海人民出版社，2007.
[15] 陈文汉. 国际贸易实务[M]. 北京：中国人民大学出版社，2012.
[16] 张肃. 国际贸易实务[M]. 北京：北京大学出版社，2012.
[17] 卓乃坚. 国际贸易结算及其单证实务[M]. 北京：北京大学出版社，2011.
[18] 余世明. 国际商务单证实务练习题及分析解答[M]. 3版. 广州：暨南大学出版社，2009.
[19] 吴国新，李元旭. 国际贸易单证实务学习指导书[M]. 北京：清华大学出版社，2006.
[20] 海关总署报关员资格考试教材编写委员会. 报关员资格全国统一考试教材（2012年版）[M]. 北京：中国海关出版社，2012.